새로운
시작을
꿈꾸는

남자를
위한

50대
인문학

새로운 시작을 꿈꾸는 남자를 위한 **50대 인문학**

2014년 1월 6일 초판 1쇄 인쇄
2014년 1월 8일 초판 1쇄 발행

지은이　　｜안치용
펴낸이　　｜김완중
펴낸곳　　｜내일을여는책

편 집　　｜정병인
관 리　　｜전현아
인 쇄　　｜예림인쇄
제 책　　｜바다제책

출판등록　｜1993년 1월 6일 등록번호 제475-9301
주 소　　｜전라북도 장수군 장수읍 송학로 93-9
전 화　　｜063) 353-2289
팩 스　　｜063) 353-2290
전자우편　｜wan-doll@hanmail.net

ISBN　　｜978-89-7746-043-0　03100

* 이 도서의 국립중앙도서관 출판시도서목록(CIP)은 서지정보유통지원시스템 홈페이지
  (http://seoji.nl.go.kr)와 국가자료공동목록시스템(http://www.nl.go.kr/kolisnet)
  에서 이용하실 수 있습니다.(CIP제어번호: CIP2013028267)

새로운
시작을
꿈꾸는

남자를
위한

50대
인문학

안치용 지음

내일을여는책

지천명이라고요?

1965년 서울에서 태어난 나는 2013년에 한국 나이로 49세가 되었다. 이제 조금을 더 살아내어 가지에서 떨어진 붉은 단풍잎이 하얀 눈 아래 묻혀 얼어가는 광경을 49번째로 보았고, 그러고 아주 조금 더 버티어 2014년에 심지어 천명까지 알아야 하는 50살 남자가 되었다. 50살 남자. 모르긴 몰라도 단군 이래 가장 복잡하고 분주하다고 할, 대한민국의 21세기 초반에 50살 남자로 살아야 한다.

내 어린 시절에 마주 대한 50살 남자는, 그때 어린 내 기준으로나 당시 사회 기준으로나 분명 엄청난 어른이었다. 그때 50대 어른을 보며 이렇게도 생각하였다.

'저 나이가 되면 무슨 재미로 살까?'

실제 50살이 되면서는, 나는 '무슨 재미'보다는 '여전히 그 모양 그 꼴로 살고 있음'을 더 많이 생각한다. 하긴 널리 인용되는 영국 극작가 버나드 쇼의 유언("우물쭈물하다가 내 그럴 줄 알았다. I knew if I stayed around long enough, something like this would happen.")을 떠올리면 내가 '그 모양 그 꼴'인 게 일견 정상으로, 나아가 다행으로까지 여겨진다. 다행을 운위하자니, 현재에 대해서뿐 아니라 과거에 대해서도 같은 소회를 품게 된다.

'지난 세월, 지금서 돌이켜 보면 참으로 아슬아슬하게 그럼에도 대과(大過) 없이 살아왔는데, 다시 회상하자니 정말로 아찔한 순간순간이 많았고 그 순간들에 결정적으로 실족하지 않고 오늘날에 이른 것에 감사하게 된다.'

사람의 나이와 연관지어 이정표 격으로 빈번하게 제시되는 게 공자의 분류법이다. 〈논어〉 위정편에 그 유명한 '나이'학(學)이 나온다.

"나는 나이 열다섯에 학문에 뜻을 두었고(吾十有五而志于學), 서른에 뜻이 확고하게 섰으며(三十而立), 마흔에는 유혹에 흔들리지 않았고(四十而不惑), 쉰에는 하늘의 명을 알게 되었으며(五十而知天

6

命), 예순에는 남의 (어떤) 말을 들어도 귀에 거슬리지 않았고(六十而耳順), 일흔이 되어서는 무엇이든 하고 싶은 대로 하여도 법도에 어긋나지 않았다(七十而從心所欲 不踰矩)."

개인적으로 내가 공자를 좋아하지 않는 까닭에 공자의 말을 액면 그대로 받아들이지 않지만 만일 공자가 진짜 자신이 말한 그대로의 인물이었다면 그를 성인(聖人)이라 불러도 손색이 없어 보인다. 공력이나 의지·선호 등 성인과는 여러모로 거리가 먼 나는 공자의 말씀을 실용적인 관점에서 내 나름대로 수용한다.

지학(志學)에야 이견이 있을까. 하지만 만일 그 학문이 인간 되는 본질적 학문을 뜻한다면 현대사회에서 '15살에 지우학'은 예외가 아주 없지 않겠으나 현실적으로 어려워 보인다. 15살엔 학교에 수용되어 미리 선별된 지식을 일방적으로 주입받는 게 현실이다. 이립(而立) 또한 마찬가지다. 서른 살이 되어서 뜻이든 무엇이든 제대로 세우는 사람이 몇 명이나 될까. 하여 나이에 관한 공자의 해석을 모두 명령문이나 의문문으로 바꾸는 게 더 그럴듯하다고 나는 판단한다.

나에게 이립은 "서른 살(또는 30대)이 되었는데 걸음이나 제대로 떼고 있느냐?" 혹은 "서른 살이 되었는데 홀로 서도록 노력하여라."로 읽힌다. 불혹(不惑)은 영어식으로 말하여 (Don't으로 시작하는) 부정 명령문으로, "마흔 살(또는 40대)이 되거든 유혹이 많으니 유혹에 흔들리지 마라."이다. 사실 요즘 세태에 겨우 마흔 살에 흔들리지 않는다고 하니, 소가 웃을 판이다. 장동건 등이 출연한 인기 TV 드라마 〈신사의 품격〉에서 바보짓을 연발한 극중 네 남자의 나이가 마흔한 살이었다. 내 경험으로도 마흔이면, 미욱하였다.

솔직히 지천명(知天命)은 더 웃긴다. 천명은커녕 여태 내 삶도 제대로 꿰지 못한 채이다. 50살이 되어야 하는 바로 당사자인 나는 소의 옆에라도 서서 함께 웃고 싶다. 간신히 지천명을 "(겨우) 쉰 살(또는 50대)에 천명을 안다고?" 혹은 "쉰 살이 되었으니 천명에도 관심을 기울여라."로 타협하는 수밖에 없다.

이순(耳順)이야말로 마땅히 해석을 반대로 하여야 한다. 즉 "예순 살(또는 60대)이 되었으면 남의 말에 귀를 기울여라."로 이해하는 게 더 온당하다. 60살이란 나이가 기본적으로 남의 말을 잘 들으려 하지 않고, 어쩌다 억지로 듣는 척이라도 할라치면 '귀에 거슬리는데 참고 있다'는 표정이 얼굴에 역력하게 떠오르게 마련이다. 그러므로 "심정을 순하게 하여 남의 말을 경청하라."로 읽는 게 오히려 그럴듯하지 않은가. 흔히 하는 나이와 관련한 뼈 있는 농담 중에 "나이가 들수록 'shut up!' 하라."는 내용까지 포함한 'UP 시리즈'란 게 있는데, 아저씨 문법으로 공자의 이순이 'shut up!'이다.

종심(從心) 또한 수용의 미학을 정말 많이 발휘해야 할 단어이다. 요즘 일흔 살(또는 70대)에겐 마음 가는 대로 무엇이든 욕망대로 행동하다간 망신살이 뻗치기 십상이다. 주위를 둘러보면 일흔 살 청년이 부지기수다. TV 얘기를 한 번 더 하자면 80살 이순재까지 모두 70살이 넘은 노인이 나온 〈꽃보다 할배〉라는 프로그램은 '예능' 프로였다. "일흔 살이 되거든 마음 가는 대로 욕망대로 행동하느라 법도를 어지럽히는 우를 범하지 마라."로 읽어야지

괜히 공자 흉내 내다간 본전도 못 건진다.

　나의 해석법이 하나의 익살일 수 있겠지만 동시에 정곡일 수
있다. 하고 싶은 일 다 해도 법도에 어긋남이 없다면 그는 세속을
살아가는 인간이라기보다는 세속을 지배하거나 굽어보는, 또는
세속에서 해탈한 성인이다. 대놓고 치졸한 처세를 논하지 않는다
하여서 우리가 성인(聖人)인 것은 아니다.

　50의 문턱에서 내가 받아들이고자 하는 건 고귀한 천명이 아
니라 비천한 인간사이다. 불일치(不一致)·부적응(不適應)·불화(不
和) 등과 같은 '불(不)'자 계열이 보편적 인간 조건이다. 일치(一致)
는 특별한, 성인의 조건이다. 성인의 '성(聖)'자 조성을 살펴보면
듣고(耳) 말함(口)이 왕(王), 즉 최고의 경지에 도달하였다는 뜻이
다.[1]

　듣고 말함이 최고 경지에 도달하기를 바라지 않고 그저 듣고
말함에 후회와 아쉬움이 조금씩 줄어들기를 바란다면 너무 나약

---

1)　받쳐주는 글자를 '임금 왕(王)'이 아니라 '북방' 등을 뜻하는 '壬'으로 보기도 하는
　데, 이때도 북방이 임금의 방위라는 둥 임금 왕과 거의 비슷하게 해석한다.

한 태도라 치부될까. 하나 성(聖)의 반대말인 속(俗)이 '인간(人)의 끊이지 않고 계곡물처럼 흐르는 욕망(欲)'이란 뜻으로 해석될 수 있기에 절제와 통제야말로 속인이 바랄 수 있는 최선의 경지가 아니겠는가. 전전두엽이 오래전에 형성되었고 테스토스테론 분비가 줄어들고 있는 50살 남자라고, 혹은 역설적으로 50살 남자이기에 더더욱, 욕망이란 바람 앞에 나약하게 흔들리는 갈대이기를 그만둘 수 있는 건 아니다. 사실은 바람 앞에서, 그 세기와 무관하게 우리는 흔들리도록 운명지워졌는지 모른다.

2013년에 50살이 된 가수 이선희의 노래 〈갈바람〉 가사에 이런 내용이 있다. (우연(이 아니라 인연?) 때문이긴 하였지만, 50살 남자에 관한 인문학 책을 쓰는 동안 보이기는 여전히 소녀 같은 쉰 살 이선희의 노래를 나는 내내 들었다. 누군가 이선희 실황 동영상을 보내주었고, 이후 이선희는 나를 유튜브의 세계로 인도하였다. 특별히 가수를 좋아해 본 적이 없는 나에게 우연한 기회에 '갈바람'처럼 찾아온 이선희는 가수로서는 확실히 천명을 아는 사람이었다. '나이'가 취향에 영향을 미쳤기 때문은 아니었을 것이다.)

"내 작은 가슴속에 이토록 사무친 그리움을 남기고 가버린 그대는 바람 외로움 주고 간 갈바람"

"남기고 가기에" 바람인 것이다. 가야 하는 바람이므로 바람은 머무는 법이 없다. 바람이 그런 운명이기에 바람 앞에 서는 존재는 대응하여 흔들림이 숙명으로 주어진다. 갈대의 이야기다. 바위라면 흔들리지 않겠지만, 바위에게서 갈대 같은 그리움을 기대할 수는 없지 않은가. 사랑이 그리움을 의도하지 않지만 모든 사랑이 그리움을 남기기에 그리움은 명백히 사랑의 증거이다. 논리를 연장하면 흔들림은 우리가 살아 있다는 징표이다. 지금에서야 흔들린다고 꽃을 피울 수 없겠지만, 흔들리며 여전히 살아가거나 또는 적어도 살아는 갈 것이다. 천명도 모른 채 또 공자처럼 장차 이순이나 종심을 꿈꾸지 못하겠지만 우리는 살며 흔들릴 것이고, 흔들리며 살 것이다.

'흔들린다.'의 또 다른 의미는 '쓰러지지 않았다.'이다. '흔들린다.'는 되돌아갈 중심이 있다는 얘기이다. 만유인력에 의하여 사과가 지구 중심 방향으로 떨어지듯이 우리는 흔들릴 때도 중력에 구속된다. 아니 중력에 구속됨으로 인하여 우리는 흔들린다. 흔들림은 그 첫인상과 달리 구린 일이 아닐지 모른다. 흔들림이 대뜸 부끄러움일 수 있겠지만 한 발자국 물러나면 약간은 기쁜 일일 수도 있다. 그러니 재차 기억하여 굳이 성인의 삶을 부러워할 이유가 없다. 지구를 내려다보는 우주인의 붕 뜬 유영보다 지구에 빌붙은 고단한 보행이 우리에겐 더 값어치 있으니. 흔들리는 삶으로 족하다.

50살 남자가 되기 전에 나는 일단 사표를 내었다

이 책은 막 50살이 된 저자 안치용이 50살 남자(와 어쩌면 50살 여자까지), 그리고 이미 50대가 되었거나 머지않아 될 사람들과 함께 생각하는 '나이'의 인문학이다. 정확하게는 인문학적 에세이이다. 천명을 모르면서 '나이'의 인문학을 운위하는 게 부적격으로 비춰질 수 있겠다. 하지만 천명을 꿰뚫은 성인(聖人) 공자와 달리 나는 인간사에 가슴이 꿰뚫리는 보통 사람이기에, '50대 신고식'에 해당하는 이 책을 통하여 오히려 훨씬 더 많은 공감을 나눌 수 있을 것으로 기대한다. 대우주만큼이나 광대무변한 50살 남자, 그 가능성의 중심에 관해서 말이다.

이 책을 쓰는 동안 나는 내 인생의 첫 번째 직장에 사표를 내었다. '22년을 다닌 직장을 떠나자니 만감이 교차하였다.'고 써야 하는데, 기실 50살 남자에게는 '만감'보다는 불확정한 상황에 던져지는 '불안'의 무게가 더 컸다. 최근 정년이 늘어난 탓에 마음먹기에 따라 앞으로 그냥저냥 10여 년을 더 '안정적으로' 직장 생활을 할 수 있었다. 얄팍하지만 늘 달콤한 월급봉투를 마다하고 구태여 '불안'에 몸을 맡긴 이유는, 명확한 것이 하나도 없으나 많기는 많다. 그중 하나를 꼽자면 50살 이후엔 '내 노동에 내가 소외되지 말자.'였다. 언감생심 존재까지 바라지는 않지만 생존에 급급하지 말고 생활하자는, 이유보다는 다짐이었다. 하지만 생활인이 되자는 50살 남자의 다짐이 실현 가능할지는 두고 볼 일이다. 적어도 뭉개며 주저앉지 않고 깨고 나온 사실만으로 스스로에게 칭찬해 줄 참이다. 본문에 썼듯이, 희망 그것은 금지되지 않았다. 금지되지 않은 희망은 불안을 야기하는데, 모든 불안이 금지되지 않은 희망에서 기인하지 않았다는 점에서 나에게 던져진 불안을 기쁘게 받아들이려고 한다.

　특별히 이 책을 쓰는 동안 함께해 준 가수 이선희에게 감사한다. 나는 공연 실황을 녹음한 것들을 주로 들었는데, 문득 앞으로 세월이 제법 흐르면 나 때문이든 이선희 때문이든 듣고 싶어도 이선희의 육성으로 음악을 듣지 못할 수도 있겠단 생각이 들었다. 허언으로 끝날지 모르겠지만 한국 나이로 50대에 접어드는 2014년에는 대머리 벗겨진 마음 맞는 벗들과 이선희 콘서트를 보러 가야겠다.

2014년 1월
50살 안치용 적음

차례

2부_ "희망하는 것, 그것은 금지되어 있지 않습니다"

1부

희미한
옛사랑의
그림자

"둘러싼 이 벽"…동물원의 추억

어느 날 친구에게서 음악 동영상을 하나 받았다. 우리가 젊은 날 함께 듣고 함께 부르던 '동물원'의 멤버였던 김창기 씨의 새 앨범 〈내 머리 속의 가시〉에 수록된 〈원해〉라는 곡이었다. '동물원'이란 그룹은 지금도 존재하지만 이미 우리 젊은 날의 그 '동물원'이 아니고, '동물원'의 멤버 김창기 또한 우리가 기억하는 그 김창기가 아니었다.

가수보다는 의사라는 직업인으로 살고 있는 김창기 씨의 얼굴을 나는 이번에 처음 보았다. 그동안 내가 아는 김창기는 목소리만의 김창기였다. 처음 보는 김창기는 그냥 동창회에서 흔히 볼 법한 그런 평범하고 친숙한 얼굴을 하고 있었다. 〈원해〉라는 노래의 가사는 만취한 쉰 살 남자의 푸념 같아 비슷한 연배의 나로서는 오히려 듣기에 불편하였다. 김창기 씨는 1963년생으로 베이비 붐 세대(1955~1963년 출생)의 끝에 걸쳐 있고, 386세대에는 앞쪽에 속한다. '동물원'의 전(前) 멤버쯤으로 잊힐 듯 말 듯 뇌리 구석에 박혀 있던 김창기의 말하자면 '팝 업'은 우리가 지나보낸 세월의 무게와 변화의 벡터량을 가늠케 해주었다. 원하지 않지만 저절로 알 수 있게 해주었다.

날 둘러싼 이 벽을 무너뜨리고
… (중략) …
내가 다시 남자라고 느낄 수 있게 해주길
나는 겁에 질려 얼어붙은 어린아이일 뿐이야
어딘가에 속하고 있다 믿고 싶을 뿐이야
… (중략) …
난 외로움에 지쳐 있는 허한 인간일 뿐이야
내가 헛되지 않았다고 믿고 싶을 뿐이야

우리 젊은 날의 가수 김광석과 함께 음악활동을 한 그의, 50살을 넘긴 절절한 고백은 가사에 대한 공감 정도가 클수록 그것에 비례해 더 나를 당혹스럽게 만들었다. '날 둘러싼 이 벽에 간힌 채, 다시 남자라고 느끼는 일 없이, 그저 겁에 질린 어린아이처럼, 어딘가에 있지만 그 어딘가에 배제당한 채, 외롭고, 지난 세월도 헛된 듯 느껴지는' 그런 50살 남자에게 현실직시란 현실보다 더 가혹한 일이었기 때문이다. 현실직시란 결국 자신과의 대면일 수밖에 없는데, 50살 남자는 다른 건 몰라도 자신만은 정면으로 응시할 수 없다. 감당할 수 없기 때문이다. 변화를 무비판적으로 수용하기에는 아직은 깨어 있고, 변화를 전면 거부하기엔 너무 늦어버렸다. 우리는 눈 깜짝할 사이에 50살 남자가 되었고, 모르는 새 몸도 마음도 변하였고, 어느 사이에 기성세대라 불리게 되었다.

여전히 30살 청년으로 남아 있는 김광석은 사랑을 노래하고 사랑의 슬픔을 노래하는데, 50살 남자가 된 김광석의 친구 김창기는 자신을 한탄하고 그 변화에 푸념한다. 죽은 김광석은 그대로인데, 살아 있는 김광석의 친구 김창기는 더 이상 청년이 아니다. 언제 이렇게 우리는 변해 버린 걸까.

변화란 어떤 의미에서 동화(同化)이자 이해(理解)이겠단 생각이 든다. 얼마 전 경조사에서 만난 외가 쪽 6촌 여동생이 "오빠 그거 알아? 오빠가 이모부 참 많이 닮았어."라고 말했을 때 나는 적잖게 놀랐다. 그 여동생과 나는 거진 30년 만에 만났다. 그가 마지막으로 기억하는 나는 그의 나이 10대 초반이었을 때 본 스무 살이 막 되려는 나름 예쁜 애송이였다. 그의 나이 10대 초반에 본 이모부, 즉 나의 아버지는 지금 내 나이보다 아주 조금 많았다. 한국의, 아니 세상의 50살 남자의 상당수가 어릴 때 '가장 닮고 싶지 않은 대상'으로 아버지를 들지 않았을까. 나도 그랬다. 일상을 공유하고 세밀한 인간적 결함과 세속적 비겁함이 부득이하게 노출되는 사이이기에 아들에게 아버지는 인생의 반면교사일 수밖에 없다. 프로이트에게서 극적인 상징으로 드러나는 부친살해(Patricide)가 서구문화 저변에 존재하는 보편적 신화소(神話素)인 게 우연은 아니다.

지금은 연락이 끊어진 내 어릴 적 친한 친구는 자신의 아버지에 대해 "단 한 가지 존경할 게 있다면 아버지가 담배를 핀다는 사실"이라고 말했다. 우리 나이 스무 살 무렵에 누군가의 방에 드러누워 두 줄기 담배 연기를 피워 올리며 내뱉은 말이다. 드라마나 소설에선 흔히 "난 엄마처럼 살고 싶지 않아."라거나 "나 엄마처럼 되고 싶지 않아."란 대사를 볼 수 있다. 가부장제 사회의 배제된 성으로, 여자들끼리 공감하는 담화의 대표선수이다. 하지만 우리는 안다, 아니, 알게 된다. 결국 대부분 엄마처럼 살게 된다는 걸. 마찬가지로 아들은 아버지처럼 살고 싶지 않지만 아버지처럼 살게 되는 걸까. 게다가 나는 이제 담배마저 끊어버렸는데….

아들이 나이가 들수록 아버지 외양을 닮는다는 사실은 '부친살해'라는 신화소의 말하자면 '현실소(現實素)'라 할 만하다. 외양이야 그렇다 치고, 내면까지는 어떠한가. 안타깝게도 딸이 엄마의 전철을 밟듯, 아들도 아버지가 되는 순간, 아니 솔직하게 말해 단지 나이가 드는 것만으로 아버지의 궤적을 비슷하게 밟아 나가는 게 아닐까. 칼 포퍼는 "젊어서 마르크스에 빠지지 않으면 바보지만, 그 시절을 보내고도 마르크스주의자로 남아 있으면 더 바보"라고 말했다. 악착같이 자기 딴에는 영악하게 사는 동안, 바보짓 하지 않으려고 기를 쓰는 동안, 아들은 어느새 아버지가 되는가 보다.

바보가 되지 않으려는 행위가 사실 더 바보짓이긴 하다. 알 듯 모를 듯 바보짓은 소위 연륜으로 둔갑하고, 하늘의 별에 두었던 시선은 실족의 두려움에 발밑을 향하고, 가슴에 혹시 얕게 묻혀 있었을지 모르는 도덕률은 허영심으로 둔갑하며, 어느새 현실만이 삶의 준거로 작동하면서 내가 보는 거울 속에선 아버지가 나를 빤히 보고 있다. 더불어 아버지를 불편해 하고 거북해 한 어릴 적 나, '아버지가 그랬겠구나.'라고 생각하게 되는 지금의 나, 그 가운데 후자의 나가 더 자연스러워졌다. 아버지를 이해하게 된 것이다. 하지만 아버지를 이해하게 된 게 꼭 기쁜 일 같지는 않다. 그런 이해의 확장이 삶에 대한 이해의 지평이 넓어진 것을 의미하지 않아서이다. 오히려 삶에 대한 이해의 지평은 머리숱 줄 듯 그렇게 위축되고 있다.

대학 시절 누구보다 극렬한 운동권 투사였던 동아리 친구는 그때 우리가 증오해 마지않았던 독재자에 대해 지난 송년 모임 자리에서 용서와 관대함을 역설했다. 그 친구의 행태에 대다수가 혀를 끌끌 찼지만 그를 비난하지는 않았다. 곧 "하긴 세월이 많이 흘렀지."란 말로 그 문제를 정리하고 늘어진 뱃살과 너나없이 위로 올라가는 이마선부터 은퇴 후 이야기, 자녀 대학 진학 이야기, 누가 바람피운 이야기까지 쉽사리 공감대를 형성하며 박장대소한다. 이어지는 노래방에선 과거 교정에서 스크럼 짜듯 자연스럽게 어깨동무가 연출되고, 누군가 이문세나 김광석을 부르는 가운데 중년 남자들끼리 연인은 저리 가라 할 정도로 번갈아 포옹을 나눈다.

　어릴 적 우리 집 아랫목엔 겨울이면 늘 이불 밑에 뭔가가 들어 있었다. 연탄을 때던 시절, 그곳엔 지금의 보온밥통을 대신해 대체로 밥이 꽉 담긴 밥그릇이 여러 개 자리하였다. 가끔 밥그릇 자리를 익은 콩을 청국장으로 바꾸느라 여념이 없던 큰 용기가 대신 차지하기도 하였는데, 자다가 발효기 기능을 수행중인 이 용기를 발로 차기라도 하면 오밤중에 난리가 나곤 하였다.

　청국장을 집에서 띄우는 사람을 찾기 힘든 요즘 세태론 상상하기 힘든 풍경이다. 집에서 띄우기는커녕 집에서 청국장을 끓여 먹는 모습도 드물다. 청국장이 먹고 싶은 날엔 언감생심 끓여달라고 얘기하지는 못하고 식구들을 설득해 어쩌다 들르는 단골식당으로 향한다.

　식구 3명에 주문은 "된장 둘, 청국장 하나"이다. 아들이 어렸을 땐 "청국장 둘, 된장 하나"였는데, 아들이 어느 사이 저쪽으로 전향하고 말았다. 소수파로 전락한 청국장은 그나마 단독체로 자리하기보다는 주로 나물과 밥을 섞어 비벼 먹을 때 보조 재료로 활용된다. 그에 비해 된장은 상 가운데 위엄 있게 자리하다가 비벼진 밥을 숟가락에 떠서 넘길 때 기품 있게 동반한다. 같은 두부라도 된장 속 두부는 입 속에 들어가기 전까지 형체를 보전하지만, 청국장 속 두부는 나오자마자 밥 위에 얹어져 으깨어지고 만다.

　그런데 어느 날 된장에 사단이 생겼다. 평소의 그 맛과 달리 약간 시큼한 맛이 났다. 신 김치라도 넣었나? 뚝배기 내부를 사찰하였지만 청국장도 아니고 당연히 그런 게 있을 리 있나. 결국 된장은 쉰 것으로 판명되고 "죄송하다."는 사과와 함께 상 위의 모든 것들이 회수되었다. 거의 손도 안 댄 멀쩡한 청국장 또한 회수 조치되었다.

그날 식사는 사죄의 표시인 계란 프라이 세 개와 새로 끓인 된장·청국장이 나오고 속개되었다. 하지만 한 번 떨어진 밥맛이 몇 분 사이에 돌아올 수야 없지 않은가. 정작 식탁에서는 종업원들 눈치 보며 소심하게 식사를 마친 우리 가족은 식당을 나서면서부터 차 안에서 내내 성토대회를 열었고, 사필귀정으로 그 식당은 당분간 출입금지 업소가 되었다. 당시 내 가족이 의식하지 못한 게 있었는데, 우리가 출입금지를 결의한 식당은 'ㅇㅇ청국장'이고 출입금지를 결정한 이유가 된장이니 약간 논리적인 꼬임이 생겼다는 것이다.

젊음을 떠나온 풍경이 이런 것이 아닐까. 토끼 몰리듯 젊음을 떠나온 뒤에, 떠남의 이유를 젊음에 돌리는 노골적인 꼬임. 젊음은 시큼한 맛으로 기억되고, 부당하게 단골집을 잃듯 안타깝게 젊음을 떠나보내고, 오히려 보낸 세월보다 보낼 세월 앞에서, 서성인다. 과거 누군가의 집 앞에서 그러하였듯이 말이다.

김창기의 〈원해〉라는 곡의 뮤직비디오에는 지금 중년의 김창기와 어릴 적 김창기가 나란히 등장한다. 나중에 알았는데, 젊은 김창기 역을 한 이는 음악 동영상을 보내준 친구의 아들이었다. 김창기와 친구 아들 사이의 대비는 빠르게 지나온 세월의 질감을 살뜰하게 느끼게 해주었다. 친구 아들이기에 음악 동영상에 더 많이 감정이입이 되었을까, 문득 음악 동영상 속 김창기가 있어야 할 자리에 내가 보인다. 뭘 '원해'야 할지 아직 아노미인 게, 지난 세월은 저렇게 예쁘고 뚜렷하게 웃고 있는데 다가올 세월은 코빼기가 뵈지 않는다. 허둥지둥, 꿈을 꾸었다고 생각하기엔 앞으로도 꾸어야 할 꿈이 많이도 남았다.

첨언 | 마지막으로 원고를 정리하던 중 나에게 갑자기 시 한 편이 떠올랐다. 처음에 시 제목과 시인 이름이 흐릿한 게 잘 기억되지 않았고, 골똘히 머릿속을 탐사한 결과 '50살 남자의 데자뷰'란 요약을 얻었으며 마침내 김광규 시인의 〈희미한 옛사랑의 그림자〉를 기억해 내었다.

4·19가 나던 해 세밑
우리는 오후 다섯시에 만나
반갑게 악수를 나누고
불도 없는 차가운 방에 앉아
하얀 입김 뿜으며
열띤 토론을 벌였다
어리석게도 우리는 무엇인가를
위해서 살리라 믿었던 것이다

… (중략) …

저마다 목청껏 불렀다

돈을 받지 않고 부르는 노래는

겨울밤 하늘로 올라가

별똥별이 되어 떨어졌다

그로부터 18년 오랜만에

우리는 모두 무엇인가 되어

혁명이 두려운 기성 세대가 되어

넥타이를 매고 다시 모였다

… (중략) …

오랜 방황 끝에 되돌아온 곳

우리의 옛사랑이 피 흘린 곳에

낯선 건물들 수상하게 들어섰고

플라타너스 가로수들은 여전히 제자리에 서서

아직도 남아 있는 몇 개의 마른 잎 흔들며

우리의 고개를 떨구게 했다

부끄럽지 않은가

부끄럽지 않은가

바람의 속삭임 귓전으로 흘리며

우리는 짐짓 중년기의 건강을 이야기했고

또 한 발짝 깊숙히 늪으로 발을 옮겼다

이 시의 정조가 내가 쓴 글과 크게 다르지 않다. 50살 남자의 정조란 것이 시대에 무관하게 동일하다는, 결코 무리하지 않은 결론에 도달하였다. 물론 김광규 시인이 시를 발표한 나이는 50살보다 어린 나이였지만 그간 이루어진 '나이 인플레이션'을 감안할 때 한 묶음이 어색하지 않았다. '50살 남자'는 보편적인 현상이다.

'라면상무'를 위한 변명

언젠가 취업 사이트에서 알바생을 대상으로 식당 꼴불견 손님을 조사한 적이 있다. 취업 사이트 알바몬이 식당 아르바이트 경험이 있는 알바생 287명을 대상으로 식당 꼴불견 손님을 조사한 결과, '진상' 손님 1위는 반말하는 사람이었다. 최대 3개까지 복수 응답케 한 '꼴불견' 질문에 '알바생이라고 반말로 명령하듯 말하는 손님'이 응답의 13.4%를 차지하였다. 이어 '시끄럽고 버릇없는 아이를 방치하는 손님'(11.6%), '금연 표시 앞에서 담배 뻑뻑 피우는 손님'(10.6%), '알바생이랑 말하기 싫다며 무조건 "사장 나와!"라고 우기는 손님'(9.9%), '알바생 권한 밖의 일을 요구하는 손님'(8.3%) 순으로 5위 안에 들었다. 이 밖에 '영업시간이 아닌데도 먹고 가야겠다고 우기는 손님', '알바생에게 술 권하는 손님', '음식 그릇에 담뱃재나 쓰레기 버리는 손님', '3분마다 불러 빨리빨리 외치는 손님', '없는 메뉴 달라고 하는 손님' 등이 답변에 포함되었다.

50살 안팎의 아저씨라면 최소 이 중 한두 개 항목에 뜨끔하지 않을까. 실제로 내 주변 사람들 가운데서 이 유형들 중 단 하나도 해당하지 않는 '완벽한' 손님을 찾기란 간단한 일이 아니다.

정확한 조사가 있는지 모르겠고 정확한 순위도 모르겠지만, 여자들이 싫어하는 남자 유형 중에 식당에서 진상짓하는 사람이 꽤 상위 순위에 들어 있다고 한다. 알바생 조사와 달리 여자 대상 조사이기에, 우리 나이엔 대충 품절남이니 진상짓해도 무방하다고 생각하기야 할까. 그보다는 우리 나이 또래의 남자에게 단지 유부남이란 사실만으로 품절남이란 거룩한 용어를 써도 되는지가 정작 더 신경이 쓰인다.

나도 가끔 식당이나 마트에서 "반말을 쓴다."는 질책을 최측근 인물로부터 한동안 받곤 하였다. 어미를 약간 흐리는 말투 때문에 빚어진 오해라고 항변하지만, "그러게 왜 어미를 흐리십니까?"는 핀잔만 추가될 뿐이다. '어미 살리기'의 특훈은 효험을 보았을까.

어미를 흐린 것 말고 '정식으로' 식당에서 소란을 피운 경험은 내 기억으론 세 번이다. 상황과 상대까지 지금도 기억이 난다. 첫번째 소란은 연대 동문 쪽 어느 식당에서였다. 꽤 더운 날이었고 아직 한참 젊은 때였다. 줄을 서서 제법 기다렸는데 나의 일행이 식탁에 앉을 순서에 종업원이 다른 일행을 안내하여 앉히고 말았다. 나는 갑자기 버럭 화를 내고는 그 식당에서 밥을 먹지 않고 나와 버렸다. 지금 생각하면 20대 중반쯤으로 보이는 여자 종업원의 사소한 실수 때문에 발생한 일이었는데 왜 그렇게 열을 냈는지 아직도 낯이 뜨겁다. 짐작컨대 여러 가지 기분 나쁜 일이 중첩되어 있다가 우연찮게 그 순간 기폭한 것이 아니었을까. 덥기도 더웠다. 또 젊었고, 그만큼 절제력이 부족했다.

하지만 주변을 둘러보고 나 자신을 둘러봐도 나이 들었다고 절제력이 강해지는 건 아니다. 나만 하여도 그 뒤로 두 번이나 더 식당에서 나름 진상짓을 했다. 그중 한 번은 정말로 식당 주인이 잘못한 것이어서 아직도 초로의 그 식당 주인의 몰지각에 화가 난다. 나머지 한 번은 앞서 언급한 조사처럼 알바생을 상대로 한 것이었다. 분명 (내 입장이긴 하지만) 알바생이 잘못했고 그의 태도에 문제가 있었지만 내가 화를 낼 필요까지는 없었다고 뒤늦게 후회하였다.

나 정도면 알바생이 보기에 어느 수준의 손님일까. 세 번쯤 화를 냈지만 "사장 나오라고 해!"하며 고함을 지르지 않았으니 낙제 수준은 아니지 않을까라고 자위해도 괜찮을까.

한국 사회는 나이를 많이 따진다. 대학생들도 첫인사 뒤에 '민증'을 기준으로 곧바로 형·동생을 정하는 판이니 나이 서열이 우리 사회에 얼마나 뿌리 깊은지 짐작할 수 있다. 그래서일까, 직무상 권위주의의 벽을 뚫고 사실관계를 파악해야 하는 기자 사회엔 '님'이란 호칭이 없다. 처음 신문사에 입사하였을 때 지금 내 나이뻘 기자들에게 예컨대 "부장님" 식이라고 불렀다가 "안 부장"

등으로 호칭을 정정당하고는 한편으로 낯설어 어색하였지만 다른 한편으론 뭔가 탈권위적인 지식인 집단의 일원이 될 것 같아 내심 뿌듯하였다. 그러나 얼마 지나지 않아 기자 사회 또한 한국 사회의 다른 부문과 마찬가지로, 아니 그 이상으로 권위주의에 물들어 있음을 알게 되었으니, '님'의 생략은 또 다른 권위주의의 휘장으로 볼 수도 있겠다. 50년쯤 살면 유난에는 이유가 있다는 걸 알게 된다.

이 책을 쓰던 2013년 4월 하순의 대표적인 시사용어는 '라면상무'였다. 언론 보도를 통해 사건을 간단하게 정리하면 이렇다. 포스코 계열사인 포스코에너지의 왕 아무개 상무가 인천공항에서 미국 로스앤젤레스(LA)로 가는 대한항공 편에 탑승하였다. 비즈니스석을 이용한 그는 "옆자리가 비어 있지 않다."고 승무원에게 욕설을 내뱉었다. 기내식으로 제공된 라면에 대해서는 "덜 익었다."며 다시 끓여 오라고 하였고, 다시 끓여 온 라면은 "너무 짜서 못 먹겠다."고 퇴짜를 놓았다. 왕 상무는 두 번째 기내식 제공 때 기내 주방까지 특정 여승무원을 찾아가 왜 라면을 안 주냐, 자신을 무시하냐며 손에 쥔 잡지로 그 승무원의 눈 주변을 때렸다는 것까지가 보도 등으로 알려진 포스코에너지 왕 상무의 진상짓의 내용이다. LA 착륙 후 기장은 현지 경찰에 신고하였고, 출동한 경찰이 왕 상무에게 미국 입국 후 미국에서 수사를 받거나, 입국을 포기하고 한국으로 돌아가라고 선택케 하자 그는 귀국하였다. 알다시피 귀국 후 그는 이 사건이 파문을 일으키면서 결국 회사를 떠나게 되었다.

늘 그렇듯이 이 사건 이후 한동안 한국 사회는 '갑(甲)질'에 대한 성토장으로 바뀌었다. 정치권은 발 빠르게 '갑질'을 규탄하면서 '을(乙)' 보호정책을 수립하겠다고 호들갑을 떨었다. 언론은 갑을(甲乙) 분석물을 앞다투어 쏟아내었다. 나에겐 이 같은 행태가 또 다른 '갑질' 같아 뒷맛이 개운치 않았다. 어차피 달라질 건 없다.

'라면상무' 사건은 이후 모임이나 술자리에서 심심찮게 화제가 되었다. '라면상무'가 잘못하였다는 데 토를 다는 사람은 없었지만, 모임 구성원의 성격에 따라 후속 반응은 미묘하게 엇갈렸다. 상대적으로 '갑'들이 많은 모임에서는 '라면상무'를 비판하면서도 혹시 그 승무원에게 사소한 문제점이 있지는 않았을까, 또 승무원에게 문제가 없다손 치더라도 그렇게까지 될 사안은 아니지 않았나 하는 다소의 동정론이 곁들여졌다. 반면 내가 주기적으로 만나는 대학생 집단에서는 일말의 동정론을 찾아볼 수 없었고 왕상무는 '나쁜 놈' 그 자체였다.

나로 말하면, 약간은 '라면상무'를 동정하게 된다. 평생을 바쳐 만든 자리를 라면 하나와 바꾼 바보짓에 대해 동년배로서 느끼는 안타까움은 보편적 감상이겠고, '어미' 활용에 장애가 있고 소소한 진상짓 전과가 있는 자신을 돌아보는 반성은 스스로에 대한 개별적 경계이겠다. '갑'도 아닌데 '갑질'을 하다가 인생 조지지 말라는 실용론은 다른 관점의 '갑질학(學)'이다. 이제 나이 50

이면 갑이든 을이든, 늙었든 젊었든, 피부색이나 재산·배움의 차이와 상관없이 인간을 인간으로 대우하고 인격체로 존중할 수 있는, 존 레논의 노래 〈Imagine〉을 듣던 어린 시절의 그런 이상을 되살릴 때가 아닌가 하는 무결한 성찰이 필요하다. 혹여 '갑질학'을 더 연마할 생각이랑 그만두자. '님' 자를 붙이고 안 붙이고가 본질적 차이가 아님을 알 만큼은 살지 않았나.

"The beautiful ones"

1968년 미 국립정신건강연구소(NIMH, National Institute of Mental Health)에서 한 실험이 시작되었다. 실험 책임자는 존 B. 칼훈 교수로 쥐 생태 연구자였다. 칼훈 교수는 가로·세로 2.7m, 높이 1.4m의 공간을 만들어 노르웨이 야생쥐 4쌍을 입주시켰다. 이곳은 인위적으로 조성된 쥐 유토피아였다. 먹을 것과 물을 무한정 공급하였고 고양이 등 천적으로부터 완벽하게 보호받았다. 유일한 제약은 가로·세로·높이로 구성된 공간의 크기였다.

쥐들은 예상대로 이 지상천국에서 번성하였다. 개체수가 55일마다 두 배로 늘었다. 하지만 결론부터 말하자면 쥐들의 지상천국은 스스로 붕괴하고 말았다. 실험 결과 유토피아 창조 315일째에 개체수가 620마리를 기록한 것을 정점으로 이후 개체수는 줄어들기 시작하였다. 마침내 유토피아 창조 600일째에는 이 지상천국에서 최후의 쥐가 태어난다. 600일째 출생한 이 노르웨이 야생쥐 이후로는 전혀 번식이 이루어지지 않았다.

315~600일 사이 쥐 유토피아에서 노르웨이 야생쥐 사회의 참

담한 붕괴가 목격되었다. 사회구조가 파괴되었고 개체들에게서 집단생활을 유지할 때 나타나는 정상적인 사회행태가 소멸하였다. 어린 쥐는 제대로 양육되지 못한 채 성장하기 전에 가정에서 내쫓겼다. 이 과정에서 어린 쥐들은 다치거나 죽었다. 인구가 과밀해지면서 수컷들은 자신만의 고유 영토와 암컷을 확보할 수 없었고, 아예 지킬 것이 없으니 당연히 지킬 수도 없게 되었다. 일부 수컷들은 미숙한 쥐에게 성적으로 접근하거나 동성애에 빠져들었고, 암컷들은 새끼를 돌보지 않았고 교미를 거부하기도 하였다. 암컷들에게서 유산이 빈번하게 일어났고 어쩌다 새끼를 키우는 암컷이 있으면 수유를 저지당하고 새끼가 공격받는 등 육아에 무차별적인 방해가 가해졌다. 무엇보다 쥐 사회 내에서 폭력성이 전반적으로 높아졌는데, 특이하게도 폭력은 공격적인 방향으로 고착되는 양상을 보였다. 방어는 포기하고 공격에 전념하다 보니 쥐들은 서로 물어뜯는 데 혈안이 되었다. '피투성이 사회'가 되고만 것이다. 그러는 사이에 어느 틈엔가 암컷들은 새끼를 낳지 않게 되었고, 출생률이 0을 기록하면서 쥐 사회는 외부의 침탈 없이 자멸하고 말았다.

정도 차이가 있겠지만 독자마다 언뜻 자신이 속한 조직을 떠올릴 법하다. 혹자는 자신의 인생경로를 대비시킬 수도 있겠다. 크게 보아서는 지구촌이 이 실험 공간과 다르지 않다. 다분히 재미삼아 하는 것이지만, 개인적으로 나는 이 지구란 곳이 어쩌면 인간 종보다 월등하게 지적 수준이 높은 외계 생명체가 만든 실험장이 아닐까 가끔 상상한다. 어느 순간부터 인간은 (지구 입장에서는 인간이 암세포에 불과할지 모르겠지만) 이 지구를 지배하는 또는 지배한다고 믿는 그런 존재가 되었다. 더불어 지구의 이 지배적인 생명 종과 관련하여, 칼훈 교수의 실험실에서 나타난 것과 유사한 양상이 지구촌을 무대로 전개되고 있다는 진단이 잇따르고 있다.

칼훈 교수의 야생쥐 실험을 자연스럽게 〈인구론〉의 맬서스로 연결짓는 해석이 등장하는 배경이다. 그렇다면 지금 우리는 실험실의 노르웨이 야생쥐 역법(曆法)으로 실험 며칠째를 맞고 있는 것일까. 315일에 도달하였을까, 아니면 목전에 두고 있을까. 어쩌면 600일에 더 근접한 것은 아닐까.

칼훈 교수의 실험은 '맬서스 묵시록'의 구현이란 측면에서 충분히 흥미롭지만, 또 다른 관점에서 이목을 집중시키는 대목을 포함한다. 바로 '아름다운 자들(the beautiful ones)'로 불리는 일단의 쥐들이다. 피투성이의 이 세기말적 쥐 집단에서 한눈에 구별되는 개체들이 '아름다운 자들'이었다. 그들 세상이 종국으로 치달으면서 등장한 이 수컷 무리는 실제로 외양이 아름다웠다. 이 쥐들은 짝짓기 경쟁에서 완전히 물러났고, 그러니 암컷을 두고 서로 싸울 일이 없어졌다. 집단에서 떨어져 혼자 먹고 마셨고 잠도 따로 떨어져 잤다. 공격성을 발휘해 다른 쥐들을 물어뜯는 대신 자신의 털을 다듬으며 말하자면 자아의 성찰과 실현에 전념하며 살았다. 털에 윤기가 흘렀고 스트레스로부터 원천 차단되어서인지 건강 상태도 양호하여 자연히 보기에 좋을 수밖에 없었다. 극심한 스트레스에 노출된 암컷 쥐들이 나중에 해부한 결과 적잖게 암에 걸린 것으로 나타난 현상과 대조적이다. 이렇게 칼훈 교수가 '아름다운 자들'이라 명명한 새 족속이 탄생하였지만 안타깝게도 이들은 당대로 끝날 수밖에 없었다. 무엇보다 짝짓기에 무관심하니 '아름다운' 후손을 보는 일은 아예 불가능하였다.

이제 사람 사는 세상으로 돌아오자. 비유를 확장하면 실험실이 지구일 수 있고, 대한민국일 수 있으며, 개인별로 몸담은 조직일 수 있다. 지구온난화를 떠올리면 실험의 진행 과정이 지금 인류가 초래한 상황과 많이 닮아 있다. 우리 사회의 상황은 더 많이 닮았다. 특히 서로 물어뜯는 데 몰두하는 게 여지없이 한국 사회다.

내가 재미 삼아 해본 상상대로 만일 인류가 외계 고등 지적 생명체에 의해 지구라는 실험실에 넣어진 노르웨이 야생쥐 같은 처지라면 사실 이 아귀다툼에서 속수무책이다. 상황을 인식한다고 하여도 근본적인 제약 조건인 공간을 어쩌지는 못하기 때문이다. 쥐들이 대표를 뽑아 칼훈 교수와 협상을 벌여 난국을 타개하는 것 같은 해결책을 상정할 수 있겠다. 어차피 재미 삼아 내놓는 해결책이라면 쥐들이 실험실에서 국가를 수립하고 관료제와 치안경찰을 도입하는 '통제'의 방안도 거론할 수 있다. 하지만 실험실의 쥐나 지구의 인간이나 합리적이고 조화로운 삶을 모색하기는 힘들어 보인다. 쥐들은 국가와 같은 통제제도를 세울 수 없어서, 인간은 그런 제도를 너무 많이 세워서 희망을 잃어버린다. 그저 지금 우리를 포함한 인간들에게 주어진 삶이 묵시록적인 실험을 위해 조성된 것이 아니기를 바라자.

실험실이 아니라 한들 우리가 처한 아귀다툼의 상황이 달라지지는 않는다. 칼훈 교수의 쥐 실험실에서 실험을 위해 통제할 수 있는 것이 공간만은 아니었다. 추가적인 실험을 위하여 음식이나 암컷·수컷의 숫자 등을 제한할 수 있다. 인간 사회에 주어지는 제약은 훨씬 더 많다. 외계 고등 지적 생명체가 개입하지 않아도 우리는 자발적으로 다양한 유형의 실험실들을 창안해 내어 우리 스스로를 밀어 넣는다. 제약(制約), 통제(統制), 또는 더 자본주의적인 용어로 희소성(稀少性)은 우리 삶의 근간을 형성한다. 비근한 예로 기업에서 임원 자리를 두고 벌이는 경쟁을 들 수 있다. 재벌 그룹에서는 한 해 수천 명이 입사하지만 한 해 임원이 되는 숫자는 수십 명에 못 미친다. 임원 승진 경쟁은 쥐 실험과 달라서 자기붕괴 프레임을 적용하는 게 무리일 수도 있다. 그렇긴 하지만 입사하여 회사 생활을 하다가 임원 경쟁을 거쳐 퇴사하는 과정에 쥐 실험실의 자기붕괴와 유사한 속성이 발견되는 것 또한 사실이다.

명백하게 다른 게 있긴 하다. 특이한 쥐라 할 수 있는 '아름다운 자들'이 인간 사회에는 거의 드물다. 비유컨대 법정 스님 정도가 '아름다운 자'로 불릴 수 있을까('아름다운 자'가 쥐라는 사실을 근거로, 법정 스님을 모독하는 비유라고 너무 예민하게 반응하지 않았으면 좋겠다). 산사의 스님, 그중에서도 아주 극소수를 제외하고는 '아름다운 자들'을 찾기는 어려워 보인다. 기업에 필적할 수준으로 세속화한 요즘 한국의 교회와 절에서는 세속에서보다 오히려 '아름다운 자들'을 찾기 더 힘들어졌다. 그렇다면 쥐 세상 말고 인간 세상에서, 도대체 '아름다운 자들'을 어디에서 찾을 수 있을까. '아름다운 자'는커녕 피에 굶주린 자, 굶주린 수준이 아니라 하여도 어쩔 수 없이 피 묻힌 자, 그런 사람들만 볼 수 있는 게 실상이다.

그 까닭은 우리 사회에는 실험실의 쥐 사회에 비해 훨씬 더 체계적이고 강력한 통제체계가 작동하고 있어 '아름다운 자들'이 아름다운 채 살아가도록 결코 내버려 두지 않는 데 있다. 과거 관조와 성찰은 지식인의 존중받는 특권이었으나 지금에서는 무위도식쯤으로 취급받는다. 역으로 무위도식은 지식인의 존립 기반이었다.

바닷속에서 복어는 그 치명적 독성으로 인하여 유유자적 아름다운 물고기로 존재할 수 있었으나, 복집에서 복어는 제독된 맛있는 생선에 불과하다. 전채 비슷하게 상에 오르는 복어 껍질은 유유자적에 대한 상징적 징벌이라 할 수 있다. 잘게 잘려 적당하게 간이 밴 복어 껍질에서는 어떤 바다 냄새를 맡을 수 없고 어떤 유영(遊泳)의 기운을 느낄 수 없다. 그럼에도 우리는 조리된 복어 시체의 껍질을 통하여 짐짓 바다의 기억을 맛있게 씹어댄다.

무위도식하며 근본적 성찰에 몰입하는 소위 지식인은 복어 껍질보다 못한 존재다. 분초를 쪼개 가며 알량한 실용지식을, 그것도 복제품으로 팔아먹는 소위 전문가나 복어 껍질에 근접할까.

무위가 허락되지 않고 성찰이 불필요한 시대에 지식인 혹은 지식 인류(類) 삶의 태도는 눈에 보이는 족족 삭제된다.

원초적으로 복어는 우리보다 나은 존재다. 복어와 달리 우린 '아름다운 자'로 살아갈 기회마저 애초에 박탈당하였다. 물고기로 치면 복어 급(級)에 턱없이 미달로, 우린 애시당초 식탁에 오를 운명으로 태어난 수조 안 양식 생선에 불과하다. 독 같은 것을 지니지 못하였고 무위도식은 물론 잠시의 유유자적에도 수치심을 느낀다. 안달복달·좌고우면하며 옹색하게 헤엄치다가 수조 안에서 물 밖으로 뛰어올라 자진해서 조리 냄비 안으로 스스로를 헌납하는 연가시에 사로잡힌 꼭두각시 생선이다. 그러한 형편이니 인간 삶이란 게 복어의 삶은 물론 쥐의 삶보다 못해도 한참 못한 것인가.

그러나 다시 생각해 보면, 논의의 편의를 위해 복어는 논외로 하고, 쥐 세상의 아수라장으로부터 철두철미하게 고립하여 아름다운 외양을 유지하며 살아가는 특정한 쥐들의 행태가 과연 아름다운 삶을 구성하는지 의문이 든다. 모두 인간의 시각으로 해석하여 하는 말이지만, 세상이 아름답지 않은데 아름다운 개체로 살아가는 것이 아름다운 일일까. 인간사의 아이러니는 아름다움과는 거리가 멀어도 너무 먼 세상에서 혹시 나 홀로 아름답게 살아갈 기회를 얻더라도, 그것을 마다하고 기어이 세속의 분진을 흠뻑 뒤집어쓰는 바보스러움에서 목격된다. 쥐 세상에서는 아름다운 털 때문이었지만 인간 세상에서는 아름답지 못한 세상에서,

그런 세상에서 아름다움을 생각하기에, 아주 드물게 아름다움을 도모하기까지 하기에 '아름답다'는 표현이 성립한다. 청산에 산다고 인간이 아름다워지지 않는다. 그저 청산이 아름다울 뿐이다. 인간을 보고 그냥 아름다운 게 아니라 진짜 아름답다고 할 때는 모습과 지위가 아닌 심상과 통찰력을 보고 하는 말이다. 털이 아니라 정신이 아름다운 것이다. 어차피 쥐는 스스로를, 그리고 서로를 아름다운 존재로 자각하거나 인식하지 못하고, '아름다운 자들'이란 명명 또한 다른 생명 종인 사람에 의한 것이니 외관 말고 달리 근거로 삼을 게 없다.

다시 생각이 꼬리를 물어 '외계인 실험'설로 돌아가면, 쥐 실험실이나 다름없이 엉망진창인 이 인간 세상에서 불가능한 아름다움의 틈새를 기어이 찾아내려고 애쓰는 우리 중 아주 일부를 외계 고등 지적 생명체가 관찰한다는 가정 하에, 그 일부에게 외계인들은 그들의 언어로 어떤 이름을 붙일까. 마찬가지로 '아름다운 자들'이기를 예상한다면 인간적인 너무나도 인간적인 발상임이 분명하다.

엉뚱한 생각이긴 하지만, 그럼 외계인이 아닌 한국의 50살 남자에게 "그대는 '아름다운 자'인가?"라고 스스로에 대해 질문한다면 어떻게 대답할까. 대답 대신 그저 헛웃음을 지으며 황당해하기 십상이겠다. 질문을 바꾸어 "그대는 '아름다운 자'이고자 하는가?"라고 묻는다면, 마찬가지로 그저 웃을 따름이리라. 우문에 현답인가.

'깨어진 창'을 잠시
내버려 두어야 하는 까닭

세 살 버릇 여든까지 간다고 한다. 일리 있는 얘기이다. 요즘처럼 아이들에게 버릇이라곤 가르치지 않는 세태에 새겨들을 만한 속담이다(내가 개인적으로 아이들의 버릇없음을 예민하게 감지하는 곳은 식당이다. 방치된 아이들에게서 식당 예절을 찾아볼 수 없는 건 당연하다. 요즘 젊은 엄마·아빠들은 식당에서 자녀들을 무한정 방목한다. 자기들 식사에 바쁘고 제 아이들이 식당에서 어떻게 뛰어다니는지 어떻게 남의 식탁을 기웃거리는지 전혀 신경 쓰지 않는다. 아, 너무 꼰대 행세를 한 것인가? 식당 알바생들도 같은 생각이라는데…).

바꿔 생각하면 "옛날엔 안 이랬는데…." "요즘 것들은 정말 버릇이 없어." 따위의 얘기는 늘 있었다. 나의 젊은 날에 우연찮게 동참한 지금의 나와 같은 '꼰대' 아저씨들이 당시 나를 보며 그렇게 생각하지 않았을까. 이 때문에 이러한 주제를 꺼낼 때마다 "요즘 정말 말세야."라고 개탄하였다는 고대 그리스인들의 일화가 심심찮게 거론된다. 그런 관점에서 말세는 항상 현재인 것이다. 세 살 아이가 여든 살 노인이 되어, 사회적 맥락을 쌓고 더불어 어쩔 수 없이 보수화하면서 그 시선으로 젊은 세대를 보면 정말 가관일 것이다. 80살까지 갈 것 없이 50살만 되어도 '가관'에 쉽사리 동의하지 않을까. 나는 종종 20대와 대화하고 가끔 식사나 술자리를 함께하는데 그들이 10대를 두고 "요즘 것들"이라고 이야기하는 걸 들어보면 50살까지 먹을 필요도 없어 보인다. 따라서 이 대목에서 버릇없음이 상대적 버릇없음인지, 절대적 버릇없음인지 따져보는 게 유익하지 싶다.

영화 〈죽은 시인의 사회〉에서 키팅 선생은 "카르페 디엠(carpe diem)"을 부르짖는다. '지금 이 순간에 충실하라, 또는 즐겨라.'는 뜻의 라틴어이다. 논리적으로는 버릇없음에 대한 관대한 시선으로 해석된다. 세 살짜리에게 여든 살 버릇을 가르치지 말고, 세 살짜리는 세 살짜리로 살게 하라는 의미이다. 세 살 버릇이 여든까지 간다고 할 때 '세 살 버릇'에는 부정적인 느낌이 들어 있다. 그래서 여든 살까지 가면 큰일인 것이다. 반면 '카르페 디엠'에서는 세 살이든 서른 살이든 쉰 살이든 그 자체로 그때의 삶을 적극적으로 긍정하라는 철학이 들어 있다.

나누자면 버릇에 관한 절대주의와 상대주의인 셈이다. 이렇게 규정하고 나니 절대주의에 관한 우리의 선입견 때문에 "세 살 버릇 여든까지 간다."고 걱정하는 시선이 마치 후진적인 것인 양 비춰질 수 있겠다.

꼭 그렇지는 않다. 인간으로서, 또는 지구상에 살고 있는 고등지적 생명체로서, 아니면 비슷한 다른 그 무엇으로서 정의될 때 반드시 지켜야 할 최소한의 예의는 있다. 인간다움이나 공직자다움 등 'OO다움'에는 'OO'의 정체성에 관한 고민과 그 정체성을 둘러싼 사회적 합의가 선행한다. 사회적 합의의 과정은 상대주의에 입각하였다고 볼 수 있기에 'OO다움'으로 정식화하는, 지켜야 할 절대적 예의는 흔히 부정적인 태도를 앞세우는 일반적 절대주의 관점과는 다르다. 말장난 같은 이 논리에 의거하면 우리는 세 살 버릇 여든까지 간다고 단정할 이유가 없지만, 동시에 세 살 버릇을 고치지 않을 까닭도 없는 것이다.

자주 인용되는 경영학(사실 경영학이라기보다는 자기계발서 용어가 맞을 듯도 하다.) 용어 중에 '깨어진 창(broken window)'이라는 것이 있다. 어떤 건물에 창문이 여러 개 있는데 어느 날 그중 한 창문의 유리가 깨어졌다. 누군가 돌을 던졌을 수도 있고, 동네 아이들이 야구를 하다가 공이 튀어나왔을 수도 있다. 이때 '깨어진 창'에 어떻게 대응하느냐가 매우 중요하다. '깨어진 창'을 내버려 두면 방치된 건물로 생각하고 조만간 취객이 방뇨하거나 지나가던 개마저 실례할 수 있다. 또는 전혀 무관한 일로 화가 난 동네 불량배가 분풀이로 멀쩡한 다른 창을 깨뜨릴 수 있다.

'깨어진 창'은 관리의 중요성을 강조한다. 하나의 예외가 생기면 또 다른 예외를 낳고, 그리하여 조직 전반에 걸쳐 기강이 무너져 내려 걷잡을 수 없게 될 수 있다. 깨끗한 동네 골목길에 누군가 쓰레기봉투를 하나 내놓는 순간 하루가 지나기 전에 그 자리가 쓰레기장으로 변하는 흔히 보는 장면을 떠올리면 된다. 항해 중인 배의 바닥에 생긴 구멍이나 마찬가지이다. 작은 구멍이 생겼을 때 바로 막지 않으면 사소한 누수가 침몰로 이어진다는 건 상식이다. 논리적으로는 "세 살 버릇 여든까지 간다."와 같은 입장이다.

창(window)의 의미는 무엇일까. 내 생각에 건물에 창을 내는 근원적 이유는 소통이 아니다. 건물 내부의 나쁜 것들을 외부로 배출하는 장치가 창이다. 배출 기능과 함께 건물 외부 나쁜 것들의 침입을 막는 차단막이기도 하여야 한다. 환기를 통해 좋은 공기를 건물 내부로 끌어들인다고 할 때 유입을 허락하는 대상에 먼지·소음 등 다른 '나쁜 것'들이 포함되지는 않는다. 환기는 전적으로 건물 내부의 이익에 복속된다. 창은 열어야 창이지만, 역설적으로 소통을 막기 위한 적극적인 장치이다.

'깨어진 창'의 관리('깨어진 창'의 확산을 방지하자!)는 건물 입장에서 취한 방어태세이다. 건물의 기본 정체성은 앞서 언급하였듯 건물 안과 밖을 나누는 구분과 차단이다. '깨어진 창' 논의는 안과 밖을 벽으로 나눈 이후 건물 안을 보호하겠다는 관리지침을 비유적으로 표현한 것이다. 세 살이 여든 살이 되도록 같은 내부 공간을 지켜내려는 결연함이다.

그러나 '깨어진 창'은 다른 철학에 입각한다면 하나의 가능성이다. 보는 것은 사랑일 뿐 아니라 보는 것은 믿는 것이고, 영화 〈아바타〉를 거론하지 않더라도 보는 것은 소통을 의도한다.

문득 하나의 창이 깨져 있는 게 어쩌면 삶을 더 윤택하게 만들 수 있겠다는 생각이 든다. 벽을 허물 수는 없는 노릇이니 말이다. 어느 날 우연찮게 귀고리 한쪽을 잃어버려 남은 한쪽만 끼고 돌아다니는 게 더 멋스럽게 보이듯, 건물이 아니라 삶에서는 '깨어진 창'을 관리하지 않음이 여유로움일 수 있다. 안과 밖의 공기가 통하고, 바깥 온도가 안의 온도로 전달되고, 창이 차단이 아닌 소통의 구실을 하는, 작위(作爲)에 의한 우연의 구조이다. 여기에도 한계는 있다. 소통을 극단으로 밀고 나가면 건물무용론에 이르기 때문이다. 창문을 활짝, 가장 완벽하게 열려면 건물 벽과 천장을 무너뜨리면 된다. 열 게 없다는 건 다 열었다는 뜻이다. 반면 다 열었다는 말은 닫을 수 없다는 말이다. 그때 건물로 인한 안정과 안락함의 보장은 불가능해진다. 말 그대로 연목구어(緣木求魚)이다. 여든 살이 되도록 세 살 버릇을 지니고 사는 것이 결코 행복할 리 없는 것이나 마찬가지 이치이다.

현실에서는 타협하게 된다. '깨어진 창'을 하루 이틀 내버려 두는 태도이다. 잠깐의 예외적 상황이 발생하였을 때 그 상황을 서둘러 정리하지 말고 잠시 지켜보는 여유다. 더 적극적으로는 피정(避靜) 같은 것이라고 생각할 수 있다. 배에 누수가 생겼다고 상상하여도 좋겠다. 이때도 마찬가지로, 물이 들어오는 지점을 차분하게 관찰해야 정확한 누수 지점을 찾아 그곳에다 필요한 조치를 적절하게 취할 수 있다(없지는 않겠지만 너무 오래 관찰하느라 익사하는 '바보'까지 이 자리에서 언급할 필요가 있을까).

살아가면서, 특히 이제 더 이상 젊지 않다는 조급증에 어쩔 수 없이 평소 마음만 부잡하게 들들 볶지만 가끔 잠시나마 깨진 것을 깨진 채로, 주어진 상황에 눈감을 수 있는 배포가 필요하지 않을까. 그러나 일모도원(日暮途遠)의 강퍅한 세상은 너무 오래 눈감는 것을 허락하지 않는다. 얼마나 눈감아도 될지, 언제 눈떠야 될지를 아는 것이야말로 더 이상 젊지 않다고 판단되는 나이에 꼭 필요한 감각이다. 작위에 의한 우연의 구조, 즉 의도된 우연도 우연이기 때문에 그 우연의 물살에 예기치 않게 떠내려가지 않으려면….

일부러 창을 깨는 짓은 가능한 한 하지 않는 게 좋다. 그러지 않아도 우리네 인생이란 건물의 창은 끊임없이 깨어지기 마련이니까. 깰 창을 찾지 말고 깨진 창을 찾는 게 먼저다. '깨어진 창'을 능숙하게 보수하거나 잠시 관망하는 것으로 충분하다.

사족 | 그렇다면 '깨어진 창'에 사전에 철저하게 대처해 우발성을 줄이고 아쉬운 대로 필요할 때 창문을 여는 건 어떨까. 이상적이긴 하지만 거의 모든 사람들에게 창문을 열어둘 심적·물리적 여유가 존재하지 않는다는 게 문제이다. 우리는 잠시 창문을 열어둘까를 생각할 겨를 없이 '깨어진 창'을 고치느라 정신이 없다. 보수가 끝나고 나면 곧바로 다른 '깨어

진 창'이 눈에 띄게 마련이다. 또 다른 문제(문제라기보다는 삶의 아이러니)는 성장(成長)은 계획으로 되는 게 아니라 계획이 깨질 때 이루어진다는 점이다. 50살이 되어도 당연히 성장해야 하는 것 아닌가. 필요에 따라 창문을 열고 닫는 행위는 원래 건물의 속성에 속한 것이다. 반대로 '깨어진 창'은 건물의 속성에 반하는 사태이다. 목적지까지 가는 길에 시간이나 다른 것에 여유가 있어 언제든지 짬을 내어 벤치에서 쉴 수 있는 사람은, 주어진 시간이 너무 부족한 탓에 빠듯하게 달려가다 돌부리에 걸려 땅바닥에 넘어진 사람을 이해하지 못한다. 예기치 못하게 등장하는 돌부리들이야말로 우리가 아직 달리고 있음을 확인시키며, 또 우리가 일어날 수 있는 능력을 잃지 않았음을 검증케 하는 삶의 이정표인 셈이다. 어쩌면 주저앉아 일어나지 못할 수도 있겠지만, 뭐 그러면 어떠한가. 행여 아는가, 당연히 전혀 의도하지 않은 채 주저앉아 있겠지만 주저앉아 있는 그곳이 진정한 목적지일지.

'알고 보면 진국'은 진국이 아니다

자세히 보아야
예쁘다 오래 보아야
사랑스럽다

나태주 시인의 시이다. 짧지만 강렬한 이미지가 한눈에 들어온다. 이런 걸 소위 문학적 형상화라고 부른다. 서울 광화문과 강남역 교보문고 건물 벽에 각각 이 시구가 크게 걸려 있었던 기억이 난다.

이 시구를 보면서, 기억이 날 듯 말 듯 이 시의 제목이 무엇이었는지를 잠깐 궁리하였다. 자세히 보아야, 오래 보아야 예쁘고 사랑스러운 존재는 무엇일까. 자세히 보지 않고 오래 보지 않으면 예쁘지 않고 사랑스럽지 않다는 말일까. 자세히 보나 자세히 보지 않으나, 오래 보나 오래 보지 않으나 사랑스럽고 예쁠 수는 없을까.

이 시의 제목은 〈풀꽃〉이다. 누구라도 제목을 듣고 나면 "아!" 하고 저절로 고개가 끄덕여질 만하다. 시의 차원이 아니라 세속의 차원에서는 앞서 그랬듯 이렇게 저렇게 찔러보면 시빗거리가 아주 없는 건 아니다. 시비는 나중에 가리기로 하고, 시의 해석만큼 엿장수 마음대로인 게 없으니 발길 가는 대로 시를 해석해 보자. 나태주 시인이 오랫동안 초등학교 교사로 재직한 사정을 감안하면 풀꽃이 아이들을 표상하였다고 볼 수도 있다. 자세히, 오래 보는 게 중요하다. 그러면 사랑스럽고 예뻐진다. 또는 자세히 사랑하고 오래 예뻐해야만 아이가 제대로 보일 수 있다. 풀꽃이 그렇게 예쁜데 사람꽃이야 일러 무삼하리오.

인용문은 전문이 아니다. 이어서 한 줄 "너도 그렇다"가 따라온다. 시선의 이동, 또는 카메라 앵글의 교체를 통해 시의 이미지를 입체화한다. 더불어 "너도 그렇다"는 시구는 중의적인 해석을 가능케 한다. '네가 그렇다'고 하지 않고 '너도 그렇다' 하였을 때는 자연스럽게 두 가지 이미지의 유대를 꾀한 것이다. 풀꽃이 그러하듯 아이들이 그러하다고 받아들일 수 있고, 또 다르게 수용할 수도 있다. 그런데 흔히 말하는 그런 사랑은 아니다. 사랑이란 감정이 즉자적으로 얼마나 뜨겁게 분출하는 것인데 자세히 오래 보아야 예쁘고 사랑스럽다니, 가당치 않다. 물론 시적인 자유에서는 자세히 오래 보며 예뻐하고 사랑하고 싶다는 소망을 표현하였다고도 풀이할 수 있다. 지금의 터질 듯한 열정이 오래도록 예뻐하고 사랑하는 불멸의 인연으로 이어지기를 바람이다.

만일 이 시의 주제가 쉽사리 떠올림 직한 그런 '흔한' 사랑이라면, 얼핏 중년 이상의 부부나 오랜 친구 사이에 관한 것으로 느껴지지 않는가. 우리네 아내와 남편의 머리카락은 염색에도 불구하고 귀밑이나 머릿속의 흰 뿌리를 감추지 못하여 찬찬히 들여다보면, 자세히 오래 보면 함께한 세월이 엿보인다. 일단 머리카락 파뿌리 될 때까지 살았으니 혼인서약을 충실히 지켰다는 이야기를 할 수는 있겠다. 실상은 대체로 혼인서약을 깨지 못하는 사이에 우리가 함께 나이를 먹어버린 것일 확률이 더 크지만 말이다. 그래도 어느새 서로 닮아진 주름살들을 얼굴 여기저기에 걸고 웃다 울며 익숙하여졌다. 열정이 가신 자리에 냉담이 자리하기도 하였지만, 열정과 냉담의 파도가 가라앉으면 어느새 그곳엔 잔잔한 익숙함의 물결이 밀려와 더 이상 예쁘거나 젊지 않은 발을 편안하게 덮는다. 한국 사회에서 오래된 연인과 오래된 부부는 다르다. 연인에 비해 부부는 제도와 관습에 묶여 더 불편할 수 있지만 그러한 규정 속에서 오히려 서로에게 훈련될 기회를 얻게 된다. 물론 훈련이 아니라 억압일 수도 있다. 서로에게 가해지는, 또한 거대 체계로부터 비롯한 이 억압에 발밑의 굳은살처럼 능숙하게 둔감하여졌을 가능성이 더 클 수도 있다.

중년 남자들 중에 어떤 부류는 넥타이를 매지 않으면 허전해한다. 처음에는 설레다가 조금 지나서 답답하고 불편하고 가끔 혹은 빈번하게 벗어버리고 싶은 충동을 느꼈지만 부지불식간에 넥타이를 몸의 일부로 받아들이는 이들이 있다. 이들은 퇴직 후의 공허함을 목의 허전함으로 처음 절감한다. 혹여 반평생 같이 한 아내와 예상보다 이른 시점에 사별한 초로의 남편들이 느끼는 상실감과 비슷할까. 마누라 죽으면 화장실 가서 혼자 웃는다는 속담은 30살에 입던 청바지만큼이나 우리에겐 안 맞는 이야기다 (같은 경우일 때 초로의 아내가 같은 감정을 느낄지는 막 초로에 다가가는 중인 나로서는 속단하지 못하겠다).

늙어가는 아내와 늙어가는 남편이야말로 자세히 보아서 오래 보아서 그 늘어진 목살과 튀어나온 뱃살이, 오직 자세히 보아서 오래 보아서 예쁘고 사랑스러운 법이다. 근거 없는 미화라고 빈정 상하지 말고 시쳇말로 세월의 미학으로 받아들이면 안 될까. 예쁘고 사랑스러워서 보는 게 아니라 예쁘고 사랑스럽게 보는 것이다.

오래된 친구는 반려나 비슷하다. 이런저런 성격과 가치관의 차이에도 한 세월 외면하지 않고 가끔씩 술잔을 기울이며 더불어 지내다 보면 차이보다는 동반한 짧지 않은 세월의 동감이 더 부각된다.

누군가에 대한 "그 사람 알고 보면 진국"이란 소개는 어떤가. 언뜻 나태주 시인의 시 〈풀꽃〉과 연관이 있을 법한 일감이 들지 않는가. '자세히' '오래'라는 단어에서 '진국'에 우호적인 분위기가 조성되고 있지는 않은가. 한데 나는 흔쾌하게 동의되지 않는다. 단도직입적으로 말하면 '알고 보면 진국'은 거진 진국이 아니다.

풀꽃을 설명하는 '자세히 오래 보아야'란 표현과 진국을 설명하는 '알고 보면'이란 말이 대구(對句)처럼 느껴질지 모르겠으나 실상 반어에 가깝다. 전자가 '보고 싶다'는 긍정적 뉘앙스를 담고 있다면, 후자는 '알고 싶지 않겠지만'이란 부정적 뉘앙스를 담았다. 겉보기 또는 첫인상과 다를 것이란 변호는 겉보기와 첫인상이 별로라는 뜻이다. 〈풀꽃〉이란 시에는 어떻게 해석하더라도 '그럼에도 불구하고'는 등장하지 않는다. 반전을 강요하는 '진국'과 달리 〈풀꽃〉에서는 일관된 공감이 표출된다.

세상을 알 만큼 아는 나이가 되면 굳이 진국임을 확인하기 위해 그 사람을 알려 들지 않는다. 알려 들지 않아도 진국은 사위에 널렸다. 설혹 손에 잡히는 진국이 주변에 없다손 치더라도 50줄에 접어들면 진국의 유무에 크게 개의하지 않는다. 이 나이쯤엔 스쳐 지나보내고 흘려보낸 무수히 많은 진국의 명단을 보유한다. 대개는 "그 사람 알고 보니 진국이 아니었던 것"이다. 냉엄한 현실은 이렇다. 자신이 진국일 때만 진국과 조우하며, 자신이 진국이 아닌 한 아무리 알아봐도 진국이란 없다. 자신이 진국이든 아니든 유일한 진국이란 조강지처와 옛 친구뿐이다. 물론 자신이 지나치게 진국이 아니라면 조강지처와 옛 친구도 진국 자리를 마다할 터이다.

미국 32대 대통령 프랭클린 루스벨트의 개 사랑은 유별났는데, 그래서 루스벨트의 애견 '팔라'는 미국 대통령들의 개, 소위 퍼스트 독(first dog) 중에서도 남다른 유명세를 누렸다. 루스벨트가 "나를 욕해도 좋고 아내인 엘리노어를 욕해도 좋지만 애견인 팔라만은 욕하지 말라."고 말하고 다닌 것은 유명한 일화다. 루스벨트의 개 사랑과 관련하여 아내 엘리노어는 독특한 해석을 내놓았는데, "남편이 4번이나 대통령을 지낸 것은 애견 팔라에 대한 남편의 지극한 사랑에 국민들이 감동했기 때문"이라고 말했다. 현재 미국 워싱턴 루스벨트 기념관의 루스벨트 동상 옆에는 팔라도 동상으로 제작되어 나란히 주인 옆을 지키고 있다. 엘리노어의 언급이 크게 허황되어 보이지 않는다.

　루스벨트는 이런 말을 남겼다. "(인생에서) 충실한 세 친구는 늙은 아내, 늙은 개, 그리고 현금이다." 혹시 루스벨트의 '세 친구' 다음 자리에다 어이없게 진국을 끼워 넣을 사람이야 있을까. 루스벨트의 금언에서 '늙은'은 '함께 지낸'을 전제한다. 친구가 공유의 개념인 반면 진국은 전유(專有)의 개념이다. 혼자 끓어오르며 나누지 않은 세월은 종국에 씻겨 내려간다. 오직 나눈 세월만이 인생에 쌓여 나이 들어가며 힘든 날 기댈 둔덕이 된다.

당뇨란 축복

　돌아가신 아버지는 일제시대에 태어나 어린 나이에 해방과 한국전쟁을 겪었고 보릿고개와 개발연대를 지낸, 특별할 것이 하나 없는 평범한 한국인이었다. 시골 태생이지만 당시에 국민 대다수가 그랬듯 숟가락 두 개 들고 어머니와 함께 상경해 서울 사람이 되었다. 고향에서는 농업고등학교 선생님이나 어쩌면 면장쯤 했을지 모르지만 서울에서 삶은 편안하게 풀리지 않았다. 많이 고생했지만 자식들로부터 큰 존경을 받지는 못했다. 크든 작든 이 시대에 이름 하나 남기지 못한 필부로 세상을 떠났다.

　아버지는 내 아들이 태어난 해에 돌아가셨다. 그렇게 손자를 노래 부르셨지만 정작 손자의 얼굴을 보지 못하고 운명하셨다.

　아버지의 유산은 사실 금전적으로는 별게 없다. 당신이 큰돈을 벌거나 모으지 못했으니 자식에게 물려줄 게 없었다. 그렇다고 금전적이지 않은 유산을 남긴 것도 아니다. 청빈하지만 자존심을 지킬 수 있었던 학자나 선비류의 고고한 삶을 산 게 아니었고, 반독재나 민주화운동에 잠깐이라도 몸을 담을 적이 없으며, 인격적으로 훌륭했다고 하기도 힘들다. 정신적으로나 물질적으로나 남겨진 유산이 전혀 없었다고 할 수 있다. 따지자면 오직 나 자체를 유산으로 남겼을 뿐이다.

일종의 자위일 수 있겠지만 물려줄 게 없었다는 사실이 나에게는 가장 큰 유산이 아닐까. 선친은 개인적인 인격이나 사회적인 성취 면에서 내세울 게 없는 삶을 살았지만, 허랑방탕하지 않았고 주변 사람들이나 사회에 폐를 끼치지 않았다. 물론 가족에게는 적잖은 상처를 남겼지만, 가족이란 으레 서로 상처를 주고받는 사이이며 죽음을 경계로 모든 허물이 용서되는 법이 아닌가. 그러니 다행이란 생각이 든다. 아버지가 '아버지의 이름으로' 때로 나에게 상처를 준 것이야 그 사실조차 잊었지만 아버지가 살아생전 타인들에게 상처 준 일이 있다면 그 일이 그들에게 쉽게 잊히거나 쉽게 용서받지 못할 것이기 때문이다.

내가 아는 한 선친은 그다지 약삭빠르지 못한 탓이었겠지만 사기 당한 일은 있어도 누구에게 사기를 친 적이 없었다. 아마 그만한 지위에 오르지 못하여서이겠지만 부정한 방법으로 다수로부터 금품을 갈취해 자기 것이라고 우긴 적이 없다. 단독으로 의미 있게 쓸 수 있는 단어인지 모르겠으나 최소한 청빈하였던 것만은 확실하다. 권력을 탐해 자기 이름을 더럽히지 않았고, 권력의 하수인이 되어 무고한 사람들에게 핍박을 가한 일이 없다. 자랑스러운 이름을 물려주지 못했지만 부끄러운 이름을 남기진 않았으니 그것만으로도 정말 큰 유산이 아닌가.

내가 아들의 아버지가 되고, 많지도 적지도 않은 세월을 살며, 아버지가 돌아가신 나이에 조금씩 다가가면서 새삼 아버지의 유산을 인식하게 된다. 적어도 나는 금전적이든 비금전적이든 부채를 상속하지 않았다. 선친의 무명(無名) 혹은 무명(無明)의 삶은 헛된 이름과 부질없는 탐욕에 매몰되지 말라는 가르침이다. 유산이 없는 게 유산이듯이 가르치지 않음으로 가르친다는 이야기는 이를 두고 이름인가 보다.

선친의 유산은 또 있다. 아버지의 아버지, 아버지의 아버지의 아버지, 그 이전부터 내려왔을 게 분명한 유전병이다. 유전병이라고 해서 거창한 게 아니라 경중을 떠나 집안 내력으로 불가피하게 물려받게 되는 질병이다. 적지도 많지도 않은 나이가 되면서 병이라고 판정하기엔 미미하고 병이 아니라고 무시하기엔 두드러진 수준으로 혈당 수치가 올라가면서, 나의 몸속에 건재한 조상의 흔적을 실감하게 된다. 선친과 선친의 형제들 모두 당뇨병을 앓았으니 나나 나의 형제들이 당뇨병에 노출되는 건 오래전부터 시간문제였다. 그 아버지의 아들이었기에 예정된 수순이었다. 나의 몸매가 상대적으로 늦게까지 안정된 까닭에 그런 징후를 스스로나 또 외부에서 눈치채지 못하였지만 세월과 유산은 예외를 남기지 않는다.

자친(慈親)께서는 "영감탱이 더러운 것 물려주고 갔네. 돈 되는 건 하나도 안 남기고." 하셨지만 나는 오히려 선친에게, 돌아가신 뒤에서야 감사하게 된다. 이번에는 가르치지 않음으로 가르치는 게 아니라 구체적 교훈을 남김으로써 가르치셨다. 과유불급(過猶不及), 과함보다는 차라리 못 미치는 게〔불급(不及)〕더 낫다는 나잇값의 미덕 말이다.

특별히 살찌지 않았지만 이제부터는 음식을 먹을 때 욕심껏 먹지 말고, 맛있는 음식이 있어도 배를 채우지 말며, 나쁘고 거친 것으로 알려진 식품이 몸에 더 좋다는 삶의 간단한 진리를 깨달으라는 훈육이다. 간단하지만 간단하지 않은 게, 욕망과 유혹에 무분별하게 노출된 현대인에게는 쉽게 지킬 수 있는 덕목이 아니다. 공자가 고기반찬이 있어도 배불리 먹지 않았다는 평범한 얘기가 평범하지 않음을 50살 언저리에서 알게 된다(공자 생존 시기가 끼니를 거르지 않은 것만으로도 행복한 시절임을 감안하자).

미국을 비롯하여 소위 현대의 선진국에서 가장 심각한 성인병이 비만이다. 조금 더 절제하고 조금 더 욕망을 덜 채울 나이가 되었다는, 참으로 적당한 시점에 전하는 DNA 속에 심어진 유산이다. 덜 먹고, 덜 욕망하고, 덜 분노하고, 덜 일하고, 덜 쉬라는 말씀이다. 남길 줄 알고, 참고, 배려하고, 더 움직이고 더 쉬라는 가르침이다. 그리하여 자신보다 더 오래 살면서 자신보다 더 훌륭한 삶을 남기라는 당부이다. 선친은 그렇게 하지 못하였지만 당신의 자식은 "당뇨병은 장수병"이란 세간의 말을 입증하라 한다. 절제하는 삶을 통해서 말이다.

살아서 살갑게 이런 말씀 들려주신 적 없지만 이제 세포 깊숙이 남긴 유언을 통해 남은 인생 똑바로 살라고 아버지는 아들에게 권면한다. 그의 큰 유산을 너무 늦지 않게 찾아낸 것에 감사하게 된다.

하지만 교훈은 교훈이고 실천이 별개라는 게 짐짓 엄숙하게 상속한 유산의 문제점이다. 유산이 재물이라면 유산의 취지를 살리는 게 어렵지 않으련만 유산이 오직 교훈, 그것도 불립문자(不立文字)로 DNA를 통해 전하는 교훈이라 막상 이행하려니 고충이 클 수밖에 없다.

노벨 화학상을 수상한 일리야 프리고지네 식으로 설명하자면, 그동안은 '음(Negative)의 피드백' 시기를 지내 왔기에 적응이 어렵지 않았으나 마침내 '양(Positive)의 피드백' 시기에 돌입하게 되면서 조정에 힘겨워하게 된다고 볼 수 있다. 화학에서뿐 아니라 다양한 문맥에 위치한 현상을 설명하기 위하여 음과 양의 피드백은 종종 동원된다.

'음의 피드백'은 미세한 요동이나 변화에 대해 시스템이 상응하는 조절로 시스템을 안정시키는 흐름을 말하며, '양의 피드백'은 요동이나 변화가 격렬하여 시스템이 조절기능을 통하여 안정되지 못하고 시스템 붕괴로 귀결하거나 아니면 재조직화하는 흐름이다. 만일 '음의 피드백'만 있다면 구조의 복잡화가 불가능해 진화가 성립하지 않는다. '양의 피드백'에서는 증폭을 통한 한 단계 비약이 가능하다. 물론 폭발 또는 몰락으로 이어질 수 있다. 당뇨병을 예로 든다면, 대략 50살 이전에는 혈당과 인슐린 간에

'음의 피드백'이 작동하여 혈당치를 적정하게 유지함으로써 인체라는 시스템을 안정적으로 운영한다. 반면 체내 혈당 증가의 폭주가 일어나면서 '양의 피드백'의 궤도에 접어든다면 인체라는 시스템은 자체 조절기능으로 통제하는 데 실패하여 결국 합병증 등을 유발케 해 시스템의 정지를 초래하게 된다. 이때 운동 및 식이요법과 약물 투입 등으로 작동구조를 더 복잡화함으로써 시스템을 안정시킬 수도 있는데, 이때의 시스템은 종전 시스템과는 달라진 시스템으로 간주된다.

중년만 되면 공통적으로 기를 쓰고 걷는 게 '양의 피드백' 국면으로 넘어가기 전에 어떻게든 현재 시스템을 안정시켜 살아남기 위함이다. 나만 하여도 식후 산책을 습관화하는 데 꽤 공력을 들이고 있다. '양의 피드백'에서 정지를 예방하거나 폭발 뇌관을 근원적으로 제거할 수 없다면 충치에 아말감을 씌우듯 뇌관을 봉하는 방책을 검토할 수 있다. 나는 국수·라면 등 밀가루 음식을 좋아하는데, 과거에는 섭취하는 양의 조절로 충분했다면 지금 이후로는 밀가루 음식류의 최소화 또는 근절 등 질적 변화를 꾀하여야 하는 상황과 흡사하다.

음과 양의 피드백을 비유적으로 조금 더 쓰자면, 우리 삶은 대부분 '음의 피드백'으로 구성되었고 이례적으로 '양의 피드백'이 출현한다. 대충 50살이란 나이쯤이면 '양의 피드백' 국면에 접어든다. 이때 '양의 피드백'에 현명하게 대처하면서 동시에 '음의 피드백'이 차질 없이 돌아갈 수 있도록 삶을 통제하는 원론밖에 다른 해결책은 없다. 비유의 차원에서는 인생살이에서 흔히 목격되듯이 '음의 피드백'의 상황이 '양의 피드백' 상황으로 급변할 수 있다.

1574년 네덜란드 레이던 시는 스페인 군대에 의해 포위되어 있었다. 스페인 군이 레이던 시를 포위·공격하자 시 당국은 전시경제를 돌리기 위해 가죽 화폐를 발행하였다. 하지만 포위가 장기화하며 상황이 극도로 나빠지자 시민들은 그 새로운 화폐를 삶아 먹었다.

이 일화는 우리가 살아 있는 시스템으로 작동하는 한 음이든 양이든 피드백을 멈출 수 없는 운명임을 시사한다. 위상을 개인으로 맞추면 아버지가 물려주신 가장 큰 유산이 바로 나 자신인 만큼, 나의 삶에 항상 최선으로 피드백 할 수는 없겠지만 '최선의 피드백을 위해 가능한 한 최선을 다하라'가 DNA 차원 이상의 본질적 유언이지 싶다. 한데 나는 아들에게 어떤 유언, 혹은 어떤 유산을 남길 수 있을까. 이것도 DNA 차원 이상이면 좋겠다는 생각이 드는 게 아버지란 존재는 불가피하게 세속적일 수밖에 없는가 보다.

왕과 천일염은 하늘이 만들고 우리는…

중국의 삼국시대와 우리나라의 삼국시대는 살짝 겹친다. 서기 220년 후한이 멸망하면서 시작한 중국 삼국시대는 60년 만인 280년에 끝났다. 역사에서 보듯 삼국을 통일한 나라는 위·촉·오가 아닌 진(晉)이었으니 삼국시대라는 명칭이 다소 무색해진다. 진 건국의 기초를 닦은 사람은 조조의 신하로 조조 이후 누대에 걸쳐 정사를 보필하다가 마침내 쿠데타로 위나라의 국권을 장악한 사마의(司馬懿)이다. 사마중달로 더 널리 알려진 그는 〈삼국지〉의 영웅 중 한 명으로, 실제로 삼국을 통일하지는 못하였으나 자신의 손자 무제 사마염(司馬炎)이 진나라 초대 황제로 등극함에 따라 사후(死後)에 대업을 이루었다.

진이 삼국을 통일할 무렵 한반도에서는 본격적으로 삼국시대의 막이 오르기 시작한다. 한반도의 삼국시대에는 고구려·백제·신라뿐 아니라 중국의 여러 나라가 출현한다. 고구려와 백제는 현재의 중국 본토에 영토를 보유하였고, 한반도에서 패권을 다투는 동안 중국의 여러 민족·나라와 분쟁을 겪었다.

고구려 15대 왕인 미천왕은 한반도를 한민족의 영역으로 만든 인물이다. 313년, 314년에 각각 진나라의 낙랑군과 대방군을 한반도에서 몰아내었다. 미천왕이 이때 진나라를 축출하였다는 사실(史實)에는 이견이 없지만 당시 낙랑군과 대방군의 위치에 대해서는 논란이 있다. 주류 사학계는 미천왕이 쫓아낸 낙랑군과 대방군이 지금의 평안도와 황해도에 있었다고 보지만, 일각에서는 낙랑·대방이 요동지역에 설치되었다고 주장한다. 어느 학설이 맞느냐에 따라 미천왕이 한 일의 성격이 달라지겠지만 미천왕이 진나라의 영토를 빼앗아 온 사실은 달라지지 않는다. 이후 벌어질 고구려와 수·당 간 치열한 분쟁의 예고편이라 할 수 있겠다.

고구려 왕 중에서 상당한 역사적 업적을 남긴 인물로 꼽히는 미천왕 을불은 초년에 남다른 고생을 겪은 것으로도 유명하다. 우리나라 삼국시대 왕들 가운데 을불에 비견될 만큼 특별한 성장기를 거친 왕은 서동요의 주인공 백제 무왕 정도이다. 미천왕은 분명 왕손이었으나 왕이 되기 전에는 소금장수였다.

왕가에서 태어난 인물이 소금장수가 되었다면 필경 왕조가 망했다거나 아니면 왕위 계승의 분란에 관련되었을 것이다. 을불은 후자에 해당한다. 을불이 15대 왕이 되기 한참 전인 고구려 12대 중천왕 치세에 왕의 두 동생 예물과 사구가 역모를 꾀하였다가 죽임을 당한 일이 있었다. 왕의 동생은 늘 왕좌의 경쟁자이기에 왕이 형제를 죽이는 사건은 세계사에서 흔하다. 그런데 당시

고구려에서는 이 사건이 연이어 벌어졌다. 중천왕의 아들인 서천왕 때에도 왕의 동생인 일우와 소발이 반란을 모의하다가 사형당한 것이다. 서천왕이 죽자 그의 아들이 고구려 14대 봉상왕으로 즉위하였다. 동기(同氣) 간의 왕위 다툼을 보며 왕좌에 오른 봉상왕은 주위에 매사 의심의 눈길을 보내더니 즉위 후 몇 달 만에 가장 먼저 작은아버지인 달가를 죽인다. 달가는 숙신족과 전쟁에서 승리한 명장으로, 그가 백성들로부터 두터운 신망을 받고 있었기 때문이다. 봉상왕은 이어 정치적 라이벌이 될 수 있는 자신의 동생 돌고를 역모를 꾀하였다고 몰아붙여 처형하였다. 3대에 연이어 왕의 동생들이 죽음을 모면하지 못한 것이다. 이런 형편이니 돌고의 아들인 을불이 왕궁에서 도망치지 않는 게 더 이상하다 할 터였다.

궁궐을 나온 을불은 자신의 신분을 철저히 숨기고 머슴살이를 시작하였고 곧바로 소금장수로 전직하게 된다. 을불은 서해안의 염전에서 소금을 구해 배를 타고 강을 거슬러 올라가 고구려의 이 마을 저 마을에서 소금을 팔았다.

하지만 머슴살이가 고되어 1년 만에 그만두었듯, 야박하다 못해 간악한 세상인심에 의해 소금장수도 그만두게 되었다. 소금장수를 하러 다니던 을불이 압록강변 어느 마을 한 노파의 집에 하룻밤을 묵었을 때의 일이다. 노파는 숙박비로 을불에게 소금을 요구하였고 을불은 노파에게 소금을 주었다. 그런데 노파가 소금을 더 달라고 하였다. 줄 만큼 주었다고 생각한 을불은 요구가 과

하다고 판단해 노파의 청을 거절하였다. 앙심을 품은 노파는 을
불이 잠든 사이에 자신의 신발을 소금 속에다 숨겨두었다. 아무
것도 모르는 을불는 다음날 일어나 소금을 지고 길을 나섰다. 그
때 쫓아온 노파가 "도둑놈"이라고 소리를 쳤다. 을불은 무고하
였음에도 신발을 훔쳤다는 누명을 쓰고 관아에 끌려가 매를 맞았
고, 신발을 훔친 벌로 자신의 소금을 노파에게 내어주어야 했다.
빈털터리가 된 을불은 이후 거지로 연명하게 된다.

  이 거지가 나중에 15대 고구려 왕 미천왕이 되는데, 물론 자력
으로 왕위를 꿰찬 것은 아니고 창조리라는 권신의 도움을 받았
다. 봉상왕의 실정이 거듭되자 창조리가 다른 신하들을 규합하여
정변을 일으켜 봉상왕을 폐하고 을불을 왕으로 추대한 것이다.
반정으로 폐위당한 봉상왕은 별실에 갇혀 있던 중에 스스로 목숨
을 끊었고, 그의 두 아들도 아버지를 따랐다.

  왕궁을 나온 을불이 소금 장사에 뛰어들었다는 사실이 재미있
다. 또 노파가 을불의 소금을 보고 욕심을 낸 게 지금으로는 이
상해 보일 법도 하다. 하지만 당시 소금은 돈이나 마찬가지였으
니, 을불이 지닌 게 소금이 아니라 돈이나 금이었다고 가정해 보
면 노파의 탐욕이 쉽게 와 닿는다. "평양감사보다 소금장수가 낫
다."는 속담이 허투루 생기지는 않았을 것이다. 여기서 노파를
옹호하자는 게 아니라 단돈 몇 푼에 사람까지 죽이는 현재 세태
와 크게 다르지 않다는 뜻이다.

많은 고대국가에서는 소금 덩어리를 화폐의 대용품으로 사용하였는가 하면 소금으로 세금을 내기도 하였다. 중국에서는 소금을 굳혀 화폐처럼 만든 염화가 주조되었고, 아프리카의 소말리아 반도, 티베트에도 비슷한 형태의 화폐가 존재하였던 것으로 전해진다. 무엇보다 '소금 화폐(Salarium)'는 봉급생활자를 뜻하는 '샐러리맨'에서 '샐러리(Salary)'의 어원이다.

소금의 영화(榮華)는 현대사회에서 크게 쇠하였다. 특히 한식에 염장류 식품이 적잖아 인체 내로 과다한 나트륨을 공급한다는 비난을 받곤 하는 걸 보면 미천왕 때와 달리 소금은 확실히 천덕꾸러기 신세이다. 요즘 소금은 재래의 방식으로 만들어진 천일염 외에 정제염(精製鹽)이 유통된다. 천일염은 염전에 바닷물을 끌어와 바람과 햇빛으로 수분을 증발시켜 만든 자연 상태의 소금이다. 정제염은 바닷물을 전기분해하여 소금 그 자체, 즉 염화나트륨(NaCl)을 결정시킨 것이다. 천일염은 노력과 시간이 많이 드니 자연히 가격이 비싸 시장에서 오랫동안 정제염에게 밀려나 있었다. 하지만 염전에서 해풍으로 건조시켜 만든 자연 소금이 건강에 좋다는 소문이 퍼지면서 천일염은 화려하게 부활하였다. 나트륨 외에 다른 미네랄을 공급해 주며 그 밖에도 다른 특별한 효능을 가진 것으로 널리 선전되고 있다. 농약을 쓰지 않고 재배된 유기농 채소가 모양이 나쁘고 크기도 작지만 더 비싼 값에 팔리는 것과 같은 이치이다.

천일염의 부흥은 보기에 따라 역사의 퇴행이다. 소금공장에서는 기후에 상관없이 생산량과 납기를 맞출 수 있는데 염전에서는 그게 안 된다. 햇빛과 바람에 따라 생산량이 달라지는 것은 물론이고 맛에도 변화가 생긴다. 균일한 품질의 안정적 공급이 불가능해진 것이다.

더 중요한 것은 천일염을 만들 때는 인간의 노력이 고스란히 들어간다는 점이다. 아직까지는 염전을 일구는 손길이 사람에게서 나온다. 언젠가 전남 신안군 부근의 염전에서 그곳 노동자의 목덜미를 가까이서 본 적이 있었다. 태양에 데고 또 데어 까말 대로 까매진 인간의 목덜미에서 햇빛과 바람의 흔적이 뚜렷하게 자리한 걸 나는 확인할 수 있었다. 인간과 바람과 햇빛의 적정 조합이 천일염의 산출을 결정하는 동안 짜디짠 실존은 입증 가능한 방식으로 차곡차곡 하얗게 쌓인다.

천일염의 노동은 말하자면 보편적인 노동이라 할 수 있다. 계획을 세우지 않는 건 아니지만 계획은 빈번하게 무용지물이 되며, 바람도 햇빛도 확실하지 않고 오직 확실한 건 노동뿐인, 그래서 노동은 보편적 노동이 된다. 동시에 염전은 철저하게 우연성에 좌우되는 삶의 현장이다. 실존은 대체로 우연성에 의해 자각되는데, 예컨대 "밀가루 장사 하면 바람이 불고, 소금 장사 하면 비가 온다."는 서양 속담에서 나타난 일상 속의 지긋지긋한 '부(負, 마이너스)의 우연성' 같은 것이 실존을 각성시킨다. 우리에게 미국 에드워드 공군기지의 에드워드 머피 대위는 친숙하고, 영화 〈해리가 샐리를 만났을 때(When Harry Met Sally)〉의 샐리는 낯설기만 한 상황은, 우연성의 삶을 보편적 노동으로 대처할 수밖에 없기에 불가피하다. 그 우연은 피할 수 없다는 점에서 기이하고, 염전의 노동처럼 보편적이기에 필연성으로 돌변하기도 한다. 운이 아니라 삶에 기댄다는 뜻이다. 간단히 말해 우리는 삶을 살기 위하여 생활하는 게 아니라 생활을 영위하기 위해 삶을 견딘다.

그러하므로, 50살 남자라면 천명까지는 몰라도 염전에서 이루어지는 우연성의 노동이 자신의 노동과 다른 것이 아님을 인식할 수 있어야 하지 않은가.

그 인식은 "소금장수에서 왕이 되는 기적은 서기 300년대 초반 고구려에서나 가능하지."라고 말하는 현실인식과는 별개이다. 을불 이야기의 초점은 그의 역경과 역경에 비례한 극복이다. 역경을 극복하는 영웅적인 인물의 무용담과 성공담은 일반인에게 언제나 흥미진진하다. 특히 극복이 전제된 역경은 더 재미있다. 예를 들어 을불이 왕궁에서 도망쳐 나와 종살이를 할 때 주인의 숙면을 위해 밤새 개구리를 쫓는 장면을 떠올려 보자. 연못에서 개구리가 시끄럽게 우는 탓에 밤에 잠을 이룰 수 없다는 주인, 그 주인은 을불에게 연못에 돌을 던져 개구리를 울지 못하게 만들라고 한마디로 패악질을 저지른다. 어제까지 왕자였던 인물의 급전직하의 곤경은 그러나, 역설적으로 극복의 좋은 배경이 된다. 곤경만 있고 극복은 없는 염부(鹽夫)의 삶과 선명하게 대비된다.

그러나 군왕과 염부의 삶 사이에 대비만 존재하는 건 아니다. 극복이 차이라면 역경은 공통점이다. 역경 앞에서 두 사람 모두 같은 일을 질리지도 않고 무념무상으로 견뎌낸다. 미래는 중요하지 않다. 극복할 수 있든 없든 그들이 현재 하염없이 노동하는 생활인이어야 한다는 사실이 인식의 요체이다. 인간의 땀, 바람의 눈물, 햇빛의 고통을 잔인하게 버무림으로써 천일염이 탄생하는 까닭에 천일염으로부터 결코 간단치 않은 깨달음을 얻는다. 그 깨달음의 고갱이는 천일염의 탄생에서가 아니라 간약솔을 미는 염부의 하찮지만 질긴 근력에서 발견된다.

왕에게든 염부에게든 삶이란 동일하게 어느 순간엔 무작정 견디고 버텨야 하는 어떤 것이다. 비록 견디고 또 견디고, 버티고 또 버텨야 하더라도, 극복 없는 역경을 어떻게든 감내해야 하더라도, 해가 지기 전까진 염전을 떠날 수 없다는 걸 50살 남자라면 알 법도 하지 않은가. 왕이 될 운명이 아님은 진즉에 알았고, 그렇다 하더라도 극복 없는 그 역경 앞에서는 내가 왕과 다를 게 하나 없다는 사실을 깨우칠 법하지 않은가. 비록 주어진 시간이 비 내리는 날들뿐이라 하여도 내 앞에 염전이 주어졌다면 간약솔을 결코 놓을 수 없다는, 비장한 결기가 아니라 흔들리지 않는 관성. 실존은 덤으로 주어질 뿐이다.

고환을 한 삼십 년쯤 떼었다
다시 붙인다 한들

　중년 아저씨들이 주축이 된 술자리에서 반드시 나오는 얘기 중에는 "요즘 잘돼?"가 포함된다. 사업이 아니라 섹스를 물어본 것이다. 답변 중에는 또한 반드시 "서지도 않는데…."가 들어 있다. 이어지는 순서는 소위 '해피 드럭'의 대표선수인 비아그라류 약물에 대한 각종 체험담과 적정 용법 추천이다. 잘나가는 초로의 아저씨들에게 발기의 실패는 큰 좌절이며 따라서 비아그라는 예수에 필적할 만한 구원이다. 비아그라는 계속 욕망해도 좋다는 면허증 비슷한 것이다. 한국에서 상당한 인기를 끌고 있고, 그래서인지 급기야 한국의 경희대로 자리를 옮긴 유럽 지식인 슬라보예 지젝의 다음과 같은 의견은 비아그라교를 신봉하는 우리나라 중장년 남성들에게 귀신 씻나락 까먹는 소리나 다름없을 것이다 (중년 아주머니들의 "요즘 잘돼?"에 대해서는 나의 성별 접근도의 차이 때문에 유감스럽게도 언급 자체가 어렵다).

"발기는 전적으로 나에게, 내 마음에 달려 있다(농담에도 있듯이, 세상에서 가장 가벼운 대상은 무엇인가? 음경이다. 음경은 단순히 생각만으로도 일으킬 수 있는 유일한 것이다!). 하지만 동시에 발기는 내가 궁극적으로 전혀 통제할 수 없는 것이다(적당한 분위기에 있지 않다면 아무리 의지력을 발휘해도 발기를 성취하지 못할 것이다. 바로 그 때문에, 성 아우구스티누스에게 있어서 발기가 내 의지의 통제를 벗어난다는 사실은 인간(남자)의 오만과 무례에 대한, 우주의 주인이 되려는 욕망에 대한 신의 형벌이다). 이를 상품화와 합리화에 대한 아도르노의 비판을 빌어 표현하면: 발기는 본래적 자발성의 마지막 잔여물들 가운데 하나이며, 합리적·도구적 절차들을 통해 완전히 지배될 수 없는 어떤 것이다. 이 최소 틈새—발기를 자유롭게 결정할 수 있는 것이 결코 곧바로 '나', 나의 자기가 아니라는 사실—는 핵심적이다. 능력 있는 남자가 어떤 매혹이나 선망을 이끌어내는 것은, 그가 의지대로 그것을 할 수 있기 때문이 아니라, 발기를 (의식적 통제 너머에서라도) 결정하는 그 불가해한 X가 그에게 아무런 문제도 제기하지 않기 때문이다.

여기서 핵심적인 것은 음경(발기성 기관 그 자체)과 남근(능력의 기표, 상징적 권위의 기표, 권위와 능력을 나에게 부여하는 생물학적이 아닌-상징적- 차원의 기표)을 구분하는 것이다. (이미 주목한 바 있듯이) 그 자체로는 보잘것없는 개인일지도 모르는 판사가 그에게 법적 권위를 부여하는 휘장을 두르는 순간, 즉 그가 더 이상 단지 스스로 말하는 것이 아니고 법 그 자체가 그를 통하여 말하는 순간 권위를 발휘하는 것처럼, 남성 개인의 능력은 또 다른 상징적 차원이 그를 통해 활동한다는 표지로서 기능한다: '남근'은 나의 음경에 온전한 능력의 차원을 부여하는 상징적 지탱물을 지칭한다. 이런 구분 때문에, 라캉에게 있어서 '거세불안'은 음경을 잃을지도 모른다는 두려움과는 아무런 관련이 없다. 오히려 우리를 불안하게 만드는 것은 남근적 기표가 사기로 드러날 것이란 위협이다. 바로 이런 이유로 인해 비아그라는 거세의 궁극적 작인이다. 남자가 그 약을 삼키면 그의 음경은 기능한다. 하지만 그는 상징적 능력의 남근적 차원을 박탈당한다. 비아그라 덕분에 성교할 수 있는 남자는 음경은 있지만 남근은 없는 남자인 것이다."[2]

쟁점은 발기이다. 먼저 발기가 안 된다면, 흔히 술자리에서 아저씨들끼리 하는 은어로 "파이프가 샌다면" 문제가 간단해진다. 단지 발기가 안 될 뿐 욕망이 소멸된 것은 아니기에 우리는 비아그라님의 은총 안에서 구원받을 수 있다. "거세의 궁극적 작인"이란 지적의 지적은 옳다. 대신 음경은 영생의 부인(符印)을 받는다. 남근이란 휘장은 통제의 불완전성만을 표출할 뿐이어서, 아예 없는 건 아니지만 큰 미련이 없다. 발기불능으로 인하여 우리는 역설적으로 불안정한 '왝더독(wag the dog)'의 존재에서 벗어날 수 있게 된다. 성 아우구스티누스 식으로는 신의 형벌에서 탈피하는 것이다. 여기에다 비아그라님의 축복이 더해지는 순간 욕망할 때만 발기할 수 있는 완벽하게 주체적인 인간으로 거듭난다.

---

2) 〈까다로운 주체〉, 슬라보예 지젝 지음, 이성민 옮김, 도서출판 b

비아그라님의 축복 안에서 우리는 신의 형벌을 모면할 뿐 아니라 신이 될 수도 있다. 내가 나의 원인이 되는 상태를 우리는 신이라고 부른다. 하지만 그 신은 약간은 슬프다. 내가 나의 원인임은 분명하지만 나의 존재가 이제 전적으로 성교에 복무하게 되었기 때문이다. 비아그라교 안에서 우리는 단지 신도이기를 넘어서 당당히 신의 위치에 도달하지만 그 신은 음경 자체가 된다. 우리가 소멸하고 우리가 자지가 되는 것이다(여성에 대한 논의는 이번에도 건너뛰기로 하자).

다음으로 발기 능력이 온전한 상황이라면 여전히 우리는 신의 형벌에서 벗어날 수 없는 불완전한 인간이다. 발기를 내어주고 비아그라교도가 되는 순간부터는 백화점의 DIY 매장에서 제안하듯 통제 가능한 '맞춤형 발기' 기능을 갖추게 된다. 욕망과 가능성에 입각한 기능적 발기이다. 반면 옛날 기준으로 천명을 알고도 남았어야 할 나이에도 발기가 왕성하다면 신의 형벌은 중첩된다. 여전히 증권거래소에 놓여 있는 상장폐지 종목의 주권(株券)처럼 을씨년스럽다. 발기는 자연스럽지만 욕망은 어색한 모순에 직면하여 나잇값을 지불하기에 마땅한 솔루션이 찾아지지 않는다.

사춘기 고등학생 시절 만원 버스 안으로 되돌려진 꼴이다. 매일 아침 마주치는 여고생과 공교롭게 마주치고, 통제불능의 아득한 그 조우에서 기를 쓰고 밀어내어 보지만 늘 그 자리를 채우고, 모면하지 못할 부끄러움과 제어되지 않는 달뜸 사이에서 어떻게든 부여잡고 의지할 것은 책가방 하나뿐인 그런 몹쓸 상황. 사춘기가 아닌 중장년 남자가 책가방은커녕 서류가방 하나 없이 그런 만원 버스 안에 던져진다면 상황은 전혀 자연스럽지 않고 당혹스럽게도 인생은 점점 더 요령부득이 되어 간다. 신의 형벌이란 통찰은 올바르다.

우리가 아직 젊던 날 그때 장정일이란 시인은 〈햄버거에 대한 명상〉이란 시집에서 다음과 같은 시를 전한다.

26-블루진 블루스
그는 바지의 허리띠를 끄르고 지퍼를 내렸다. 그리고는 바지를 속옷과 함께 무릎께로 내린 다음 발기하지 않은 물건을 쥐고 눈을 감았다. 그는 감은 눈꺼풀 위에 벌거벗은 여자들의 환영을, 온갖 섹스 이미지들을 오버랩시키기 시작했다.

너무 외롭고 쓸쓸한 날
나 청바지를 기워 입고
거리로 나섰었지요.
거리로 가면
진정 나를 사랑해 줄 님이 있을까 봐, 싶어서요.
… (중략) …
부끄러운 소리가 들리지 않도록
호주머니 속의
원수 같은 동전을

꽉 움켜 잡았었지요.

얼굴이 붉어져라 움켜 쥐었지요.

그리고 때가 되어

모든 극장 앞에 붙여진

포스터와 사진들을

모조리 머리 속에 주워 담고,

벌거벗은 환영이 지워지기 전에

잘 기억해 둔

온갖 형태의 섹스 이미지가

사라지기 전에

집으로 달려와

나는 범했지요.

세기의 모든 인기 배우와

문제를 미녀들을 나는

범하고, 범하고, 또 범했지요.

주여,

내 고환을 한 삼십 년쯤 떼었다가

다시 붙일 수 있다면!

아멘.

대학 재학 때 이 시를 두고 친구들과 핵심 구절 찾기 놀이를 하
였던 기억이 떠오른다. 나의 밑줄은 "발기하지 않은"에 쳐졌다.

욕망은 충일한데도 발기하지 않은 물건은, 역으로 영육 간에 배제가 일어나지 않은 충만한 성교에 대한 갈망을 담고 있다. 부끄러운 원수 같은 물건일 수밖에 없는 게, 범하는 대상이 인기 여배우의 이미지가 아니라 나인 게, "너무 외롭고 쓸쓸한" 나를 진정으로 사랑해 줄 님과의 자랑스런 섹스의 도래까지 인내하지 못하고, 발기하지 않은 물건을 모사된 욕망에 내맡겨 학대하고 있음이다. 이때의 무기력은 발기불능이 아니라 부끄러운 발기에 대한 기피이다.

반면 중년 남자에게는 부끄러운 발기란 없다. 해소 없는 발기만 부끄러울 뿐이다. 윤창중 사건처럼 물론 가끔 발기의 부끄러운 노출이 문제가 된다. 그러므로 앞서 지적이 "능력 있는 남자가 어떤 매혹이나 선망을 이끌어내는 것은, 그가 의지대로 그것을 할 수 있기 때문이 아니라, 발기를 (의식적 통제 너머에서라도) 결정하는 그 불가해한 X가 그에게 아무런 문제도 제기하지 않기 때문"이라고 말한 것은 한국(다른 나라라고 다를까 싶다만)의 중년 남자(이 중년은 아마 물리적 나이의 개념으로 해석하지 않는 게 좋겠다)에게 해당하는 이야기다.

장정일은 "내 고환을 한 삼십 년쯤 떼었다가/ 다시 붙일 수 있다면!"이라고 썼다. 장정일이 다시 붙이겠다고 한 나이가 바로 우리 나이다. 30년 전 장정일 시와 달리 한국 사회의 50대는 "발기하지 않는" 같은 문제에는 고민하지 않는다. 오히려 '발기하는'이, '발기할 수 있는'이 더 문제다. 옛날 내가 20대일 때 지금 우리 나이 아저씨들을 보면 이렇게 생각했다. '저 아저씨 나이쯤 되면 호르몬 때문에 힘들지는 않겠지.' 장정일이 한 삼십 년 고환을 떼겠다고 한 그 마음이다. 하지만 장정일도 알고 우리도 안다. 삼십 년으로는 어림없다는 사실을. 그러니 이제 속수무책으로 당하지 않게 책가방 없이 만원 버스 안에 던져져 있지 않게 해달라고 틈나는 대로 기도하자.

참여정부의 엘리트 관료를 허망하게 몰락시킨 주범 또한 '만원 버스'였다. 만일 사춘기로 돌아가 만원 버스를 부득이 타야 한다면 우리 손에 책가방이라도 쥐어져 있기를 기도하는 수밖에 결국 우리에겐 아무런 대안이 없는 것일까. '비아그라교'에 귀의하지 않은 '발기불능족'이란 획기적인 선택이 있으나, 초신성(supernova)이 만들어낸 혈액을 일개 인간이 마음대로 할 수 있는 게 아닌 걸, 이 또한 세월이 잘 흘러야 선택지에 들어올 법하니, 세월이 잘 흐르게 해달라고 열심히 기도하는 수밖에 없는 것인가. 우리에겐 기도하고 아멘이라고 말하는 주체밖에는 허락되지 않은 것인가. 하긴 이런 볼멘소리도 들리긴 한다. "제발 '만원 버스' 좀 태워줘."

비 맞은 중처럼, 중얼중얼
그렇게 세월이 (Ⅰ)

　비에 대해서 말하자면, 시작이야 무어라 단정하기 힘들어도 끝은 대체로 짐작할 수 있지 않을까. 모든 결말은 하강이기에 어떻게 올라갔든 무조건 내려와야 한다. 흠뻑 적시든, 젖는 듯 마는 듯 삐들삐들 내리든, 원래 출발한 곳으로 돌아가는 비의 여정은 한 닷새 굶은 암사자처럼 늘 죽기 아니면 까무러치기이다.

　출발한 곳을 기억한다기보다 돌아간 곳을 출발점으로 기억하는 것이 아닐까. 돌아간 모든 연어가 태어난 곳을 반드시 찾아내는 건 아니겠지만, 연어는 귀향한다. 가끔은 귀향하지 않는, 혹은 못하는 연어. 귀향하지 않아도 연어는 연어다. 귀향에 실패할 수는 있어도 귀향을 거절할 수 없다는 점에서 연어는 귀향하는 존재이기 때문이다.

　연어가 귀향을 거절할 수 없는 것과 같은 논리에서 내리지 않는 비는 비가 아니다. 귀소본능이란 신성불가침한 명령이 결과만을 정당화하는 현실. 젖이 마른 젖꼭지일망정, 나오든 말든 무심히 새끼에게 젖꼭지를 내어놓는 암컷의 초현실주의적 방심. 비는 시금털털 내리다가, 그렇게 말라 간다. 얼마를 버티든 결국 말라버릴 게다. 처음부터 마를 작정으로 내리는 비가 있겠냐만, 비의 하강은 의도와 목적을 사상(捨象)한 순수 행위이다. 행위 그 자체가 삶을 얼마나 힘들게 하는지, 알 때가 되면 알게 된다. 영국의 법률가 윌리엄 존스가 "말은 땅의 아들이고 행동은 하늘의 아들이다."고 했을 때의 '행동'은 윤리적 관점에서 '실천'의 의미를 강조하였지, 삶의 관점에서(혹은 형이상학의 관점에서) 순수 행위를 겨냥하지는 않았을 터이다. 그럼에도 땅을 딛고 사는 사람들에게 하늘은 단지 대기의 무게일 뿐 아니라 땅을 딛고 선 이유일 수밖에 없었다. 우리는 땅의 아들로 태어나지만 종국에는 하늘의 아들로 돌아간다. 연어의 귀향이나 비의 하강은, 정말로 눈 감은 맹목적 회귀이며 우리는 그러한 맹목성(盲目性)을 통해서만 연어나 비로 존재할 따름이다. 만일 진정한 의미란 게 존재한다면 진정한 의미는 의미의 상실이란 순수 행위에서 드러난다. 발화하지 않은 말의 감화력이 혈관투여제처럼 때로 더 직접적이듯, 무의미의 의미를 꿋꿋하게 주장하는 삶의 지루한 순수 행위에서 깨달음을 얻는다. 혹은 (연어에게 어떤 깨달음도 필요 없기에, 깨달아서 무엇에 쓸까 하는 생각이 들지만) 깨달음을 기대한다.

"비가 온다/ 오누나/ 오는 비는 올지라도/ 한 닷새 왔으면 좋

지".[3]

그랬구나, 시인은 오는 비는 올지라도 그렇게 감당하기 힘들었구나. 가도 가도 왕십리(往十里), 그렇게 비가 오네. 오는 비는 올지라도 오다가다 벌새가 되어 울지라도 산마루에 구름으로 걸려 웃다 울다 메말라 갈지라도, 한 닷새 내리면 젖을 대로 젖어서 나른하게 젖어서 필사적이지 않을 수 있을까. 한 닷새 울면 작은 소금기둥이나마 쌓아 올려 언젠가 바삭하게 말라 갈 수 있을까. 벌새는 죽을 만큼 빠르게 심장을 펌프질하지만 그 날개는 심상하게 퍼덕거리다 한 방울 한 방울의 하강을 끝내 저지하지 못하고 서먹하게 접힌다.

재삼 강조하자면 비는 의도 없는 행위이다. "오든", "울든" 시작과 끝이 정해져 있다. 꼭 새가 아니어도 울지 말아야 할 까닭은 널려 있다. 이미 비가 오는데, 울지 마라. 다 씻겨 갔는데 이 나이에 흥건한 설움이 어디 남았겠냐. "세상은 무덤보다도 다시 멀고/ 눈물은 물보다 더 더움이 없어라"[4]고 한 김정식(金廷湜)이 아닌데, 고향 땅으로 돌아가 아편 먹고 32살 짧은 인생을 마감한 시인이 아닌데, 벌새가 아니고 암사자가 아닌데, 시작과 끝을 아는데, 여기가 왕십리가 아닌데, (설령 이곳이 왕십리라 한들) 꾸역꾸역 울지 마라. 그저 무심히 내리면 족할 뿐.

---

3) 김소월의 시 〈왕십리〉 일부
4) 김소월의 시 〈찬 저녁〉 일부

비 맞은 중처럼, 중얼중얼
그렇게 세월이 (II)

바람마저 몹시 세게 부는 날, 새만 날개를 제대로 펴지 못하는 게 아니다. 제대로 펴려고 애를 쓸수록 만신창이로 뒤집히다 허망하게 "만세!" 부르고 마는 게 우산뿐이었을까. 내리는 양의 다소와 무관하다. 비가 바람을 벗하여 함께 불 때의 모습은 사무실 유리창 밖으로 바람의 활극이다. 빗방울이 중력에 순응해 지면과 직각으로 떨어지는 기하학엔 바람이 편승하지 못한다. 바람을 떼어버린 비가 혼자 나리며 내뱉는 독백. 할 말이 많은 날엔 도시가 온통 젖어버린다. 앨버트로스마저 날기를 포기한 날에는 비와 바람이 천년 이별을 앞둔 연인인 양 어우러진다. 죽을 둥 살 둥 서로를 탐하는 게 한편으론 남우세스럽고, 쇼펜하우어의 말마따나 한편으론 비장하다. 공공연하게 애정행각을 벌이는 비와 바람은 그들이 만들어내는 격렬한 헐떡거림과 혼절할 듯한 탕음난무에 전혀 개의치 않지만, 그들이 눈치챌세라 소심한 도회지 사람들이 오히려 블라인드를 살그머니 그리고 은밀하게 내리기 마련이다. 한쪽은 보여주고 싶고, 한쪽은 보여줌을 보려 하지 않는다.

관음증은 도리어 소리로 더 음탕하다. 환풍기를 통해 운우지정을 낱낱이 드러내고야 마는 바람의 태연자약에는 방심한 중년 여인의 다리 사이처럼 참아내기 힘든 농익은 성량(聲量)이 들어 있다. 바람이 여전히 비를 동행하고 있는지, 혼자 속절없이 환풍기 팬을 돌리는지, 어디선가 젖은 온기가 전해진다.

비가 바람을 불렀을까. 바람이 비를 불렀을까. 그 둘의 사랑 공식은 단순하기 그지없지만 풀리지가 않는다. 하긴 우리네 사랑도 기껏해야 둘이 하는 일인데 맨날 얽히기만 한다. 누가 누구를 먼저 불렀는지 알게 되면 삶이 약간이나마 해명이 될까. 아니면 삶이 해명되고 나면, 또는 해명되면서, 누가 누구를 먼저 불렀는지 알아채게 되는 걸까.

'누가 누구를'이란 설정 자체가 위태롭지는 않은가. 혜능 선사의 가르침이 떠오른다. 바람에 깃발이 흔들리는가, 아니면 깃발에 바람이 흔들리는가 하는 언쟁에 "마음이 흔들린다."고 하였다. 누가 누구를 흔들기 이전에, 누가 누구에게 흔들리기 이전에, 둘 사이의 공기가 먼저 흔들렸을지 모르겠다. 하여 공명하다!

하면 바람과 비 사이에서, 그 진공이나 다름없는 대치 속에서 무엇이 살갑게 혹은 애처롭게 흔들렸을까. 시인의 말마따나 흔들리면서 피는 존재라서 꽃인 것일까. 우리는 꽃도 아닌데 왜 흔들리며, 욕정 같은 대치 속에서 피지 않고 내리지 않고 그저 굳어 가는 걸까, 유리를 타고 흐르다 말라 가는 걸까.

태풍이 도둑처럼 들었다가 황망하게 떠났다. 바람이 불었고 비가 내렸다. 바람이 비를 불렀고, 비가 바람을 불렀다. 어수선하게 그들이 떠나고 난 뒤 우리는 볼 것을 잃어버린 관음증 환자로 덩그러니 무기력한 세월 앞에 남는다. 태풍이 떠난 빈자리에서 잠깐만 아주 잠깐만 흔들려도, 이제는 아마 용서받을 수 있겠지. 한데 그것이 태풍이었을까. 떠나기는 떠난 걸까.

떠나야 할 때를 아는 이의 뒷모습은 얼마나 아름다운가?

벚꽃 같은 예외가 없지는 않지만, 꽃이 지는 풍경은 다소간에라도 처연(悽然)할 수밖에 없다. 20~30대와 달리 우리 나이에서는, 어쩌면 벚꽃 지는 풍경에서도 처연함을 느낄지 모르겠다. 왠지 요즘 여고생은 아닐 것 같고 옛날의 사춘기 여고생이 낙엽만 굴러도 까르르 웃은 정황을 뒤집어놓았다 한다면, 벚꽃 지는 데서 기대치 않게 목격될 중장년의 눈물이 이해되지 싶다. 하긴 누구 말대로 그들은 소리 내어 울지 않으니 눈물이 목격되지 않을 수도 있겠다. 소리가 없다고 울음이 아닌 게 아니듯, 눈물이 없다고 울음이 아닌 게 아니다. 조용필의 심드렁한 유행가 〈그 겨울의 찻집〉에 등장하는 "웃고 있어도 눈물이 난다."는 한 구절이 와 닿으면 나이로는 청년이 아닌 게다. 내가 어느새 구식이 되어버린 탓인지 "역시 가왕!"이란 찬탄을 불러 온 조용필의 2013년 발표작 〈바운스〉에는 별다른 감흥을 느끼지 못한다. 〈그 겨울의 찻집〉을 부른 나보다 나이 많은 그 가수는 과거를 훌쩍 떠났는데 나는 아직 그 가수의 과거에 머물러 있는 이 이물감(異物感)이란. 고르게 타고 나지 않듯이 고르게 늙지 않는 게 세상살이의 이치인걸, 이물감까지는 '오버'인가. 그냥 우리 취향, 아니 내 취향이 아니라고 하자.

그래, 요즘 기준으론 좀 촌스러운 게 내 취향일 수 있겠다. 하긴 촌스러워질 나이도 되지 않았나. 촌스러움과 관련이 있는지 없는지 모르겠으나 개인적으로 조금 창피한 고백을 하자면, 언제인지 정확하지 않은 지난 어느 날 나는 〈혐오스런 마츠코의 일생〉이란 일본 영화를 보면서 방 안에 거의 강 하나를 만들어낼 정도로 울었다. 수량(水量)에 맞추려면 '대성통곡하다', '오열하다'라는 말을 써야 하는데 그럴 수 없는 게 소리 없이 눈물만 흘렸다. 아이나 아내가 볼까 봐 방문을 꼭 걸어 잠그고 영화 내내 통곡 아닌 통곡을 하였다. 그 영화의 무엇이 나의 눈물샘을 자극하였는지는 정확하지 않다.

사적으로 친분이 있는 어느 장관 후보자의 과거 의회 청문회에서, 죽은 아들에 관련한 질문을 받은 그 후보자가 한 마디도 대답하지 못하고 TV로 중계되는 공식석상임에도 하염없이 눈물을 흘리던 장면이 떠오른다. 가슴에 꼭꼭 묻어두었던 참척(慘慽)의 한이 솟구쳐 오른 것이었다. 반면 '마츠코의 일생'과 내밀하게 대면한 나의 일화에서는 '혐오'라든지 '슬픔'이라든지, 그런 뚜렷한 원인을 찾아내기 힘들다. 구렁이 담 넘듯 해명하자면 인생사의 상당수가 인과로 설명되지 않듯이 그날의 눈물은 그러한 범주에 속하였다.

혹은 그날 모니터 뒤편 창밖에 자목련 꽃이라도 구질구질하게 지고 있었을까. 정말, 어쩌면 그랬는지 모르겠다. 보름달이 늑대를 미치게 만들듯이 낙화(落花)는 중년 가운데서도 조금은 예민한 중년의 가슴을 멍들게 한다. 술잔에 한 잎, 호수에 한 잎, 그대 눈동자에 한 잎, 이런 음풍농월이 우리 나이와 아주 어울리지 않는다고 단정할 수 없겠다만 21세기 대한민국을 사는 50살 남자에게 일어날 가능성은 아주 희박하다. 우리에게 진 꽃들이 누운 풍경은 차라리 이른 서릿발이 자리한 추수 끝난 새벽 들판 같다. 그렇다. 진실은 내가 눈물을 흘린 게 아니라 창밖에서 자목련이 떨구는 줄 모른 채 멍하게 꽃잎을 떨군 것이다. 문제는 낙화였다.

봄날이 그런 게, 왔나 하면 어느새 가려고 한다. 가슴 벅차오르는 개화(開花)의 영롱함이 잠시, 어느새 발밑으로 눈길 떨구는 볼썽사나운 낙화가 준비된다. 꼭 지기 위해서 피는 건 아니겠지만 피는 꽃은 늘 지기 마련이다. 사철 푸른 잎은 있어도 사철 붉은 꽃은 없다. 열대식물 같은 데서 물론 예외가 없지는 않으나 대체로 그렇다는 말이다. 그렇게까지 따지고 들면 붉은 꽃만 꽃인가.

열대에서는 계절풍 기후가 지배하는 이곳처럼 한 계절의 시작과 끝을 어차피 개화와 낙화가 대변하지 못하니 낙화의 정조야말로 우리 것이다. 열대에서도 꽃은 피고 꽃은 지겠지만 그 정조는 우리와 판이할 수밖에 없다. 열대우림의 시인은 우리 시인이 낙화를 소재로 쓴 시와 같은 것들을 결코 쓰지 못한다. 널리 애송되는 이형기 시인의 〈낙화〉만 하여도 명백히 우리 땅에서 지는 꽃을 보고 쓴 시다.

가야 할 때가 언제인가를
분명히 알고 가는 이의
뒷모습은 얼마나 아름다운가
… (중략) …
무성한 녹음과 그리고
머지않아 열매 맺는
가을을 향하여
나의 청춘은 꽃답게 죽는다

쉰 살에 임박하여, 또는 그 나이를 훌쩍 넘겨서도 아마 이형기의 시가 슬프게 다가올 이유는 시구가 즉자적으로 가격되어 시적 승화에 도달하지 못하고 속류(俗流)적 해석에 쉽게 풍덩 빠져들기 때문이다. 꽃이 지는 것만으로도 기겁할 판인데 "나의 청춘은 꽃답게 죽는다"니. 한술 더 떠서 "가야 할 때가 언제인가를/ 분명히 알고 가는 이의/ 뒷모습은 얼마나 아름다운가"라니. 청춘이 가는 것으로도 풀이 죽는데, 가야 할 때를 알고 가야 하다니 막막할 노릇이다. 아름답기를 바라지 않을 사람이 어디에 있을까. 하지만 진선미(眞善美) 중에 '미'가 가장 끄트머리고 '진'이 가장 앞장선다. '진'은 삶이다. 아름다움보다는, 극단적으로 추악하다 할지라도, 설령 헛되이 발악한다 하여도 삶이 우선이다. 아름답지 않아도 좋으니, 또 청춘이 아니어도 좋으니, 그러니 가고 싶지 않다고 말할 밖에. 이형기의 〈낙화〉가 그저 아름다운 시로만 읽히지 않는 게, 너나없이 우리는 시에다 자꾸 현실을 대입한다. 예컨대 지금 나에게 앞서 쓴 것과 같은 비감한 반응은 나타나지 않지만 '낙화'가 어이없게 가끔 '탈모(脫毛)'로 읽힌다.

가야 할 때? 이 질문에 우리 또래 대다수는 알고 싶지 않다고 말하지 않을까. 꽃은 가야 할 때를 알겠지만, 또 알아서 지겠지만, 사람 중에서 가야 할 때를 아는 사람과 또 알아서 떠나는 사람은 드물고 드물다. 50살을 넘어섰다면 더 그럴 터이다. "알기야 알지. 대충 짐작하지. 하지만 가야 할 때를 분명히 알고 싶지도 않고, 알아서 가고 싶지도 않아. 어디로 가라고?"

대안은? "늦은 비 내린 공원의 오후, 포도(鋪道)에 바짝 붙어 있는 젖은 낙엽처럼 끝까지 붙어 있을 거야."이기 십상이다. 동시에 아름다운 뒷모습을 생각하며 진퇴를 고민하는 동료나 선후배에게는 "젖은 낙엽처럼 붙어 있어. 나가라고 하기 전에는. 나가라고 해도 버틸 수 있을 때까지 버티다가 나가."라고 조언하기 마련이다. 지는 꽃의 슬픔은 젖은 낙엽의 일말의 가능성으로 바뀐다.

이형기의 시 〈낙화〉는 머지않아 맺을 열매를 향한 희망의 낙화이지만, 50살을 앞두었거나 50살을 넘긴 늙수그레한 직장인에게 낙화란 종종 현실이 투영된 낙화이며, 그런 낙화는 빠져나오기가 결코 쉬울 것 같지 않은, 빙하를 걷다가 만난 크레바스 안으로의 추락을 연상시킨다. 저만치 크레바스가 또렷이 보이지만 (물론 실제 남극과 북극에서는 느닷없이 크레바스가 나타나기도 하는데, 우리 삶에서도 다르지 않다.) 도달 시점을 되도록 늦추고 싶은 게 공통된 심정이다. 자일을 준비하고, 체력을 키우고, 크레바스 안으로 떨어졌을 때 수월하게 빠져나올 수 있는 시간을 벌고 싶다. 아예 크레바스를 메워버릴 생각까지 하는 대담한 사람도 없진 않겠다. 하지만 조화(造花) 말고는 이 세상에 지지 않는 꽃이란 없듯이, 그 방향이 크레바스 속이든 아니든 우리는 내려와야 한다. 내 눈에 보이지 않는 내 뒷모습의 아름다움에 연연해서가 아니라 내려오지 않을 도리가 없기 때문에 내려와야 하는 것이다.

조지훈의 또 다른 〈낙화〉에서는 어떤 감정이입이 일어날까.

꽃이 지기로소니
바람을 탓하랴.
… (중략) …
꽃이 지는 아침은
울고 싶어라.

이형기의 〈낙화〉보다 발표 연대가 앞서지만 속류적 감정이입은 조지훈의 〈낙화〉에서 더 직접적일 수 있다. 깨달음의 영역에서는 떠나야 할 때가 되었기에 떠나는 것이지만, 현실에서는 바람이 불어서 꽃이 지는 것이다. 꽃 입장에서 바람을 원망하지 않을 도리가 없다. 나의 뒷모습이란 놈은 도통 보이지 않는데 꽃잎을 떨구는 바람은 잘만 보인다. "꽃이 지기로소니/ 바람을 탓하랴."는 말은 바람이 원망스럽다는 반어법이다. 모든 떠남에는 단지 떠날 때가 있는 것인데 우리는 떠남의 이유만 응시한다. 통상 그 이유는 사람의 형태로 부각된다.

어쨌거나 "꽃이 지는 아침은/ 울고 싶어라."일 수밖에. 떠날 때를 아는 사람이라 하여도 꽃이 지는 아침에는 울고 싶다.

회자정리(會者定離)란 말이 있긴 하다만, 떠나야 할 때를 아는 것도 떠나야 할 이유를 아는 것도, 무엇보다 떠나는 게 우리 나이엔 슬픈 일이기에 네 글자 한자 조합이 위안을 주지 못한다. 나태주 시인의 시의 첫 구절이 말하는 바다.

떠나야 할 때를 안다는 것은
슬픈 일이다
잊어야 할 때를 안다는 것은
슬픈 일이다
내가 나를 안다는 것은 더욱
슬픈 일이다
… (중략) …
누군가 개구쟁이 화가가 있어

우리를 붓으로 말끔히 지운 뒤

엉뚱한 곳에 다시 말끔히 그려 넣어 줄 수는

없는 일일까?[5]

떠남이 슬픈 것은 떠남 자체의 슬픔 말고도 떠남을 계기로 "내가 나를 안다는 것"을 체험하기 때문이다. 그것이 인생에서 떠남의 가장 중요한 기능이다. 안톤 슈낙의 "울음 우는 아이"보다 "내가 나를 안다는 것"이 우리를 더 슬프게 만든다. 50년 안팎의 인생을 살았는데 어떻게 나를 모르냐고? 글쎄, 60살을 살아도 70살을 살아도 나를 아는 사람은 드물다. 떠남의 순간에서야 잠시나마 우리가 나에 대한 앎에 도달하기에 떠남은 더 슬픈 일이 된다. 나에 대한 앎은 존재론적 각성과 같은 거창할 의식(儀式)이 아니라 대체로 속물적 타산과 자각이기에 우련 더 슬프다. 사실 내가 나를 나의 나로 파악한다면 내가 슬플 일이 무엔가. 존재론적 앎은 떠나야 할 때를 아는 것과 별반 다르지 않다. 그런 앎에 기대어 떠나는 이의 뒷모습은 아름다울 것이고, 그의 마음에서는 낙화가 곧 개화이기에 슬픔보다는 기쁨에 가까운 심정일 터이다. 하지만 그렇지 않은 우리는 낙화의 순간에도, 떠날 때를 알기보다는 조금이라도 더 대롱대롱 매달려 있을 궁리에 전전긍긍하게 마련이다.

그렇다. 존재보다 속물이 언제나 우선순위다. '존재보다 속물

---

5) 나태주의 시 〈사랑이여 조그만 사랑이여 58〉 일부

이 우선'이 우리의 존재이다. 우리의 존재는 그나마 '속화한 존재'라는 형식을 통하여 성취된다. 추함에서 아름다움을 구하는 태도를 고결이라고 표현할 수 있겠고, 추함에서 생존을 도모하는 태도를 통속이라 한다면, 지금 그 이름마저 잊힌 박인환 시인의 말대로 인생이 통속할진대, 미추(美醜)를 떠나 다리를 후들거리며 어떻게든 버둥버둥 삶의 무게를 짊어지려는 자세는 충분히 존중받을 만하다. 얼마든지 내려놓을 수 있었고 내려놓고 싶었지만 끝까지 내려놓지 않았다. 나에 대한 앎은 부족하지만 인생에 대한 책임 하나만으로도 우리는 장미란만큼은 칭찬받을 자격이 있다.

그러나 애사(哀思)도 잠시, 다시 현실이다. 중늙은이에 접어드는 길목에서 나태주의 시처럼 "누군가 개구쟁이 화가가 있어/ 우리를 붓으로 말끔히 지운 뒤/ 엉뚱한 곳에 다시 말끔히 그려 넣어 줄 수는/ 없는 일일까?"라고 생각하게도 된다. 엉뚱한 곳은 지금과 다른 곳일 텐데 시적 상상과 달리 우리는, 만일 다시 말끔히 그려 넣어질 수 있다면, 아니 대충이라도 다시 그려 넣어질 수 있다면, 그곳은 상상 속 기개와 달리 현실적으로 지금의 장소와 인접한 곳일 확률이 높다. 어쨌든 지금 삶의 방식에서 조만간 벗어나야 할 텐데, 그게 크레바스 안이든 크레바스 건너편이든 아니면 이런 사례는 거의 없겠지만 크레바스를 메운 탄탄대로이든, 낙화에 너무 기죽지 말자. 고목에서 새순이 나고 고목에서 꽃이 핀다는데, 우리가 조용필이 아니라 하여도 우린 고목도 아니며,

변해 가는 세상에서 쓸려 내려가지 않고 버틸 만큼 아직은 충분히 젊지 않은가. 지구온난화로 우리나라 기후가 바뀌듯 또 아는가, 두 번 세 번 아니 그 이상으로 여러 번 꽃 피는 품종이 많아질지.

인정투쟁에서 벗어나기

화는 인정투쟁의 본질적 에너지이다. 일찍이 아리스토텔레스가 말했듯 인간이 어떻게든 공동체 안에서 살아남으려고 애쓰는 존재이기 때문에 꼭 헤겔이 정형화한 방식이 아니어도 인정투쟁은 불가피하며, 따라서 언제나 인정을 쟁취할 수는 없기에 우린 불가불 화를 안고 살아야 한다.

'사회적 동물'에게 화는 '경쟁적 동물'이 겪는 스트레스와 비슷하게 작용할 수 있다. 돌고래를 춤추게 만든다는 칭찬, 혹은 인정. 그것의 결핍은 긍정적으로든 부정적으로든 자극 요인이 된다. 긍정적이 될 때는 결핍을 채우기 위해서, 즉 자신을 인정받을 만한 대상으로 만들기 위해 스스로를 변모시킨다. 물론 아돌프 히틀러처럼 자신이 아니라 사회를 대상화해 사회 전체의 변모를 꾀하는 극단적 사례가 없지는 않으나 대체로 우리는 자신이 변하는 쪽을 택한다. 부정적이 될 때는 인정의 기반이 되는 관계를 공격하는 양상으로 나타날 수 있다. 간단하게 생각해 관계가 없어지면 인정도 없어진다. 인정받지 못하는 것보다 차라리 인정·불인정의 관계를 허무는 게 낫다는 발상이다. 자신의 부모를 무시한다는 이유로 조부모와 숙부 등을 살해한 10대의 이야기가 그런 사례에 해당한다.

반면 하나의 모델로 제시되는 주인과 노예 간의 투쟁은 사투의 양상으로 전개되더라도 끝내 상대를 파괴하지는 않는다. 상대의 소멸은 자신의 소멸이기 때문이다. 노예의 입장에서도 주인의 소멸은 자신 또한 최종적으로 주인의 자리에 오르지 못하게 되었음을 의미하기에, 즉 자신이 주인 자리를 꿰차고 이전 주인을 노예로 부릴 수 없게 되기에 어렵사리 승기를 잡아도 최후의 일격을 자제한다. 주인과 노예는 상호 인정을 통해서만 서로 존립할 수 있다. 그런 까닭에 대립과 갈등이 아무리 심각해도 관계 자체는 안정적이다. 주인과 노예의 투쟁이 발칸 반도에서 벌어지고 있는 인종·종교 분쟁과 대척점에 서는 이유이다. 인정투쟁과, 말하자면 불인정투쟁은 디딘 지반이 다르다.

적당한 수준의 스트레스가 개인과 사회에게 발전의 촉매로 기능하듯, 인정의 결핍에 따른 화 또한 적정하다면 발전의 계기가 될 수 있다. 결코 극복할 수 없는 거대한 운명 앞에 나 홀로 던져졌을 때 생겨난 마음속의 화는, 일반화하기는 힘들지만 발전보다는 심심찮게 성숙과 연결된다. 분출의 가능성이 전면 차단된 가운데 내부적으로 축적되기만 한 이 에너지는 진주조개에서 보듯 개인의 성숙으로 승화한다. 내뱉지 못할 모래알 때문에 화병(火

病)을 앓아야 조개가 진주를 산출한다. 하지만 그 진주라는 걸 얻으려면 조개 입장에서는 죽어서야 가능하고, 또 얻는다 하여도 자신이 아닌 타인에게 귀속되니 승화한 성숙이 달가울 리 없다.

자신을 희생함으로써 구현되는 이런 사례는 드물고 그렇지 않은, '관계' 속에서 생겨나기 마련인 대부분의 화는 경우에 따라 개입된 개인들은 물론 관계에 발전과 성장의 동력이 될 수 있다. 반면 과도한 스트레스가 사람과 조직을 망치듯 관계 속에서 출구를 찾지 못한 통제불능의 극심한 화는 자신과 관계를 망친다. 분노 조절에 실패했을 때 인생이 어떻게 망가지는지는 주변에서 한눈에 파악할 수 있다.

나는 사춘기 때 나름의 분노조절법을 개발해 생활에 적용하였다. 아마도 다혈질이던 아버지가 반면교사이지 않았나 싶다. 그 분노조절법은 스스로 화가 났다고 판단되는 순간, 즉각 반응하기에 앞서 속으로 하나부터 열까지 천천히 세는 것이었다. 그러고도 화를 폭발시키고 싶으면 폭발시켜도 좋다는 마음의 절차교본이었는데, 누구나 쉽게 짐작할 수 있듯이 열까지 세는 동안 거의 모든 화를 억누를 수 있었다.

스스로 내린 평가로는 이런 분노조절법이 한동안은 성공적이었다. 하지만 ('인생 전체로는'이란 말은 일단 유보하고) 지금까지 산 기간을 기준으로는 꼭 성공적이었다고만 볼 수 없는 게, 반드시 화를 내야 하는 어느 순간에 분노 조절 훈련이 너무 잘 되어 있어서 종내 화를 내지 못하고 지나가곤 하였기 때문이다. 꼭 화를 내야 하는 순간이 있는지에 대해서는 이견이 존재하겠지만 나는 그런 순간이 있다고 믿는다. 그렇다면 모종의 이성적 판단이 선행하는 화도 화로 봐야 하는지 응당 논란이 있겠지만 그런 화를 논외로 하고, 일반적 의미의 화에 대해서는 화를 내는 게 좋은지 나쁜지에 관해서 제법 연구가 많이 되어 있다. 대체로 화를 참는 게 모든 것을 따져보았을 때 이득이라는 게 주류 학설이다.

이때 누구에게 이득이냐를 물어보면 대부분 화를 낼 상황에 처한 사람의 입장에서 이득이라고 말한다. 화를 내는 주체의 이해득실을 따지지 화를 내는 주체와 관계 맺은 상대, 주체와 상대가 맺은 관계의 이해득실은 부차적인 문제다. 사정이 그러한지라 화를 내는 주체에 대해서는 어느 정도 '과학적' 분석이 많이 이루어졌지만, 주체가 개입된 '관계'에 대해서는 아직 뚜렷하고 지배적인 견해가 없는 것 같다. 내가 나의 분노조절법에 회의를 갖게 된 계기는 어떤 순간에 화를 내지 않고 지나가는 게 자신에게는 잠정적으로 긍정적일지 몰라도 길게 보아 '관계'에는 부정적인 영향을 미칠 수도 있겠다는 판단이었다.

관계에서 화를 참는 건 맥락은 다르겠지만 화를 내는 것과 동일하게 인정투쟁의 한 가지 방법이 되는 동시에 관계 기피의 한 방법도 될 수 있다. 마찰이 일더라도 적극적으로 대화하고 소통하기보다 소극적으로 침묵하고 차단하는 행태는 장기적으로 관계를 손상시킬 가능성이 농후하다. 심리학자들이 부부 등 친밀한 관계에서 '화 잘 내는 법'을 강조하는 이유가 여기에 있다. 매우 나쁜 방식으로 화를 낸다면 당사자나 당사자가 포함된 그 관계를 위해 아예 화를 안 내는 것보다 못할 수 있음은 당연하다. 그러나 만일 이때 화를 내야 할 상황이란 전제가 깔린다면 그 전제 자체가 관계에 이미 부정적 조짐이 나타났다는 의미이기에, 여기서 침묵한다면 관계에 등장한 부정적 조짐을 방치하는, '관계'에 대한 무책임으로 귀결한다.

화 또는 분노는 어차피 관계에서 출현할 수밖에 없다. 가족·친지·회사 외에도 뭉뚱그려 사회와 관계 맺음까지. 하지만 특정 관계에서 발생한 화를 그 관계 속에서 모두 해소할 수 없다는 데서 우리의 화는 중첩된다. 자신과 상대와의 관계는 거의 대체로 모종의 권력관계이며, 당연히 대등한 관계는 적고 힘의 우열이 목격된다. 자신이 상대에 비해 관계의 권력에서 열위에 있다면 관계에 대한 무책임은 더더욱 당연시된다. 그러나 포괄적이고 보편적 상대로서 사회와 맺는 관계에서는 역설적으로 그 심각한 비대칭 때문에, 즉 사회라는 거대한 유기체 앞에 한없이 무력해지기에 때때로 특히 더 많은 분노와 화를 불러올 수 있다. 멀지 않은 과거에 한동안 한국 사회를 뒤흔든 '광우병 우려 미국산 쇠고기 수입 반대' 등과 관련한 촛불시위가 손쉽게 떠올릴 수 있는 예이다.

애초에 '사회적 존재'라는 규정 안에 우리가 감수해야 하는, 사회와의 관계 맺음 그리고 그로 인한 영향이 있다. 무난하게 사회화한 인물로 포장된 화이트칼라 연쇄살인범이 대범하고 인상적으로 활약하면서 카타르시스를 전하는 미드(미국 드라마) 〈덱스터 (Dexter)〉 식 종결을 피하면서 또한 관계 맺음을 훼손하지 않으며 사회구성원으로서 스스로의 존엄을 지킬 수 있는 방법은 무엇일까. 레지스탕스 출신으로 유엔 인권위원회 프랑스 대표를 역임한 스테판 에셀은 동명의 책에서 "분노하라."고 권한다. 인정투쟁을 위해 기꺼이 화를 내라는 강력한 권유다. 하지만 그는 폭력은 반대한다. 에셀은 평화적 방법으로 참여하고 연대할 것을 주문한다. 사회라는 괴물은 무시무시하기에 단선적 관계로는 포획이 어렵고 다양한 관계망으로 뚤뚤 말아서 사로잡아야 한다는 주장이다. 거대한 관계를 개선하기 위해서는 작고 수많은 관계들을 촘촘하고 바람직하게 형성해야 한다고 촉구한다. 하지만 솔직히 에셀이 제안한 방법은 생각보다 품값이 많이 들고 하세월이기에, 안 되는 줄 뻔히 알면서도 적군파 식 해법이나 덱스터 식 해법에 한 번쯤 눈길을 빼앗기게 된다.

  사회와 맺은 관계를 철회하는 방법은 없을까. 직장·친구·가족·친지 등 소규모 관계망만 유지하되 거대 괴물인 사회 자체와는 절연해 버리는 선택이다. 두 종류의 관계가 전혀 별개가 아니라는 점에서 선별적 절연이 가당찮아 보이기는 하지만, 따지고들자면 아예 실현 가능성이 없는 것은 아니다. 공동체적 인간의 길은 선택하지만 사회적 인간의 길은 배제하는 선별 전략의 전례는 찾아보면 찾아진다. 장 자크 루소에서 우리는 단초를 찾고 〈월든〉의 헨리 데이비드 소로에서도 뜨거운 몸짓을 볼 수 있다.

소로의 인생 역정에서 드러났듯, 그러나 반사회적 인간으로 살기는 용이하지 않다. 결국 개인마다 자신에게 걸맞은 분노조절법을 찾아내어 전면적 철회나 절연이 아닌 부분적 회피 전략을 펴는 게 현실적으로 가장 실현 가능한 타협안이다. 화를 조절하지 않으면 생존할 수 없다.

나의 잘못된 판단인지 모르겠으나, 내가 관찰한 바로는 대체로 나이가 들어 갈수록 더 화를 많이 내고 덜 웃었다. 듣고 보고 경험한 게 많으니 못마땅한 것들이 많긴 하겠으나 까칠함이 나잇값은 아닌데, 이 또한 못마땅한 걸 보니 나 또한 급격하게 기성세대화하는 모양이다. 내가 접하는 인간군상 가운데서도 항상 미간을 찌푸리고 다니는 인종을 흔히 볼 수 있다. 한데 가슴 아픈 건 베이비 붐 세대나 386 세대에서 정말 화를 내야 할 때 화를 내는 모습을 보기가 쉽지 않다는 사실이다. 분노해야 할 때 분노하지 못하고 불필요한 짜증만 낸다. 그들이 맺는 모든 관계에는 스트레스 바이러스가 만연하고 짜증의 때가 더께로 앉았다. 화나 분노 이야기는 그들의 마음속에 켜켜이 쌓인 때를 닦아낸 연후에나 거론하는 게 맞지 싶다.

하여간에 분노 조절은 관계 맺음의 다양한 준위에서 균등하게 실현되어야 한다. 반사회적 인간이 되지 않고 사회적 인간이 되기로 결심하면서 반가족적 인간이 된다면 그 무슨 난센스인가. 우리에게 사회적 인간이란 말은 가족적 인간이란 뜻이며, 또한 동시에 다양한 '○○적 인간'이기도 하다는 의미이다.

하지만 나의 개인적 경험에서 그러하였듯 무조건 조절에만 집중하다 보면 왜 화를 조절하려 하는지 근본 목적을 잊게 되고, 따라서 그러한 근본 없는 행동은 무엇보다 중요한 관계 그 자체를 훼손할 수 있다. 종국에 조절은 분노해야 할 때 제대로 분노하기 위한 기초 역량으로 자리매김해야 한다.

뜻 맞는 사람끼리 모여 대화하고, 토론하고, 행동하고, 조직하는 모든 형태의 연대는 관계 맺음을 훼손하지 않을뿐더러 발전시키기 위해 흔히 생각할 수 있는 해법이다. 그런 가운데 터져 나온 정당한 화는, 타당한 분노는 개인과 조직, 나아가 사회를 발전시키는 원동력이다. 물론 전제는 있다. 사회적 존재로 자신을 받아들여야 한다.

내 생각에 한국의 중년 남자는 내향적으로는 반사회적이면서 흔히 사회적 외향으로 자신을 노출시킨다. 사회적 존재로서 자신을 수용한다는 말은 사회적 맥락에 자신을 가식적으로 던져 넣는다는 뜻이 아니다. 적극적으로 사회적 맥락에 뛰어들어 그 맥락에 활력을 부여하고 발전시키는 데 일조할 것을 자임해야 한다는 취지이다. 쉬운 말로 요약하면 화를 참아야 할 때 화를 참고, 화를 내야 할 때 내며, 그렇지 않을 때는 상대를 보며 많이 웃고, 쓸데없는 짜증을 훌훌 털고는 다양한 관계 속으로 기꺼이 자신을 집어넣으라는 이야기이다. 남은 반백년을 그런 사회적 인간으로 살아보는 게 나쁘지 않겠다. 그렇게 주체를 복원하는 게 너무 많이 힘든 일은 아니겠다. 그동안 사회로부터 일방적으로 짐승처럼 쫓기며 살았으니 말이다.

모든 개구리는 한때 올챙이였다

"개구리, 올챙이 시절 모른다."는 말은 잊는 게 좋겠다. 이 말을 내뱉는 상황을 떠올리면 비아냥거리는 말투가 떠오르는데, 결론적으로 개구리에게 올챙이 시절을 잊었다고 비아냥거리는 건 부당하다. 사실 개구리가 올챙이 시절을 기억하면 더 이상하지 않은가. 물론 이 속담의 취지는 성공하더라도 과거 보잘것없었던 시기를 잊지 말라는 것이다. 처세와 관련하여서는 올챙이 시절의 주변을 잘 다독여 개구리 이후 시기에 인심을 잃는 우를 범하지 말라는 일침이다. '개구리'에게는 살아가는 데 긴요한 조언인 셈이다.

'개구리'가 아닌 '개구리' 주변으로 시선을 돌리면 "올챙이 시절 모른다."는 힐난은 대단히 부적절하다. 개구리가 되었다면 마땅히 올챙이 시절을 잊어주는 게 예의이지만 속세의 사람들은 그 개구리가 올챙이였던 시절에 관한 기억을 빌미로 어떻게든 개구리에 빌붙으려 하거나 개구리를 깎아내리려 한다. 이해타산이 기본인 세상인심의 풍향으로는 빌붙다가 실패할 때 헐뜯는 작태로 귀결한다. "내 앞에서 기저귀 차던 놈이 말이야…"로 시작해 "많이 컸어."나 "건방진 놈!"으로 끝나기 마련이다.

광고계의 먹이사슬을 예로 들자. 광고대행사는 모든 업무를 자체적으로 처리할 수 없어 상당 부분을 외주사와 협력하여 진행한다. 지금도 그러한지 모르겠으나 과거에는 대행사 소속 AE나 PD가 퇴사하면 외주사를 차려 친정을 상대로 영업하여 먹고살았다. 요즘의 표준분류법을 적용하면 아무리 친정이지만 광고대행사는 '갑(甲)'일 수밖에 없고 외주사는 '을(乙)'일 수밖에 없다. 재미있는 사실은 '갑'과 '을'을 교대로 맡게 된다는 점이다. 대행사 시절 '갑' 행세하던 직원이 어느 정도 연차가 쌓여 나가 외주사를 차리게 되면 '을'로 신분이 바뀌어 옛날 친정에서 자신이 데리고 있는 부하 직원을 갑으로 모시는 것이다. 이때 '저 코찔찔이 녀석 많이 컸네.' 이런 생각을 갖고 접근하면 아무리 친정이지만 수주에 어려움이 예상된다. 그 녀석은 더 이상 올챙이가 아니고, 개구리이다. 그것도 자신보다 훨씬 더 힘이 센 황소개구리일 수 있다.

50살쯤 되면 겪는 심적 고충 중의 하나가 예전에 비리비리하였던 올챙이들이 어느 사이엔가 개구리로 성장하여 떡하니 번듯하게 나타날 때 겪는 대처의 어려움이다. 20~30년 직장생활하다 보면 심심찮게 경험할 수 있는 일이다. 각설하고, 과거에 기저귀를 찼든, 업어주었든, 지금 무엇으로 앞에 등장하였느냐가 중요하다. 개구리를 개구리로 볼 줄 아는 냉정한 판단력 없이 늙어 가는 힘 빠진 개구리의 앞날은 막막하다. 어쩌면 개구리가 되지 못한 채 세월을 보내고 있는 그저 늙어 가는 올챙이라면 더 막막해진다. 상대가 과거 올챙이였음을 들먹이기보다는 차라리 우리가 한때 올챙이였음을, 혹은 예나 지금이나 올챙이라면 더구나 지금은 심지어 늙어 가기까지 하는 초라한 올챙이에 불과함을 되새김질하는 것으로 족하다. 가장 중요한 것은 선입견 때문에 앞에 선 개구리를 올챙이로 오인하는 일이 있어서는 안 된다는 점이다.

〈삼국지〉는 그 자체로 재미있는 역사이지만 수다한 고사(故事)로 후세에 많은 이야깃거리를 전하였다. 삼국 중 오나라 장수였던 여몽의 일화는 개구리·올챙이 논의와 닿아 있다. 여몽은 주군 손권이 자신에게 무술에는 능하나 학문을 소홀히 한다고 질책하자 학문에 정진하였다. 나중에 오나라 대신 노숙이 여몽을 찾았다가 전에 비해 그의 식견이 현저하게 높아진 것을 보고 놀라자 이때 여몽이 유명한 말을 남겼다.

"선비를 사흘 떨어져 있다 다시 대할 때는 눈을 비비고 대하여야 합니다(士別三日 卽當刮目相對)."

줄여서 '괄목상대(刮目相對)'라고 하는 고사성어의 유래이다. 나이 50살이면 거의 대부분 이미 노안이 와 있다. 올챙이를 보고 장차 좋은 개구리가 되겠다고 격려하는 것은 무방하나, 재론하거니와 혹시 패기 넘치는 개구리에게 올챙이라고 망발을 날리고 있는 건 아닌지 눈을 비비고 볼 일이다. 늙기 시작한 개구리의 때 이른 망령이 바로 이런 것이 아니겠는가. 하기야 비빈다고 노안을 극복할 수 있을까. 더 큰 걱정은 개구리·올챙이 애기보다, 노안보다, 심안(心眼)이 흐려졌을까 하는 것이다.

운전할 때도 내가 하면 로맨스,
남이 하면 불륜

　광화문에 직장을 둔 나는 출퇴근 때문에 꽤 오랫동안 한남대교를 건너 다녔다. 같은 길을 오래 다니다 보면 어느 차선에 서야 시간을 단축할 수 있는지, 어디쯤에서 차선을 바꿔야 하는지 한눈에 들어온다. 한남대교 북단은 남산1호터널과 곧바로 연결되기 때문에 출퇴근길의 대표적인 병목지점으로 꼽힌다. 한남대교를 건너자마자 이어지는 고가도로가 왕복 4차선이어서 시내로 향하는 차들이 서로 얽히게 된다.

　체증은 한남대교 남단 이전부터 시작된다. 이때 남산1호터널까지 가장 정직하게 가는 방법은 1차선을 지키는 것이다. 2차선도 다른 차선으로 끼어들지 않아도 된다는 점에서 정직한 길에 속한다. 하지만 2차선은 가장 느린 길이다. 왜냐하면 3~4차선에 주행하던 차들이 다리 북단에 도달하여 고개를 들이밀며 끼어들기 때문이다. 사정을 잘 아는 나는, 하여 한남대교를 건널 때 2차선을 타지 않는다. 시간 여유가 있으면 1차선을 고수하고, 시간이 빡빡하면 3차선을 이용한다.

3차선에서 2차선으로 차선 바꾸기는 크게 어렵지 않다. 앞쪽에서 2·3차선이 엉켜서 심각한 체증이 빚어지면 2차선 차량들 중 일부가 참지 못하고 1차선으로 차를 꺾게 마련인데, 당연히 1차선 주행 차량들이 쉽게 양보하지 않기에 2차선에서 1차선으로 머리를 들이민 차의 앞쪽에 한동안 공간이 생긴다. 그때 축구의 스루패스처럼 그 틈새 공간을 차지하며 3차선에서 2차선으로 차선을 바꾸면 된다. 3차선으로 주행할 때 2차선 차들이 빈틈을 열어주지 않아 고가도로 진입에 실패하면 어쩔까 걱정할 필요가 없는 게, 신기하게도 2차선을 참지 못하고 1차선으로 옮아가는 차가 예외 없이 등장하여 3차선에게 차선 변경의 기회를 주고 만다.

이때 3차선에서 2차선으로 들어오는 차량의 도덕성에 관하여서는 판단이 쉽지 않다. 고가도로 진입 지점 바로 직전에서 확 꺾어 들어오는 차에 대해서는 얄밉다는 생각이 들고 정색할 정도는 아니지만 다소 부도덕하다는 느낌을 받는다. 그렇다면 3차선에서 2차선으로, 어느 지점에서 차선을 바꾸어야 부도덕하다는 소리를 듣지 않게 될까. 3차선과 2차선의 경계선은 점선이기 때문에 차선 변경이 도로교통법에 저촉되지 않는다. 이 문제엔 명확한 답이 없고 그저 '욕먹지 않을 수준'에서 또는 상식 수준에서 선택하는 수밖에 없다.

사실 더 큰 문제는 3차선에서 2차선으로 끼어든 다음에 발생한다. 2차선으로 갈아탄 다음에 자신의 차 앞으로 덤벼드는, 2차선으로 차선의 변경을 기도하는 3차선의 다른 차량들에게 과연 어떤 태도를 취하는 게 합당할까. 여기에도 정답은 없다. 자신도 차선을 바꾼 입장에 다른 차들에게 엄격한 자세를 취하는 게 여간 싱겁지 않다. 안 그래도 운전에서는 양보가 미덕인데, 자발적 양보는 아니었지만 그래도 양보 받은 처지에 자신도 슬금슬금 양보하며 대충 끼워주는 게 '인간다운' 운전 습관이 아닐까. 얼추 인간다워 보이기는 한다.

내 생각은 다르다. 물론 행동이 생각과 꼭 일치하지는 않지만, 생각은 달리한다. 배경 논리라고까지 하기는 힘들고 그래도 이유를 대자면, 자신이 3차선에서 2차선으로 갈아탔기 때문에 오히려 3차선 차량의 2차선 진입 시도에 더 냉담하여야 한다고 생각한다. 자신의 진입으로 기존 2차선 주행 차량들에게 이미 피해를 입힌 마당에 제 도량을 보여주기 위해 2차선에 피해를 추가하는 건, 올바르지 않다는 판단을 떠나 자격을 갖추지 못하였다는 생각이다. 굳이 자격을 논하자면 아마도 계속 2차선을 달린 차량에게나 아량을 베풀 자격이 있지 않을까.

요체는 3차선에서 2차선을 옮겨 가면 자신이 3차선 출신임을 완전히 망각하는 게 필요하다는 것이다. 비유 차원에서 설명하면 차선 변경으로 2차선의 앞자리를 차지하게 된 만큼 그곳에 도달한 과정에 대한 망각이야말로 부도덕이 아니라 미덕이다. 현실세계에서 맞닥뜨리게 되는 사회적 책임은 개인 수준의 도의적 책임과는 완전히 다르다. 이명박 전 대통령이 자신의 정부를 구성할 때 인사에 실패한 이유는 자신 개인의 도덕률을 자신의 정부 공직자를 뽑는 데 그대로 적용하였기 때문이다. 건설회사의 최고경영자(CEO)를 지내 그쪽 업계의 관행과 편법에 익숙하였겠다는 점이 충분이 이해된다. 하지만 대통령이 된 다음에는 과거와는 완전히 결별하고 행정부의 장관 등 공직자들에게 공직에 준하는 엄격한 잣대를 들이댔어야 한다. 그랬다면 인사에 성공한 대통령이 될 수도 있었을 법하다. 물론 이 같은 돌변은 개인적으로는 후안무치로 비춰질 수 있다. 그러나 국가 지도자로서는 공정하고 당연한 처사이다.

정도의 차이는 있지만 50살 남자, 나아가 50대에게도 같은 처신이 요구되지 않을까. 지금 기준으론 적절하지 않고 어쩌면 부도덕하게까지 비춰질 수 있는 과거의 방식으로 성장한 50대는 현재 대체로 조직을 주도하는 위치를 점하고 있다. 이명박 식의 처세를 답습하든 반면교사로 삼든 세상에는 큰 영향이 없을 것 같지만, 그럼에도 우리는 더 나은 세상을 만드는 데, 더 선한 세상을 만드는 데, 할 수 있다면 최선을 다할 의무를 지닌다. 의무를 지닌다고 나는 믿는다.

베이비 붐 세대와 386 세대는 비록 그 뼈대가 그들이 어렸을 때 형성되었다 할지라도 지금의 무도하고 불편한 세상을 창출한 데 책임이 없다고 할 수 없다. 현실적으로 '88만 원 세대'보다 '88만 원 세대'의 부모가 더 고통스러울 수밖에 없지만, 그렇다고 '88만원 세대'가 대면한 세상을 만든 '88만 원 세대' 부모 세대의 책임이 모면되지는 않는다. 차선 비유에 조금 더 의지하면, 병목구조를 만들어놓은 것은 물론이고 3차선에서 2차선으로 마구잡이로 끼어들어 정상적으로 2차선을 달려온 차들에게, 원래 감당했어야 할 정도 이상의 체증을 유발한 데 이어 나아가 3차선에서 2차선으로 끼어드는 편법을 구조화하기까지 한 우리 세대는 착한 세대로 불리기는 영영 글러먹었다. 민주화를 쟁취하는 데 앞장섰고 성취하였지만 정작 민주주의가 무력화하는 데 눈감았고, 금권이 보편적 인권을 대체하는 무혈의 쿠데타를 방조하였다. 여기에 그치지 않고 정치까지 지배하는 금권이 우리 모두의 보편적 자산을 온갖 협잡을 동원해 사유화하는 데도 침묵하였다. 의도하지는 않았지만 결과적으로 "악을 제거하자면 어떤 별개의 보다 나쁜 악을 도입하는 수밖에는 달리 방법이 없다."(화이트헤드)고 자포자기하고 만 것이다. 우리 세대는 군사독재를 물리치는 데 상당하게 기여하였지만 군사독재보다 더 무섭고 더 사악한 금권독재 시대를 여는 데에 마찬가지로 상당한 수준으로 기여하지 않았을까.

다시 차선으로 돌아가면, 그러므로 어찌하다 보니 이미 2차선으로 끼어들어 있는 상태라면 1차선으로 한 칸 더 치고 들어갈 생각 하지 말고 굳건히 2차선을 지키면서 다른 차들의 끼어들기를 막아주는 게 양식 있는 행동이 아닐까. 현 세태에 대해서도 같은 문법이 적용될 것 같다. 거악(巨惡)이 아니라 차악(次惡)이므로 화이트헤드의 인용문은 틀렸다는 궤변에 유혹되지 말고, 거악이든 차악이든 악은 악이라는 투명한 논리로 지금의 자리를 지켜야 하지 않을까. 어차피 얼마 남지 않았다. 곧 고가차도이고 이어서 코앞이 남산1호터널인데, 마지막에 잠시잠깐 모범운전자가 되기를 부끄러워하지 말자. 터널 너머에서 새로운 길을 찾기 전에 지금 가고 있는 이 길에서 할 수 있다면 부끄러움을 조금이나마 털고 가도 좋을 텐데….

강을 건널 때 바꿔야 할 말과
바꾸지 못할 사람

　강은 여러 의미로 쓰이고 많은 문맥에서 수다한 비유로 활용된다. 일반적으로 "강을 건넜다."고 할 때는 큰 전환이나 의사결정을 뜻한다. 카이사르에게 루비콘 강, 이성계에게 압록강이 여기에 해당한다. 특히 이성계에게 압록강 하류의 하중도(河中島)인 위화도는, 북으로 강을 건너면 요동 정벌의 길이, 남으로 건너면 즉 회군하면 역성혁명의 길이 열리게 되어 어느 쪽으로 건너든 건곤일척(乾坤一擲)이라 할 수 있었다.

　"강을 건널 때 말을 바꾸지 말라(Do not swap horses when crossing a stream)."는 영국 속담은 이미 결정을 내렸으면 주저하지 말고 과단성 있게 추진하란 뜻이며, 더불어 일이 마무리되기 전에는 지휘관을 바꾸지 말라는 흔히 인사와 관련한 원칙으로도 거론된다. 하여 1951년 4월 11일, 한국전쟁의 와중에 이루어진 미국 트루먼 대통령에 의한 더글러스 맥아더 연합군 사령관의 해임은 이례적인 사건으로 회자된다.

우리네 인생에서도 더러 산을 넘고 강을 건넌다. 한데 산을 오를 때는 마음먹기에 따라 얼마든지 쉬어 갈 수 있는데, 문제는 강을 건널 때는 쉬어 갈 도리가 없다는 것이다. 물살에 쓸려 내려갈 정도가 아니라도 도강(渡江) 중에 쉬는 사람은 없다. 물살이 거셀수록 한번 올라탄 말에서 도강 중 내릴 엄두를 내지 못하고, "죽지 않고 사라지는" 늙은 말이라도 올라탔으면 그 잔등에서 떨려나지 않으려고 기를 쓰고 매달리는 게 일반적이다.

그렇긴 하나 따지고 들자면 이 강 건너기 비유에서 간과된 점이 있다. 사람이 도강에 성공하려면 두 가지 변수, 즉 강과 말에 성공적으로 대처해야 하는데 속담은 강과 말을 고정된 것으로 간주한다. 물살이 너무 거세면 어차피 강물에 뛰어들지 못할 터이고, 현실적으로 물살의 세기가 가를 만한 정도일 때나 물로 뛰어들 텐데, 그때도 흐르는 강물 속에서 잠시 쉬는 것은 물론 말을 바꿔 타는 행위 또한 리스크 회피를 위해 권장할 만하지 않다는 건 상식이다(강이 충분히 얕고 흐름 또한 감당할 수 있을 정도로 완만하다면 말을 바꿔 타고 말고는 논할 거리조차 되지 못한다).

그럼에도 불구하고 말을 바꾸는 행위가 더 나은, 혹은 덜 나쁜 선택이 될 불가피한 상황은 드물지만 언제나 존재한다. 지금의 말을 타고서는 도저히 강을 건널 수 없으며 되돌아갈 수도 없다는 판단이 섰을 때다(이성계 또한 이렇게 생각했겠지만, 역사를 반추하면 다분히 자의적인 판단이란 의심이 든다). 상상하면 입수 전과 입수 후에 말이나 강의 상태가 달라질 수 있다. 아니면 입수 전의 판단이 입수 후에 잘못된 것으로 판명될 수 있다. 어떻게든 그 말을 떠나야 하는 긴급사태에 처한다면 말에서 당장 물속으로 뛰어내려 자력으로 강을 건너는 게 최선이겠지만, 그마저 여의치 않으면 어떻게든 다른 말을 찾아 옮겨 타는 게 차선책이다.

이때 자력으로 헤엄쳐 강을 건너든 말을 바꾸어 타든 관건은 말을 탄 사람의 역량이다. 기승자(騎乘者)란 변수가 하나 더 추가되는 것이다. 말을 타본 사람은 알지만 누군가 고삐를 잡아서 고정시켜 놓지 않은 말에 올라타기란 웬만큼 승마에 숙련되지 않고서는 불가능하다. 게다가 유속이 존재하는 강물 속이라니. 결국 이 비유에서는 긴급사태가 일어나도 대부분 말을 바꿔 탈 수 없으며, 오직 강인한 기승자가 말 위에 있을 때만 불가항력을 벗어나 '대안'을 검토할 수 있게 된다. 이렇든 저렇든 요체는, 강과 말이 아니라 기승자인 것으로 귀결하니 좀 싱거운가.

나아가 아예 사람을 변수로 수용하면 논의가 더 싱거워진다. 강을 건널 때 말을 이용할 수 있는 사람이 있는가 하면 제 다리와 팔만으로 물살을 헤쳐 나가야 하는 이가 있기 때문이다. 애초에 말을 부릴 형편이 되지 못하는 필부필부(匹夫匹婦)에게 "강을 건널 때 말을 바꾸지 말라."는 교훈은 개 발의 편자 꼴이다. 또한 이때는 도강의 성패를 가늠하기가 훨씬 더 용이하다. 말이 아니라 그저 사람에 달려 있기 때문이다. 나처럼 수영을 배우는 데 실패한 사람이, 뒤의 개체들에 떠밀려 누 떼가 강에 뛰어드는 아프리카를 배경으로 한 동물 다큐멘터리와 같은 그런 급박한 상황에 의하여 억지로 강물에 들어갔다면 십중팔구 익사일 게다.

'도강' 하면, 고조선의 노래라고 알려진 〈공무도하가(公無渡河歌)〉가 떠오른다. 곡조는 알 길이 없으나 고사나 노래 가사만으로 충분히 슬프다. 곽리자고란 사람이 새벽 일찍 일어나 배를 젓고 있는데, 머리가 흰 미친 사람(白首狂夫)이 머리를 풀어헤친 채 호리병을 들고 강을 건너고 있었다. '백수광부'의 아내가 소리 높여 불러 그의 도강을 막으려 하였으나 아내의 노력도 헛되이 백수광부는 건너편에 다다르지 못하고 물에 빠져 죽고 말았다. 백수광부의 아내는 구슬픈 노래를 지어 부르고는 스스로 강물에 몸을 던져 따라 죽었다는 게 고사다.

미친 남자와 그 아내의 사연은 두고두고 많은 문학적 상상력의 원천이 되었다. 문학은 잠시 잊고, 인생사와 관련하여 〈공무도하가〉를 떠올릴 때 어느 정도 나이가 든 이후엔 이 백수광부에게 감정이입이 일어나는 게 심약한 데다 수영까지 배우지 못한 비단 나 같은 사람에게만 해당하는 특별한 사례가 아니지 않을까. 부지불식간에 머리는 세었고, 세상이 미쳤기 때문인지 어느새 정신마저 맑지 않은데 앞에는 깊이를 짐작할 수 없는 강이 놓여 있네.

"산이 거기 있어서 산을 오른다."는 유명한 말을 남긴 영국인 등반가 조지 말로리는 1924년 티베트 말로 '초모랑마'라 불리는 에베레스트에 도전하였다가 숨을 거두었다. 그의 시신은 1999년에 정상 바로 아래쪽에서 발견되었는데, 그가 정상을 올랐다가 내려오는 길에 숨진 것인지, 정상을 코앞에 두고 숨진 것인지는 아직 규명되지 않았다(말로리를 초모랑마의 '정복자' 반열에 놓을 건지 아닌지에 관한 세속적 잣대가 이 논란의 중심이다. 이미 고인이니 올라가는 길이든 내려오는 길이든 무슨 상관이 있을까. 점을 찍었는지는 산 사람들의 관심사일 뿐, 죽은 자는 거기 산의 품에 무애(無导)하게 머물기에 정점에 무심하다. 봉우리에 쌓인 눈과 그 밑에 쌓인 눈이 다르지 않으니, 봉우리에 잠시 머물렀는지가 그렇게 중요할까. 말로리는 아직 거기 있어서 여전히 산을 오르고 여전히 산을 내려오고 있지 않은가).

산이 그렇다면, 강 또한 앞에 놓여 있으니 건너야 하는 것인가. 기나긴 밤을 새우는 동안 강의 이쪽과 저쪽에 어떤 사념(思念)을 잠재우고 백수광부는 새벽녘에 차가운 강물에 몸을 담갔을까. 그에게 주어졌을 도강 전의 어두운 밤과 강기슭에서 잠 못 이루고 들었을 물 흐르는 소리가 선하게 떠오른다. 조지 말로리가 혹한 속 에베레스트 정상 밑에서 죽어 갈 때의 장면 또한 안다고 달라질 것이 없는, 그럼에도 분명 각성이라 할 만한 전율을 전한다. 우리는 세속의 강을 어떻게 하면 덜 다치고 건널까에 노심초사하지만, 강폭이 좁고 물살이 세지 않은 쪽으로 어떤 말을 타고 건널까를 생각하느라 분주하지만, 강을 건너는 또는 건넌 실체는 우리의 절대고독이고 정작 우리는 아무리 수영에 능숙하여도 백수광부처럼 강물 속에 남겨진다. 강과 산을 건너든 오르든, 그 와중에 죽든 살든, 그 대면만으로 우리는 백수광부나 조지 말로리가 보여준 불가해한 실존에 한 걸음 더 다가설 수 있지 않을까.

셰익스피어는 "강은 밑바닥이 깊을수록 물이 조용히 흐른다."고 하였다. 깊은 강을 만나거든, 혹시라도 그때 말을 타고 있다면 말에서 내려 조용히 물 흐르는 소리에 귀를 기울여야 한다. 우리 각자의 내면에는 각자의 강이 흐르고 각자의 산이 솟아 있는데 그곳에서 백수광부와 조지 말로리가 그 강과 그 산을 향해 터벅터벅 걷고 있으니 말이다. 선사에게는 "산은 산이요, 물은 물이로다."이겠지만 우리에게 산은 올라야 산이요, 물은 건너야 물이기에.

잃기 전에 세어보아라

도박만큼 끊기 어려운 게 없는 모양이다. 패가망신하는 줄 뻔히 알면서 많은 유명인들이 도박으로 부와 명성을 함께 잃는다. 나는 모든 종류의 도박에 손방이지만 도박이 인생의 축소판이란 생각에는 동의한다. 판돈이 많은 사람이 유리하고, 경험이 많은 사람이 유리하고, 현명한 사람이 유리하다. 고수들은 문외한이 던지는 시답잖은 훈수에 코웃음을 치겠지만 한 마디 더 하자면 도박판에 내재한 근원적인 불확실성, 그리고 오랜 긴장과 긴박한 해소의 구조야말로 사람들을 도박판에서 떠나지 못하게 만드는 마력이 아닐까.

도박 하면 관련된 영화가 많지만 나는 언뜻 아메리카의 팝 가수 케니 로저스(Kenny Rogers)의 팝송부터 떠오른다. 노래 제목 때문이지 싶다. 그가 1970년대 후반에 발표한 컨트리 풍 노래 〈The Gambler〉에는 도박에 관련된, 나아가 그 연장선에서 인생에 관련된 주옥같은 대사가 줄을 잇는다.

그 노래에서 가장 기억에 남은 가사는 "테이블 떠나기 전에 돈 세지 말아요. 게임이 끝나면 돈 셀 시간 충분히 있을 테니."하는 부분이다. 영어로 된 원래 가사는 다음과 같다.

"You never count your money when you're sitting at the table.
There'll be time enough for counting when the dealing's done."

충분히 공감이 간다. 나의 젊은 날을 돌아봐도 실제 도박이 아니라 인생을 구성하는 하나하나의 소묘 속에서 대단한 칩은 아니었지만 ^(내 기준에) 적잖은 칩을 앞에 쌓아 올려놓고 내심 흐뭇해하다가 막상 본전도 못 챙기고 일어난 적이 한두 번이 아니다. 잃었는지 땄는지는 일어설 때서야 비로소 확정되는 법이다.

하지만 '일어설 때'라는 데드라인은 인생사를 더 산란하게 만들기도 한다. 이미 다 잃어 가고 있는데 "길고 짧은 건 대봐야 안다."며 무모하게 도박판을 지키는 이른바 호구들이 대표적이다. 한국 영화 〈타짜〉에서 "이대 나온 여자" 김혜수가 그런 호구들을 어떻게 취급하는지 잘 나와 있다. 그러니 '일어설 때'라는 설정은 양날의 칼이다. 인생의 부질없음에 담대하게 대비케 하는 지혜를 의미하면서 동시에 인생을 끝없이 고통스럽게 만드는 헛된 희망을 부추긴다.

왜곡된 '일어설 때'의 인생관은 치킨게임을 닮았다. 갈 데까지 가보자는 오기가 느껴진다. 대학생 단체를 운영하는 덕에 나는 20대 초중반 젊은이들과 상시적으로 교류한다. 세상이 걱정하듯 요즘 대학생들에게서 호방한 기백을 찾아보기 힘들다. 그럼에도 가끔 발현되는 일부 청년들의, 도박판이 아니라 술자리에서의 드높은 기상을 보면 나도 덩달아 기분이 고양되지만, 거기까지가 나의 한계다. 그들과 함께 끝까지 "달리기엔" 몸과 마음의 에너지가 달린다(예의상 하는 말과 달리 그들 또한 내가 끝까지 "달려주기를" 바라지는 않을 터이다. 나의 신용카드가 끝까지 "달려줄 수 있는지"에는 관심이 있겠다).

요체는 이렇다. 그들은 일어설 때가 일어설 때라며 달린다. 하지만 나는 그럴 수 없다. 도박으로 치면 그들에겐 아직 허다한 판수가 남았지만 나에겐 많은 판이 남아 있지 않다. 그렇다면 "일어설 때"서야 돈을 세는 호연지기는 우리 나이엔 무모한 것이 아닌가. 잃기 전에, 도박판에서 일어서기 전에 돈을 헤아리는 게, 찌질해 보이지만 어떻게든 판돈을 보전해야 하는 우리 처지에 걸맞은 처신이 아닐까. 따라서 나에게는 앞서의 가사보다 〈The Gambler〉의 다음 가사가 더 인상적이다.

"언제 버텨야 하는지, 언제 접어야 하는지, 언제 도박판에서 일어나야 하는지, 그리고 언제가 도망칠 때인지 알아야 해 (You got to know when to hold 'em, know when to fold 'em, Know when to walk away and know when to run)."

다음 가사도 비슷한 맥락에서 이해될 수 있다.

"모든 도박꾼은 살아남는 비밀을 알고 있는데, 어떤 카드를 버려야 하고 어떤 카드를 쥐고 있어야 하는지 안다는 뜻이지 (Every gambler knows that the secret to survive is knowing what to throw away and knowing what to keep)."

하지만 어떤 카드를 언제까지 쥐고 있어야 하는지, 어떤 카드를 언제 버려야 하는지를 알기는 말이 쉽지 정말 어렵다. 그럴 수밖에 없는 게, 그 판단은 내 카드만으로 내릴 수 있는 게 아니라 보이지 않는 상대 카드를 추정하며 내려야 한다. 물론 나이가 든다는 얘기는 보이지 않는 패를 읽을 줄 알게 된다는 뜻이긴 하다. 그러나 동시에 나이가 든다는 얘기는 아무리 카드를 잘 읽어도, 내 카드가 수정처럼 투명하다면 상대 카드는 내려놓기 전까지 블랙홀보다 더 어둡다는 걸 알게 되는 것이다. 경륜이 쌓였다고 할 때 그 경륜의 의미는 블랙홀을 꿰뚫어 볼 수 있다는 게 아니라 블랙홀이 정말 어둡다는 걸 충분이 알고 있음이다. 나잇값이 혹여 경륜이란 말로 번역될 수 있다면 먼저 자신이 쥔 카드를 잘 읽고 자신의 판돈을 잘 세어보아야 한다.

러시아의 대표적 작가 니콜라이 바실리예비치 고골(1809~1852)의 소설 〈죽은 혼〉은 농노제가 온존한 러시아 어느 지방 도시에서 일어난 실화를 바탕으로 하였다. 대지주로 행세하는 나무랄데 없이 훌륭한 신사 한 사람이 N 시에 출현한다. 극중에서 티티코프란 이름을 부여받은 주인공은 머리가 비상한 사기꾼으로, 로저스 노래를 빌면 '갬블러'였다. 화려한 언변으로 지방 도시 사교계의 총아로 급부상한 티티코프는 서서히 의도한 작업에 돌입한다. 이미 죽었지만 호적에는 아직 살아 있는 농노들을 그 도시의 지주들로부터 차례로 양도받는다. 예나 지금이나 인구통계에는 기술적인 문제로 편차가 발생한다. 리얼 타임으로 파악되는 오차없는 통계는 시작과 끝이 모두 정보기술(IT) 기반에서 이루어질 때만 가능하다(물론 이때의 리얼 타임 또한 상대적 개념이다. 초 단위에서도 한참 밑으로 쪼개지기는 하지만 그 수준에서도 따지고 보면 time lag이 존재한다. 빅뱅 이후 최초 1초를 떠올려 보면 간단히 이해된다). 현재 한국에서도 인구센서스가 5년마다 실시되는 탓에 관련 통계에 오차가 발생하는데, 방대한 영토를 지닌 19세기 제정 러시아의 인구통계는 조사간격뿐만 아니라 다른 여러 여건상 지금보다 훨씬 더 부정확할수밖에 없었다.

티티코프는 이 틈새를 이용하여 한탕을 계획하였다. 통계의 불일치 때문에 지주들은 죽은 농노들에 대해서도 오류가 수정될 때까지 인두세를 내야 하였다. 티티코프에게 죽은 농노들을 넘기면 인두세를 절약하면서 없는 자산을 활용하여 과외 수입을 올리게된다. 그렇다면 자선사업가가 아니라 갬블러인 티티코프는 어떤 작전을 세워두었을까. 실제로는 죽었지만 호적에는 아직 살아 있는 농노들을 자기 앞으로 옮겨놓고는 이 자산을 담보로 돈을 빌리는 게 그의 계획이었다. 서브프라임 사태 때 목도한 아메리카 월가의 부도덕한 금융상품과 크게 다르지 않은 구조이다.

소설에서 우리의 주인공 티티코프는 천재적 기획력에도 불구하고 고배를 마시고 만다. 원인은 로저스 식으로 얘기하면 쥐고 있어야 할 카드를 서둘러 내보였기 때문이다. 연회에서 만난 지사 딸의 아름다움에 매료되는 바람에 티티코프가 다른 많은 부인들의 호의를 잃어버린 게 결정타였다. 사교계의 총아로서 많은 부인들의 넋을 빼놓는 데 성공했지만 한 여자에게 판돈을 다 걸면서 다수의 적의(敵意)라는 부메랑을 맞게 된 것이다. 모든 부인에게 티티코프는, 비록 자신에게 소속되지 않았다 하여도 아직 아무에게도 소속되지 않았다면, 호의가 유지되는 한 잠정적으로 '나의 것'일 수 있다. 아직 '일어설 때'가 멀었으니 말이다. 반면 티티코프가 지사 딸의 품에 떨어지는 순간, 다른 많은 부인들에게는 즉시 '일어설 때'가 선언된다. 사교계를 발판으로 일어선 티티코프는 사교계에서 인심을 잃으면서 그들의 무서운 입방아 공격을 당하게 되고 결국 한탕의 전모가 발각되어 판돈을 잃고 만다.

다시 로저스 식 어법에 기대면 티티코프는 "언제가 도망칠 때인지 알았기(know when to run)"에 올 때처럼 홀연히 그 도시를 떠난다. 다음 도박판에서는 따겠다고 다짐하면서 그 도시를 등졌다. 만일 티티코프가 쉰 살이라도 "그나마 다행"이라고 반응해야 하는 걸까.

정승집 개 죽은 데 문상 가야 하는 이유

'정승집 개 죽은 데는 문상 가도 정승 죽은 데는 안 간다.'는 염량세태를 일갈하는 속담이다. 한국 문화에서 문상이 차지하는 비중은 제법 크다. 제시된 속담은 문상에 대한 태도가 인간성을 재는 잣대로 활용되고 있음을 보여준다.

정승집 개가 죽으면 헐레벌떡 달려가다가 막상 정승이 죽자 외면하는 사람은 참으로 얄팍해 보인다. 하지만 가슴에 손을 얹고 생각해 보자. 우리가 그런 얄팍한 사람이 아니라고 장담할 수 있는지. 아마도 결코 얄팍한 사람이 아니라고 자신 있게 대답할 사람이 그렇게 많지는 않지 않을까. 그렇다면 우리는 우리의 얄팍함에 얼마나 부끄러워해야 하는 것일까.

완전히 다른 견지에서 나는 이 얄팍함에 대해 변명해 볼까 한다. 정승집 개가 죽었을 때나 정승이 죽었을 때나 변함없이 우직하게 문상을 가는 게 좋다는 건 한국적 정서에서 두말할 나위 없다. 하지만 두 건의 사망 중에 형편상 한 건에 대해서만 문상을 갈 수 있다고 가정하면, 그때는 정승의 죽음을 찾아보는 게 당연히 덕을 쌓은 사람의 행동이라는 데 대부분 이견이 없겠지만, 이미 언급하였듯 나는 다른 견해를 피력하고 싶다. 두 번 중에 한 번만 허용된다면 정승집 개의 죽음을 문상하라고.

전제는 달라진다. 정승과 개인적으로 별 친분이 없는데 눈도장을 찍기 위해 그의 애견이 초상난 집을 찾는 타산적 행동은 논외로 하자. 대신 정승과 개인적으로 인간적 유대를 쌓은 사이라고 하자. 그렇다면 정승집 개에 대한 문상은 애견을 잃은 정승 본인의 아픔을 위로하는 행위다. 인간적 유대에 입각해 진심으로 상대의 슬픔을 위무하는 것으로 의미를 부여할 수 있다.

반면 정승의 초상에 문상 가는 건 인간적 유대를 쌓은 어떤 이를 잃은 것에 대한 자신의 슬픔과 자손들의 슬픔을 달래기 위함이라고 풀이할 수 있다. 정승은 이미 죽은 사람이어서 스스로 슬픔을 느끼지 못하고 위로를 건네도 받을 도리가 없다. 정승이 죽어서 가는 문상은 또 다른 관점에서는 타산적 행동으로 간주될 수 있다. 즉 '정승집 개 죽은 데는 문상 가도 정승 죽은 데는 안 간다.'는 방정맞은 세상에서 자신이 불고이해(不顧利害)하고 망자의 빈소를 찾는 의리 있는 사람임을 과시하기 위한 일종의 평판 관리로 비춰질 수 있다는 시각이다. 너무 심하게 후벼 파서 이런 해석에 대해 견강부회(牽強附會)의 느낌을 받을 법도 하다만, 문상은 나의 슬픔을 대외적으로 드러내기 위한 현시적 의례라기보다는 상대의 슬픔에 진심으로 동감하는 진솔한 관여이어야 한다는 게 요점이다.

그러나 앞서의 변명이 하나 마나인 게, 우리는 사람 사이에 사는 인간(人間)인지라 내면에서 우러난 자신의 동감이 소중하지만 사람들과 맺은 관계망에다 자신의 슬픔을 게시하고 망자의 명성을 칭송하는 의례 또한 그에 못지않게, 아니 어쩌면 더 중요할 수 있다. 간단하게 말해 개보다 사람이 우선이란 뜻이다.

다시 타산적 관점으로 돌아가서, 불가피하게 둘 중 하나밖에 가지 못할 사정이라면 자신의 평판관리를 위해서라도 정승의 초상집을 방문함이 합당하겠다. 또 다른 정승이 있어 정승집 개의 초상집에서는 만나지 못한 사람을 정승의 초상집에서 만나게 되어 경탄할 수도 있지 않겠나. 관리하지 않아도 될 만큼 훌륭한 평판이란 세간에 드물기에 하는 말이다. 어차피 진심이 우러나면 정승이 죽으나 정승집 개가 죽으나 둘 다 찾아볼 테고, 진심이 우러나지 않는다 하여도 셈법이 크다면 두 곳을 다 가야 할 게고, 셈법이 작다 하여도 계산만 할 줄 안다면 정승이 죽은 곳을 우선하지 않겠나. 정승 죽은 데는 생략하고 정승집 개의 죽음을 억지로 애도하는 행동이야말로 가장 하질의 셈법이다. 하긴 하질 세상에서는 종종 하질 셈법이 더 어울리는 게 문제이긴 하다.

욕정으로 멸망한 아일랜드 큰뿔사슴

　'아일랜드 큰뿔사슴'은 진화사에서 독특한 위치를 차지한다. 화석을 통해서만 존재를 확인할 수 있는 멸종 생물인 '아일랜드 큰뿔사슴'은 발견된 화석에 근거하면 약 40만 년 전에 지구상에 등장하여 7,700년 전까지 유라시아 대륙 전역에 퍼져 살았다. 현재까지 확인된 바로는 생물 진화의 역사에서 출현한 모든 사슴 중 가장 덩치가 큰 종이다. 화석이 발견되는 지역은 동(東)으로는 바이칼 호수 동안(東岸)에서 서(西)로는 아일랜드에 이른다. '큰뿔사슴'의 화석이 처음 발견된 곳이 아일랜드이고, 지금까지 발견된 화석들 대부분이 아일랜드의 늪에서 발굴된 것이어서 '아일랜드 큰뿔사슴'이라 불린다. '큰뿔사슴'은 어깨까지 높이가 2.1m가량이고, 몸무게는 540~600kg으로 추정되며 큰 것은 700kg까지 나갔을 것으로 생각된다. 이 중 뿔의 무게만 40kg에 달한 것으로 분석되는데, 뿔의 끝과 끝 사이 거리가 큰 것은 3.65m나 되었다.

　'아일랜드 큰뿔사슴'은 큰 덩치와 큰 뿔 때문에 유명하지만 진화사(進化史)에서는 멸종의 이유 때문에 더 주목받았다. '큰뿔사슴'의 뿔은 여느 다른 사슴들과 마찬가지로 해마다 떨어지고 다시 자랐는데, 진화의 과정에서 점점 더 커지게 된다. 큰 뿔 선호 혹은 집착이 종 전체의 뿔 크기를 키운 셈인데, 그 이유는 암컷들이 수컷 사슴의 뿔이 더 클수록 더 잘 매료되었기 때문이다. 특별한 진화의 동인(動因)으로 뿔이 점점 더 커지면서 종국에 수컷들은 그 뿔을 스스로 감당하기 힘들어진다. 늑대 등 천적에 맞설 수 있는 보호무기의 기능을 상실하고 단순 장식용 혹은 엽색용으로 전락하고 만다. 너무 무거워서 적을 향해 뿔을 쉽게 휘두를 수 없게 된 것이다. 게다가 도망갈 때는 나무나 덤불에 자주 걸리는 또 다른 치명적 부작용을 노정하였다. 마침내 '크기(size) 편집(偏執)'이 종의 멸종을 불렀으니 '아일랜드 큰뿔사슴'이야말로 다른 어떤 종보다도 향락적인 동물이라 할 만하다. 흥미롭게도 한자 '고울 려(麗)'에 사슴(鹿)이 들어 있는데, 사슴이 잇달아 간다(사슴(鹿) '둘이 나란하다(?)'에 의미가 부여되어 麗가 만들어짐)는 해석과, 려(麗) 자의 모양이 사슴(鹿)이 뿔 위에 덤불 같은 걸 덧붙여 꾸민다는 뜻이란 다른 해석이 전한다. 후자의 해석은 꼭 '아일랜드 큰뿔사슴'을 연상시킨다. 그러고 보니 려(麗) 자의 뜻 가운데 '짝짓다'가 들어 있는 게 우연 같지 않다.

　여담 하나 하고 지나가자면 크기, 특히 특정 신체 부위의 크기에 관한 한 인간 수컷(어쩌면 암컷까지?)의 집착도 대단해 결코 '아일랜드 큰뿔사슴'에 뒤지지 않을 법한데 '큰뿔사슴'이 멸종한 것과 달리 인간이 아직 건재한 까닭은 무엇일까. 아무런 근거가 없는 설명이란 전제를 깔고, 아마도 뿔은 암컷 수컷이 모두 볼 수 있는 신체의 공공연한 지점에 위치한 반면 인간의 특정 신체 부위는 문명 발생 이래로 은폐돼 있어 현실적인 비교 가능성이 크지 않다는 점 때문이 아닐까.

본래의 주제로 돌아가, '아일랜드 큰뿔사슴'에게 종 전체를 멸종시킬 정도의 몰입을 초래한 동력은 한마디로 정리하면 호르몬이라고 할 수 있겠다. 생뚱맞은지 모르겠지만 이 대목에서 〈논어〉의 한 구절이 떠오른다.

"지지자(知之者)는 불여호지자(不如好之者)요, 호지자(好之者)는 불여락지자(不如樂之者)니라."

"알기만 하는 사람은 좋아하는 사람만 못하고, 좋아하는 사람은 즐기는 사람보다 못하다."는 뜻으로 〈논어〉 '옹야편(雍也篇)'에 나온다. 약간 꺼림칙하지만 "즐기는" 실례로는 '아일랜드 큰뿔사슴'만 한 걸 찾기 힘들어 보인다. 멸종할 정도로 즐김에 몰입했으니 즐김에 관한 한 타의 추종을 불허한다. 커진 뿔은 명백한 그 증좌며, 뿔 키우기에 관한 한 전무후무한 성공 사례이다.

하지만 '아일랜드 큰뿔사슴'이 거둔 전대미문의 '성공'은 〈공무도하가〉의 백수광부와 전혀 다른 관점에서 슬픔의 그림자를 길게 드리운다. 효율성만 추구하며 한 방향으로 내닫는 자본주의가 지배하는 현대사회와 닮았기에 드는 생각이다. 사슴이 성욕을 숭배하듯, 인간은 물신을 숭배한다. 이 방향이 잘못되었고 이 경로를 고수하다간 '아일랜드 큰뿔사슴'처럼 공멸할 수 있다! 이 사실을 생존 시의 '아일랜드 큰뿔사슴'들과는 달리 인간은 적잖은 숫자가 알고 있다. 그럼에도 인간은 '아일랜드 큰뿔사슴'과 마찬가지로 '뿔 키우기'에서 벗어날 도리가 없어 보인다.

인간은 물신숭배의 위험을 사슴과 달리 너무나 잘 인식하고 있다. 그럼에도 불구하고 전혀 인식 능력을 갖추지 못한 '아일랜드 큰뿔사슴'이 뿔에 미친 것보다 인간이 물신숭배에 더 미쳐 있는 까닭은 왜일까. 위험을 인식함과 위험에서 벗어남은 별개 차원인 걸까.

허무맹랑한 생각인지 모르겠지만 인식에 부합하는 행동을 인간에게 촉구하기 위해 '아일랜드 큰뿔사슴'의 뿔 화석을 대량으로 복제해서 집집마다 거실에 걸어놓도록 법으로 의무화하는 것은 어떨까. 아쉽게도 그런 생생한 교훈을 거실 벽에 걸쳐놓기엔 우리네 집들이 너무 좁다는 현실적 제약이 존재한다. 사실 인간 사회에서 고대광실뿐 아니라 누옥(陋屋)에까지 들어찬 과도한 탐닉의 결말은 백수광부 처의 노래나 '큰뿔사슴'의 화석을 통하지 않아도 뻔하지 않은가.

주마가편(走馬加鞭)이란 말이 있다. 달리는 말에 채찍질하는 것은 자동차의 액셀러레이터를 밟는 것과는 크게 다르다. 말을 가게 하려면 간단하게 "끌 끌" 하는 입소리를 내는 것만으로 충분하다. 물론 조련된 말일 때의 이야기다. 달리게 할 때는 고삐를 한쪽만 확 낚아채든가 박차를 가하면 된다. 채찍질도 효과가 있는데 말이란 동물이 워낙 겁이 많아서 실제로 때리지 않고 채찍을 들기만 하여도 잘 훈련된 말은 알아서 달린다.

달리는 말은 생각보다 위험하다. 질주 성향을 타고난 말이란 동물에게 주마가편은 폭주를 불러올 수 있다. 말은 원래 사람 태우기를 싫어하는데 조련을 통해 등에 억지로 사람을 태우도록 교육을 받았다. 질주 본능과, 기승의 허용이란 훈육 사이의 균형점에서 승마가 이루어진다. 주마가편이 가능하려면 말뿐 아니라 사람도 훈련을 받아야 한다. 달리는 말 위에서 말을 적절하게 통제하면서 떨어지지 않고 가속하려면 적잖은 시간을 들여 말과 친해지고 동시에 승마 훈련을 이수해야 한다.

승마에는 '가편(加鞭)'보다 '고삐'가 더 중요하다. 말을 달리게 하기에 앞서 말을 멈추게 할 줄 알아야 하며, 너무 당연한 얘기로 멈추게 할 줄 모르고 달리게 할 줄만 안다면 낭패가 아닐 수 없다. 한데 우리는 고삐 없이 채찍을 들고 말에 탄 사람 같다. 달리는 데 너무 익숙해져 있다. 달리는 걸 즐기도록 강요당하고 있다. 즐기는 것도 중요하지만 아는 게 먼저인데, 우리에겐 그저 즉각적으로 좋아하고 홀딱 즐기는 게 절대선일 따름이다.

다시 공자의 인용문으로 돌아가면, 공자의 '불여(不如)'는 등급을 뜻한다. 공자의 인용문은 지(知)·호(好)·락(樂) 가운데 락(樂)에

금메달, 호(好)에 은메달, 지(知)에 동메달을 준다. 그러나 내 생각에는 '불여(不如)'가 대체로 '여일(如一)'보다 못하다. '불여(不如)'의 세상은 갈등과 반목을 기본으로 땅따먹기에 열중한다. 반면 '여일(如一)'의 세상은 화합과 상생을 바탕으로 나눠먹기를 도모한다. '불여(不如)'가 '여일(如一)'과 '불여(不如)'한 것이다. 지(知)·호(好)·락(樂)은 함께할 때 여일(如一)한 세상, 여일(如一)한 삶을 가능케 한다. 효율과 등급이 '아일랜드 큰뿔사슴'에게 비참한 말로를 열었듯, 주마가편은 우리에게 치명적 낙마를 불러올 수 있다. 주마가편은 쉬우나 달리는 말을 멈추게 하기는 어렵다. 만약 반백 년을 주마가편으로 달려왔고 아는 것도 주마가편뿐이라면 지금이라도 달리는 말을 세우는 방법을 배우는 게 나쁘지 않겠다. 늦지 않았다. '호모 헌드레드' 시대이니 반백 년을 더 달려야 하지 않는가.

인생 마지막 날에 남길 건
유언이 아니다

씨앗의 시제는 항상 미래형이다. 씨앗은 철저한 자기부정의 존재이다. 그 부정은 현재의 부정이지만, 동시에 현재의 긍정이다. 미래를 위해 현재를 유보할 수 있지만, 현재의 전부를 없앤 미래는 성립하지 않기 때문이다. 가장 단순하게는 밝은 미래를 위해 현재의 수입을 모두 저축한다면 굶어 죽을 수밖에 없다. 미래는 저세상이 아니라 이 세상에 속한 것이기에 최소한 지금 개똥밭에 구르기라도 하여야 한다. 씨앗의 시제가 미래인 동시에 씨앗의 존재론은 현재란 뜻이다. 그러한 미묘한 긴장 속에서 씨앗은 미래의 현존으로 의미를 구축한다. 이때 의미를 구축하는 원동력은 뭉뚱그려 욕망으로 설명될 수 있다. 자기부정으로 자기실현을 기도(企圖)해야 하는 씨앗이나 혹은 전형적으로 50살 남자와 같은 존재에게, 동일한 대상에 대하여 부정과 실현을 모두 욕망해야 하는 모순에서만 의미가 새어 나온다. 모순 없는 욕망은 필연적으로 의미 없는 욕망으로 추락한다. 모순에 걸쳐지지 않은 욕망은 결코 의미로 적셔지지 않기에, 여태껏 지탱한 것과 다를 것이 하나 없이 맹목의 삶일 따름이다.

이 이야기가 쉽게 와 닿지 않는다면, 회사를 떠올리면 된다. 어느 회사나 혁신(innovation)을 강조한다. 이때 혁신은 '자기부정을 통한 자기실현'으로 바꿔 쓸 수 있다. 기업의 핵심 기능 두 가지가 마케팅과 혁신이라는 피터 드러커의 설명 또한 같은 문맥에 위치한다. 개인이나 회사나 모순에 걸쳐진 욕망을 통해서만 지금과 다른 무엇이 될 수 있다.

누군가 "미래를 꿈꾼다."고 말한다면 그는 자신이 해독하지 못하는 외국어로 된 책을 읽고 몸소 자신의 모국어로 한 자 한 자 또박또박 옮겨 적고 있다는 정도로 받아들이면 된다. 미래는 꿈꿀 수 없다. 세상이 그만큼 절망적이란 뜻이 아니다. 물론 세상이 절망적이지 않다는 뜻도 아니다. 요점은, 그 본질상 가불될 수 없는 속성인 미래는 그저 꿈을 불허한다. 꿈꾸기가 완전하게 현재에 속하기에 그렇다. 무엇을 꿈꾸든, 꿈꾸는 이는 미래가 아닌 현재에 복무한다.

미래는 사채업자에게 이자 내듯 한 푼 두 푼 뜯기며 현재를 견뎌내야 하는, 중소 도시에서도 변두리에 위치한 한미한 구멍가게 같은 것에 불과하기 때문이다. 차라리 미래에는 욕망이 관여한다. 다시 말해 미래는 꿈꾸기의 대상이 아니라 욕망의 대상이다. 대상에 어떻게 관여하든 욕망은 욕망 자체로 살아야 한다. 충족이란 단어는 욕망과 엇갈린다. 씨앗이 싹을 틔우면 더 이상 씨앗이 아닌 것처럼, 욕망은 욕망을 채우는 순간 욕망이 아니다. 모든 미래가 종국에는 현재와 만나 더 이상 미래가 아닌 것으로 되듯이 말이다. 욕망은 끊임없이 생성하고 확장하다가 극적인 시점에 마술처럼 소멸하는데, 이 삶의 모순에서 미래로 월경(越境)할 문이 아주 짧은 시간 동안 열린다. 그러나 그 열림은 문의 존재를 당당하게 입증할 뿐이고 관통의 가능을 소명하지 않는다. 우리에게 가능이란, 적어도 '문밖에 선 사람'이었다는 사건으로 의미를 획득한다.

씨앗에게 현재형이 되라고 윽박지르는 행위는 토끼에게 당근이 되라고 채근하는 것과 마찬가지다. 자신을 일부 유보함으로써 미래를 표상하는 난감한 존재가 현재이다. 현재는, 미래가 욕망의 대상인 것과 달리 순수 존재의 영역에 속한다. 씨앗은 회계로 해명될 수 없기에 씨앗의 미래가치를 현재가치(current value)로 환원하거나 산정해 낼 수 없다. 씨앗은 그 무엇으로도 현재와 확고하게 차단된다. 단지 씨앗은 씨앗일 때 미래를 품은 현재가 된다. "농부는 굶어 죽어도 씨앗을 베고 죽는다(農夫餓死 枕厥種子)."고 했을 때의 바로 그 뜻이다. 씨앗을 베고 굶어 죽는 농부는 외견상 더없이 절실하게 미래를 희구하는 듯하다. 표피적 이해와 달리, 죽음으로써 농부는 희구하는 데 그치지 않고 미래를 실현하는 데 성공하였고, 동시에 내용상 현재로서 존재를 완성하였다. 무엇보다 그는 현재에서, 미래의 문밖에서 현재로 존재하였다. 씨앗을 베고 굶어 죽은 순간에 농부는 씨앗이 된다. 극적인, 혹은 모종의 소멸 없이 열리는 전망은 없다. 그래 봐야 문밖에 선 존재이지만 그래도 문 앞에 서지 않았나. 느닷없는 죽음과 기적의 부활이란 예수의 스토리는 기실 평범한 우리 삶에도 비유로서 펼쳐진다. 자기부정과 자기실현이 뫼비우스 띠로 연결되듯 이때 현재와 미래는 하나의 시제로 통합된다.

프랑스의 철학자 루이 알튀세르는 학자로서뿐 아니라 아내를 살해한 것으로도 유명세를 치렀다. 저간의 사정을 생략하고 압축 화법을 동원하면, 알튀세르의 미래는 아내의 죽음으로도 완성되지 못하였다. 농부와 달리 알튀세르는 현재를 유보하기를 거부하였고 무익하게도 현재를 탐욕스럽게 소비하며 단지 미래만을 표상하고자 하였다. 그런 미래는 결코 현재화할 수 없으며, 시간의 감옥 속에서 미래라는 낙인이 찍힌 채 영원히 제자리를 맴돌 뿐이다.

그의 미래는 그리스 신화에 나오는 탄탈로스의 형벌과 같은 것이다. 제우스의 아들로 알려진 탄탈로스는 부유한 왕이었으나 신들의 노여움을 사 지옥에 떨어져 영원히 끝나지 않는 벌을 받는다. 신화에 나오듯 그 벌이란 맑은 물속에 목까지 잠겨 있게 한 것으로, 머리 위에는 잘 영근 과일이 달린 나뭇가지가 늘어져 있으나 손을 뻗어 과일을 따려고 하면 나뭇가지가 위로 올라가고 물을 마시려고 고개를 숙이면 물이 재빠르게 탄탈로스의 입 아래로 달아난다. 영구한 굶주림과 갈증으로 고통받게 하는 형벌이

다. 처벌의 백미는 잘 익은 과일과 맑은 물을 상시 눈앞에 보여
주는 데 있다('감질나게 하다'는 뜻을 갖는 영어 단어 'tantalize'는 탄탈로스에
서 비롯하였다). 욕망의 대상을 지근에 위치시키고 결코 욕망의 충
족은 허락하지 않는 잔혹하지만 평범한 구조. 탄탈로스나 알튀세
르에게 욕망은 그 평범 때문에라도, 아니 어쩌면 그 잔혹 때문에
순수한 현재이다. 미래가 거세된 순수한 현재의 욕망 그 자체.

만일 50살 남자에게도, 그간의 논의와 무관하게 막연한 의미로
욕망이든 꿈꾸기든, 그 비슷한 것이 가능하다면 알튀세르보다는
'씨앗을 베고 굶어 죽는 농부'야말로 최선이 아닌가. 황혼과 일출
풍경은 구분하기 힘들게 닮았다. 해가 뜨면 지는 법이지만 황혼
없는 일출 또한 성립하지 않기에 말이다. 그래도 고민이 남는다.
장차 그냥 굶어 죽어서는 곤란하고 씨앗을 베고 굶어 죽어야 하
는데, 어디서 씨앗을 구한다?

여전히 우리는 어떻게 살까를 걱정하지만, 더러 이처럼 어떻게
죽을까를 생각한다. 굶어 죽더라도 '씨앗을 베고 굶어 죽으면 좋
겠다.'는 총론에는 쉽사리 동의하지만 막상 '어떻게 죽을까'의 구
체적 내용은 너무 방대해서 전체를 조망하기 힘들다. 뒤뚱맞게
'어떤 유언을 남길 수 있을까'를 떠올려 보지만 이 질문이란 게
너무 호사스러워 대답하기가 결코 간단치 않다.

인터넷 서점을 뒤져 보니 유언을 소재로 한 책들 중에 〈오늘은
내 남은 생의 첫날〉이란 낯간지러운 제목의 책이 발견된다. '남은

생의 첫날'이란 발상이 재미있다만 보험회사 영업장에 걸린 표어 같아서 감흥이 깊지는 않다. 우리 인생을 '지난 생'과 '남은 생'으로 구분하고 싶은 마음이야 이해하지 못할 바가 아니나, 두부하고 인생은 속성이 달라도 한참 다른 것을. 가른다고 갈라질 인생인가.

가르마 타듯 인생을 가른다고 치고, 오늘이 남은 인생의 첫날이라고 치고, 그 책에서 그랬듯(읽어보지는 않았다. 목차와 소개 글을 보았다.) 유언을 남긴다면 나는 어떤 유언을 남길 수 있을까.

답지를 작성하기가 여전히 여간 곤혹스러운 게 아니다. 살짝 선인들의 유언을 커닝하자니, 퇴계 이황의 유언이 압도적으로 눈에 띈다. 대(大)유학자 이황의 유언은 뜻밖에도 "매화에 물을 주라."이다. 전후 배경을 모른 채 그의 유언을 들으면 뒤통수를 망치로 내려치는 것 같다. 과장하여 표현하면 일상과 우주를 버무린 장대한 깨달음이라고나 할까. 하지만 이황의 유난한 매화 사랑, 또 매화에 얽힌 관기 두향과의 사랑 이야기가 양념으로 전해지면 그 큰 울림이 곧바로 쪼그라든다. 특히 애틋한 사연의 주인공 두향이 유언의 당사자로 제안되는 순간 유언의 깊이는 증발하고 더없이 평범해지고 만다. 사랑이야 삶의 사건이 아닌가. 죽음의 문턱까지 지고 간 사랑이 어찌 가상치 않으랴. 하지만 삶은 삶에서 내려놓았어야 하지 않나. 삶을 내려놓지 못하고 죽음에 비끄러매니 대유(大儒)가 범부와 다를 바가 없네.

마음 한편으로는 꼭 그리 야박하게 잘라 말할 일이 아닐 수도 있겠다 싶다. 비범한 인물이 비범이 아닌 평범으로 삶을 마감하니 보기에 따라서는 참으로 제대로 삶을 산 것이 아닌가. 끝까지 들고 있으려고 애쓰다가 떨어뜨려 깨어지는 게 삶이지, 모자 벗듯 심상하게 스스로 내려놓는 게 삶은 아니지 않은가. 바꾸어 생각하니, 어쩌면 그래서 대유인 겐가.

獨倚山窓夜色寒
梅梢月上正團團
不須更喚微風至
自有淸香滿院間[6]

홀로 산창에 기대서니 밤기운이 차가운데
매화나무 가지 위로 둥근 달이 떠오르네.
부르지 않아도 산들바람 불어와
맑은 향기 저절로 뜰 안에 가득하네.

유언은 아니나 나도 이황과 비슷한 말을 사무실 인턴들에게 하곤 하였다.

"난에 물 주세요."

내가 물을 줄 때가 없지는 않았지만 내 방의 네댓 개 난들이 살아남아 더러 꽃을 피우기도 하는 건 나의 강력한 요청에 부응한

---

6) 이황의 시 〈陶山月夜詠梅〉 전문

인턴들의 강제된 난 사랑에(물론 난들은 물과 함께 불평을 함께 받았겠지만) 힘입은 바가 적지 않아 보인다.

　빼놓을 수 없는 우리 사회의 인사철 풍경은, 번드레한 한자어가 말 그대로 궁서체로 적힌 거추장스런 리본을 단 난들이 이런 저런 사무실로 배달되는 것이다. 그중 과거 나에게 배달된 그 생명체들은 예외 없이 보름을 못 견디고 고사(枯死)하곤 하였다. 물 몇 모금 얻어먹지 못해 생긴 참사였다. 40살을 조금 넘긴 어느 날인가, 나에게 보내진 생명을 더 이상 허투루 죽이면 안 되겠다는 자각이 아무런 동기 없이 정말 우연찮게 생겼다. 초등학교 4학년의 어느 날 내가 갑자기 앞으로 어머니에게 존댓말을 쓰겠다고 선언하고 실행한 데 아무런 동기가 없었듯이.

　애당초 소모품으로 전달된 그 생명체들은 그날 이후로 그들 삶의 남은 날들을 예기치 않게 벌써 여러 해 연장하며 나의 50살을 함께 맞고 있다.

　매향과 달리 난향은 저절로 방 안에 가득 차지 않는다. 에어컨과 히터 바람을 견뎌내고 살아준 것만으로도 감사하다. 질문으로 돌아가서 이제 내가 유언을 남긴다면 "사무실 난들에게 물 주세요."일까. 하지만 나의 난들에는 두향과 같은 사연이 깃들이지 않았다. 게다가 퇴계와 두향이 처음 만났을 때 둘의 나이는 각각 49살, 18살이었고, 퇴계(1501년 11월 25일 ~ 1570년 12월 8일(음력))가 유언을 남긴 나이는 70살이었으니, 이제 나는 유언을 생각할 때가 아니라 두향 같은 젊디젊은 여인을 만나야 할 시기이나, 그때와 지금은 세월이 다르다. 정성 들여 키운 매화 분을 님에게 전해주고, 님은 그 화분을 애지중지 간직한 가슴 짠한 줄거리가 없다. 나의 신분과 직급에 맞추어 꽃집에 전화 한 통으로 가격이 통보되었을 뿐 실제 어떤 난이 나에게 올지는 순전히 우연이었다. 그럼에도 불구하고 그 우연의 얽힘 속에서 조우해, 얼마가 될지 모르지만 이제 내 삶의 남은 날들을 채우고 있는 난들을 부탁하는 유언은, 가상의 유언이지만 짐짓 퇴계의 유언보다 못할 게 없지 싶다.

가상이든 실제든 문제는 유언이 아니다. 어떻게 죽을까란 본래 주제를 떠올리면 매향이면 어떻고 난향이면 어떨까. 어떤 유언을 남길까보다는 마침내는 장차 베고 죽을 수 있는 씨앗을 장만하는 데 더 힘을 쏟아야 하는 것이 아닌가. 장차 멋진 유언을 남기지는 못하였지만 죽을 때 훌륭한 씨앗을 품고 있었다는 소리를 들어야 하지 않을까.

50살 남자에게서 다짐받고 싶은 게 있다. 직접 그 씨앗을 뿌려 결실을 거두겠다는 과욕을 부리지 말라고, 그저 씨앗만이라도 보전하여 달라고. 시인 박노해는 〈진실〉이란 시에서 다음과 같이 말한다.

큰 사람이 되고자 까치발 서지 않았지
키 큰 나무숲을 걷다 보니 내 키가 커졌지
… (중략) …

가슴 뛰는 삶을 찾아 헤매지 않았지

가슴 아픈 이들과 함께하니 가슴이 떨려 왔지

'멘붕'의 시대,
힐링이 우리를 Heal할까?

2012년 대선이 끝나고 한동안 주변 사람들로부터 '멘붕'이란 얘기를 많이 들었다. 알다시피 '멘붕'은 '멘탈(mental) 붕괴'의 줄임말로, 정신적으로 큰 충격을 받아 기신하기 어려운 지경에 처한 상태를 일컫는다. 나의 정치 성향과 무관하게 개인적으로는 누가 대통령이 되고 누가 대통령이 되지 못한 것으로 인해 '멘붕'에 이를 필요까지는 없지 않았느냐는 생각이다. 대선은 기껏해야 대선이고 삶은 삶인 것이다.

대선 외에도 '멘붕'에 처할 이런저런 이유가 여기저기서 적잖게 들린다. 실제 '멘붕'인지, '멘붕'이란 유행어가 '멘붕'을 야기하는지 정확하지 않으나, 그 다음 이야기는 "힐링이 필요해."이기 십상이다. '멘붕'이 많으니 '힐링'이 많아지는 게 그럴듯하다. 역으로 '힐링'의 번창을 '멘붕'의 증좌로 봐야 하는 것일까. 어쨌든 〈힐링이 필요해〉란 제목의 노래가 있고, 힐링 인터넷 방송국이 있고, 힐링 푸드에 힐링 여행상품까지 출현했으니 대한민국은 '힐링공화국'으로도 명명될 수 있겠다. 물론 '힐링공화국'이 "힐링을 주는 공화국"이 아니라 "힐링이 필요한 공화국"이란 사실은 부연할 필요조차 없겠다.

프랜시스 베이컨은 "상처는 찾아내지 않으면 치유할 수 없다."고 말했다. 힐링의 우리말인 치유(治癒)를 위해서는 종국에는 상처를 찾아내야 하는데, 힐링이 진정한 '치유'인지는 논외로 하고 나는 힐링에 대한 막대한 수요 자체가 우리 사회와 사회 구성원들이 입은 상처들을 광고하는 듯하여 마음이 답답하다. "힐링이 필요해."란 외침은 병들고 상처 입었으니 구해 달라는 구조 신호이다. 특히 나이 50줄에 접어들면 젊은 세대의 짐작과 달리 "힐링이 필요해도 너~무 필요하다." 그러나 50대의 나이에선 "힐링이 필요해."라고 고백하기가 쉽지 않다. 사실 어쩌면 다른 어느 연배보다 더 심각하고 더 빈번하게 '멘붕'에 직면한다고 볼 수 있는데도 막상 '멘붕'의 표시는 용이하지 않다. '멘붕'이 밖으로 드러나든 드러나지 않든, 힐링의 필요를 공개적으로 언급하든 언급하지 않든 50대에게도, 아니 특히 50대에게는 더 힐링이 필요하다.

어쩌다 우리 사회가 이처럼 '멘붕'과 '힐링'으로 점철되었을까. 하긴 '힐링'이 충분하니 '멘붕'에 대해서는 걱정하지 않아도 되는 것일까. 문제가 있더라도 해법이 있다는 뜻이니 말이다. 그러나 문제에 대한 많은 해법을 자랑하기보다는 문제 자체가 적은 사회가 건강한 사회임은 굳이 언급하지 않아도 자명한 이치이기에 걱정이 전혀 가시지를 않는다.

　서양화가 황주리 씨의 수필에, 황 씨가 어릴 때는 사방에 개똥
이 많았다는 내용이 있다. 해운대에서 예쁘게 차려입었다가 개똥
을 밟아 낭패를 당한 소녀 적 경험을 재미있게 전한다. 아닌 게
아니라 내 기억에 의존해도, 배회하는 개들과 그들이 산출한 배
설물을 과거에는 길거리에서 많이 볼 수 있었다. 하지만 과거보
다 기르는 개의 숫자가 짐작컨대 늘었을 지금(길러서 먹는 개의 숫자
도 늘었겠지만), 웬만한 도시의 거리에서 과거처럼 개똥을 구경하기
는 힘들다.

　단독주택 등에서 '방목형'에 가깝게 개를 키운 옛날과 달리 요
즘은 아파트 등에서 개가 아니라 반려견으로 가족처럼 돌보며 키
우는 데에서 아마 개똥 감소의 가장 큰 이유를 발견할 수 있지 싶
다. 내가 어릴 때 우리 동네 개들은 대체로 집 안과 밖을 자유롭
게 활보하였다. 골목길에 산재한 개 배설물 가운데 어느 게 어느
집 개의 것인지 식별하기란 사실상 불가능하였다. 따라서 '깨어
진 창(broken window)' 현상에서 설명하듯 골목길은 상호 방치와 방
치의 상승작용을 부르게 된다.

　책임 소재가 분명해지는 집의 경계 안에서는 사정이 달라진다.
마당의 그 집 개 배설물은 물론 혹시 마실 온 다른 개의 것까지
즉각 치워진다. 대문을 사이에 두고, 경계 안과 밖으로 판이하게
대처가 달라지는 이 같은 현상을 두고 시민의식의 문제니, 혹은

도시행정의 문제니, 조금 더 나아가 '공유지의 비극'이니, 다양한 분석의 잣대를 들이댈 수 있겠지만 나는 '힐링'과 관련한 하나의 비유로 등판시키고자 한다.

나도 어렸을 때 단독주택에서 살며 개를 키웠다. 말이 그렇다는 것이지 실제로 개를 키운 사람은 어머니였다. 유난히 깔끔해서 실내는 말할 것 없고 조금 과장해서 마당까지 안방 수준으로 관리하는 내 어머니에게 골목길은 요즘 말로 '멘붕'이 아닐 수 없었다. 어린 나에게도 골목 상황은 '멘붕'까지는 아니었지만 약간 당황스럽기는 했다. 최근 우연한 기회에 서울 어느 달동네의 철거 예정지를 둘러볼 일이 있었다. 그곳의 골목 모습에서 내가 느낀 정도의 느낌을 그 시절 내 어머니가 받았을까.

달동네는 철거로 문제가 해결될 터이지만, 어릴 적 골목길의 문제는 해법이 존재하지 않는다는 더 큰 문제를 안고 있었다. 이론상으로는 해법이 존재하였다. 집집마다 개를 단속하고 골목길의 자기 집 앞은 그 배설물이(물론 검증할 수는 없겠지만) 어떤 개에 속하였는지에 상관없이 집주인이 책임지면 골목의 '멘붕'은 일도양단으로 척결된다. 그러나 알다시피 이 같은 문제 유형에서는 '착한 사마리아인'은커녕 일반상식 수준의 해법도 도출되지 않는다. 구조가 다르기는 하지는 비합리성이 합리성을 대체한다는 측면에서 '딜레마 게임'을 닮았다. '비합리성의 합리성'을 뼈대로 한 '딜레마 게임'을 근본적으로 무력화하는 방법은 각자가 속한 칸막이를 넘어선 소통이다. 골목길의 해법 또한 마찬가지일 수 있다. 사람들이 모여 대화하고, 해결책을 찾고, 해결책이 지속적으로 집행되도록 서로 격려하면 된다.

그러나 이론과 현실은 다르다. 크리스토퍼 콜럼버스의 예에서 보듯 계란을 세우는 방법은 발상만 바꾸면 아주 간단하지만, 발상을 바꾸는 게 결코 간단하지 않다. 그렇다면 개똥 차원이 아니라 세상에 만연한 부조리와 불합리에 대해 참아내는 것 말고 다른 방법이 없는 그야말로 막막한 상황일 때, 계란을 세워야 하지만 가진 계란이라곤 그것 하나밖에 없어 깨서 세울 수도 안 깨서 안 세울 수도 없을 때 우리에게 어떤 선택이 남겨질까.

우리에겐 '힐링'이 필요한지 모르겠다. 2012년 말 ~ 2013년 초 겨울에 유난히 눈이 많이 내렸다. 어릴 적 그 골목으로 돌아가면, 함박눈이 풍성하게 내린 옛날의 어느 겨울날이야말로 어머니에게 '힐링'의 순간이 아니었을까. 세상을 덮어버려 단박에 순백의 무결점 세상을 창출하는 눈. 그 눈이 골목길을 어머니가 원하는 곳으로 바꾸어놓았을 테니, 비록 잠시지만 '힐링'이 구현되지 않았을까. 그 아래 무엇이 있든 눈은 녹기 전까지 세상을 눈만으로 존재하게 만든다.

만약 '힐링'이 눈 내림과 동일한 것이라면 눈 밑 세상의 근본적 변화 없이 잠시의 덮음으로 위안을 얻는 일이 우리 삶에 어떤 의미를 가질까.

아마도 현실적으로 별다른 의미를 갖지 못하겠지만, 그러나 대놓고 무의미하다고 단정하지는 말자. 유난히 깔끔했던 내 어머니에게 골목길 강설이 주는 '힐링'은, 골목길의 상시적 '멘붕'이 아니었어도 진즉에 팍팍해진 삶을 견디는 데 잠깐 힘을 주었을 수도 있으니까. '힐링'이 세상을 바꾸지는 못하지만 이 풍진세상(風塵世上)을 만나고 살아가는 사람들에게 잠시 숨 돌릴 틈을 줄 수는 있다.

색깔이 180도 달라지지만 나는 영화 〈자이언트〉의 제임스 딘이 석유를 파 올리던 장면에서 '힐링' 비슷한 것을 목격한다. 하늘로 솟구쳤다가 떨어지는 검은 석유를 뒤집어쓴 제임스 딘의 모습은 사실 '힐링'이라기보다는 카타르시스에 가깝다. 엄밀하게 말해 영화의 스토리는 '힐링'도 카타르시스도 아닌 단지 반전에 불과하기에, 지금 내 나이보다 몇 살밖에 더 많지 않았을 내 어머니가 추운 겨울날 이른 아침에 골목길에 희멀겋게 내려앉은 눈을 장독대에서 어슴푸레 내다보는 행위로 체험하는, 해방·한국전쟁·보릿고개·군사독재·개발연대를 겪어낸 1980년대의 50대 주부의 '힐링'과 다르다.

반전이 가능한 세상에서는 비록 순간일망정 충실한 '힐링'이란 존재하지 않는다. 야수에 의해 막다른 골목으로 쫓겨 들어갔을 때, 그때 막힌 벽을 보고 더 이상 달아날 곳이 없음을 인식하는 초식동물이 어금버금 체념 혹은 달관하는 그 짧은 순간에, 혹시 그 벽에 핀 풀꽃이나마 보게 된다면, '힐링'의 평온함이 임할 수 있다. 마주한 그 벽에 손이라도 끼워 넣을 수 있는 작은 틈이 있다면 '힐링'은 찾아오지 않는다. 절망은 절망을 낳지 않는다. 희망의 존재가 절망의 근거가 될 뿐이다. 희망의 부재는 절망의 근거를 싹둑 잘라버리기에 '힐링'을 제공할 수 있다.

영화의 줄거리뿐 아니라 〈자이언트〉란 영화 자체가 반전이다. 널리 알려져 있듯이 제임스 딘은 영화 개봉을 2주 앞두고 자동차 사고로 사망하였다. 결코 멈출 줄 몰랐던 질주의 아이콘, 상업적으로 또 성공적으로 대중화한 반항아 제임스 딘. 알루미늄 재질로 만들어진 날렵한 포르쉐를 몰고 질주하다, 둔중한 포드 자동차와 충돌한 그는 1955년 9월 30일 미국 캘리포니아 주 촐람에서 겨우 24살에 사망하였다. 죽음은 반전의 연쇄반응을 일으켜 제임스 딘을 전설로 만들었다. 사후에 아카데미상을 받은 배우로는 그가 유일하다.

내친김에 마저 석유에 관하여 이야기하자면, 제임스 딘의 나라 미국은 석유의 나라이다. 영화 〈자이언트〉에 석유라는 모티브가 등장한 게 우연이 아니다. 실제로 미국에서 근대 석유산업이 태동했다. 미국 펜실베이니아 북서쪽 타이투스빌의 작은 벌목장 근처에서 에드윈 드레이크 대령이란 사람이 1859년에 유정을 찾아내면서부터다. 영화 〈자이언트〉가 개봉되기 대략 100년 전이다. 이곳이 '오일 리전(Oil Region)'으로 알려진 석유산업의 발상지다. 석유 산지는 19세기 후반이면 러시아제국의 카스피 해 주변, 코카서스의 바쿠 주변, 네덜란드령 동인도제도 등으로 확대된다.

산업혁명이 석탄에 기반해 영국에서 촉발됐다면 그 성숙은 석유에 의존하여 미국에서 이루어진다. 현대 자본주의는 이렇게 영국과 미국에서 기초가 다져진다. 그러나 석유산업이 막 형태를 갖춰 가던 초창기에 지금의 석유문명을 예상한 사람은 아무도 없었다. 첫 40년 동안 석유산업의 1차 시장은 조명 시장이었다. 등불에 사용하는 고래 기름이나 다른 기름을 대체하는 용도였다. 그러나 전기의 발명으로 조명 시장이 급격하게 재편되면서 조명 쪽의 석유 수요가 갑작스럽게 소멸하였다. 마침 자동차의 대중화를 계기로 자동차 연료 시장이 새롭게 등장하면서 지금의 석유문명은 번성할 결정적 기회를 잡는다. 이어 트럭·비행기 등이 대규모로 동원된 1차 세계대전을 거치면서 석유 없는 세상을 상상하는 일이 난망해졌다.

석유문명이 본격화하면서 인류는 우리 문명에 언제까지 석유가 공급될 수 있는지에 깊은 관심을 가졌다. 석유 공급에 관한 비관론을 대변하는 용어인 '허버트 피크'는 이 같은 관심의 산물이다. 제임스 딘의 질주가 끝난 이듬해인 1956년, 미국의 지리학자 킹 허버트는 1970년쯤 미국의 석유 생산이 정점에 도달할 것이라고 예측하였다. 그때 정점을 도달한다는 얘기는 그 이후로 석유 생산이 줄어든다는 뜻이다. 석유가 만든 세상의 나이는 얼마 되지 않았지만 석유 없는 세상은 지금이나 당시나 상상하기 힘들었다. 석유가 없으면 자동차도 없고 제임드 딘의 죽음도 없어진다. 삶과 전설이 한꺼번에 몰락하는 사태가 초래되는 것이다.

하지만 아직까지 제임스 딘이 전설로서 건재하듯, 전 세계적으로 '허버트 피크' 도달은 지연되고 있다. 우려와 달리 비교적 안정적으로 또 비교적 감당할 수 있는 가격으로 석유가 꾸준히 생산돼 공급되고 있다는 의미이다. 최근 호주에서 대규모 매장량의 석유가 발견되면서 '허버트 피크' 도달 시점은 또 미뤄지게 되었다. 낙관론을 따르면 호주 석유를 제외하고도 현재 적어도 5조 배럴의 석유 자원이 남아 있다. 그동안 세계 전역에서 생산되어 소비된 석유의 양 1조 배럴과 견주면 앞으로도 오랫동안, 석유문명은 존속할 전망이다.

이처럼 '허버트 피크'의 도달 시점이 예상과 달리 자꾸 늦춰지는 까닭은 무엇일까. 요점만 정리하면 시장의 힘과 기술혁신 때문이다. 심해석유, 샌드오일, 셰일오일 등 과거 상업성이 없던 것으로 간주된 석유자원이 시장 상황의 개선으로 새롭게 가용자원으로 변신하고 있다. 그 무섭다는 이윤동기가 작동해서이다. 단순무식하게 땅을 파서 석유를 찾아낸 〈자이언트〉의 제임스 딘과 달리 요즘 석유산업은 온갖 첨단 기술을 다 동원한다. 이윤동기에 기술력이 더해지면서 상업성의 경계가 점점 더 확장되고 있다. 다양한 형태의 석유자원을 찾아내 가용자원으로 만들어내고 있기에, 그렇기에 인류 문명은 한시름 놓아도 좋을까.

나는 '허버트 피크'와 관련한 일견 고무적인 소식에 오히려 걱정이 심해진다. 석유가 무엇인가. 오랜 옛날 지구상에 존재한 미생물과 여러 형태의 동물이 이런저런 사연으로 땅에 묻혀 지구의 힘으로 변형된 것이 아닌가. 땅속에서 석유를 끄집어내는 행위가 나에겐 고대 여러 동물들의 원혼을 불러내는 인류 문명 최후의 피로연처럼 느껴진다.

석유문명은 그 선배인 석탄문명과 함께 과거 시대 동식물의 사체를 현대로 불러내 풀어 놓았다. 뭐라고 할까, 그러한 연금술 혹은 주술은 인류 문명을 과거에는 전혀 상상을 불허한 수준으로 발전시켰다. 분명 현대 인류는 화석연료의 도움으로 풍족한 삶을 구가하고 있다. 하지만 예상하지 못한 대가를 톡톡히 치르고 있다. 대표적인 게 지구온난화이다. 고대 동식물을 환생시킨 인간의 탐욕은 주지하다시피 지구의 온도를 빠른 속도로 높여 인류 문명과 우리 행성의 미래를 위협하고 있다. 대기를 채우고 있는 이산화탄소가 나에겐 고대 생명의 원혼처럼 느껴진다.

비유적으로 설명하면 지구온난화 또한 나의 유년 시절 골목길에 산재한 개똥들처럼 해결책이 보이지 않는다. 반복하면 이론상으로는 해법이 존재하는데 현실적으로는 그 해법이 도출되기 힘들다는 것이다.

지구온난화가 골목길의 개똥에 비해 비교가 안 될 정도로 더 사악한 이유는 당시에는 적잖은 사람들이 개를 키워서 골목의 위기에 공동의 책임을 갖고 있었지만, 지구온난화에 관한 한 이익은 극소수에 돌아가고 책임은 전체에 전가되는 구조이기 때문이다. 석유문명은 자본주의 정신으로 무장한 기업들과 선진국들에게 부와 풍요를 주었고, 부와 풍요의 분배에서 소외된 인류의 대다수는 고대 생물의 원혼들로부터 지구온난화란 모습으로 공격만 당하고 있다.

세계 차원에서 진행된 석유문명의 명과 암은 일국 차원에서도 같은 방식으로 관철되고 있다. 대충 우리 사회만 놓고 보아도, 단적으로 노동시장에서 비정규직 문제로 드러난 극심한 양극화는 석유문명을 추수한 경제 발전의 짙은 그늘이다. 양극화는 노동시장에 그치지 않고 사회 전반의 양극화로 펼쳐진 지 오래다. 양당 체제로 공고화한 정치체제는 기득권의 이익을 수호하느라 정신이 없고, 국가 또한 가진 자의 국가로 전락하였다. 재벌은 선출되지 않은 권력으로 마치 광야의 금송아지처럼 우리 사회에 신으로 군림하고 있다.

기득권의 카르텔은 너무나 강력하여서 국민 대다수를 효과적으로 배제하는 데 성공하였다. 우리 사회도 석유문명의 혜택을 누리지만 그 혜택은 사회 내에서 심각한 수준의 비대칭으로 나누어진다. 미국에서도 그러하지만 우리나라에서도 더 이상 영화 〈자이언트〉에 나오는 것과 같은 반전은 없다. 골목길 비유를 다시 쓰자면, 이제는 개똥이 지천인 어떤 골목길과 주민들이 치우지 않지만 항상 깨끗한 상태가 유지되는 다른 골목길이 있으며, 그 두 골목길 사이에는 교류가 없고 소통이 없으며 상태가 서로 바뀔 일은 더더욱 없다. 반전 대신 비대칭과 분리가 영속화하는 시스템이 뿌리를 내린 지 이미 오래인 것이다.

그러니 가진 자를 위해서나 못 가진 자를 위해서나, 아니 정확하게는 사회의 절대 다수를 구성하는 가지지 못한 자들을 위해 '힐링'이 절실할 수밖에 없지 않은가. 청춘이든 노년이든, 혹은 중늙은이든 어쨌거나 '힐링' 없이 살아갈 도리가 없지 않은가. 하지만 너무 젊지도 않고 너무 늙지도 않았다면 '힐링'만으로는 살아갈 수 없는 게 아닌가. 50살 남자가 '멘붕'을 드러내는 게 불편하고 '힐링'의 필요를 자인하는 게 겸연쩍은 이유는 '힐링'은 '힐링'이지 '힐링'만으로 살아갈 수는 없다는 걸 너무 잘 알기 때문이다. 희망의 부재에서 없는 희망을 찾기보다는 또 망연자실 주저앉아 있기보다는 벌떡 일어나 희망이 부재한 삶을 직시하여야 한다는 사실을 너무 잘 알기 때문이다.

나는 출근길에 한남대교를 건넌다. 막히는 까닭이 있지만 답답한 터널을 통과하기 싫어 한남대교를 건넌 다음엔 남산1호터널 대신 남산길로 돌아가는 경로를 택한다. 출근하는 많은 아침들 중 어느 아침엔가 눈이 내렸을 게다. 그런 아침엔 잠시의 정차 동안 눈 덮인 남산이 눈을 비집고 들어온다. 그 아름다운 풍경은 나를 포함하여 누구나에게 있기 마련인 세상사의 소소한 시름을 잊게 만든다. 단숨에 가슴이 따뜻해진다. 하지만 뒤차의 경적 소리에 깜짝 놀라고, 서둘러 시선을 하얀 눈이 녹고 있는 검은 아스팔트로 향하지 않을 수 없다. 그러고는 급히 오른발에 힘을 가할 수밖에 없다.

결코 무익하지 않은 잠깐의 '힐링'은 곧 잊혔지만, 한참 시간이 흐른 뒤의 다른 아침에 아마도 똑같은 풍경에 똑같은 '힐링'을 받게 될 것이다. 장담할 수는 없지만 '힐링'이 유일하게 의미를 가진다면 '힐링'이 삶의 일부분으로 삶과 구분되지 않을 때이다. 50이란 나이엔 그러하므로 그런 '힐링'이라면 선선히 '힐링'을 수용하자. 의미가 무의미해지는 세상에서 무의미가 더 의미를 갖기도 하는데, 그런 세상엔 의미·무의미란 판정보다, 의미·무의미의 대상보다, 의미·무의미의 지각 주체를 지키는 일이 더 의미 있기 때문이다. 그 의미까지 무의미하지 않느냐고 시비를 걸지는 말자.

2부

"희망하는 것,
그것은 금지되어
있지 않습니다"

직언하는 이는 애송이거나 바보이다. 혹은,

인간을 인간답게 만든 가장 큰 특질은 직립보행이다. 몸을 땅과 직각으로 세워 걷는다는 얘기다. 두 발로 걷게 되면서 두 팔이 자유로워졌다. 온전히 두 다리만으로 몸을 지지할 수 있게 됨에 따라 두 팔은 몸의 무게로부터 해방되었고, 인간은 이 두 팔을 보다 의미 있고 창의적인 용도로 쓰게 된다. 어머니가 아이를 가슴에 안고 젖을 물리는 가장 '근원적인 울림'의 광경은 기실 인간의 직립이 없었다면 성립하지 않았을 테다. 물론 포유류이니 직립하지 않아도 어떤 식으로든 젖을 먹이기야 하였겠지만, 그랬다면 어머니가 두 팔로 아이를 소중하게 감싸 안고 수유하는, 인간 내면에 최초로 자리한 본향의 풍경화는 그려지지 않았을 것이다. 그러나 뭐니 뭐니 하여도 두 팔의 해방으로 인한 인간종의 결정적 변화는 '호모 파베르(Homo faber)', 즉 도구를 쓰는 인간이 되었다는 것이 아닐까. '호모 파베르'는 분명 인간 문명 발생의 결정적 전제이다.

직립의 부수적인 효과는 언어 측면에서도 나타났다. 완전하게 직립하지 못한 사촌뻘 원숭이에 비해 '직립'인간에게서 목젖은 더 아래로 내려간다. 원숭이가 인간에 비해 두 발보다는 네 발로 걸어 다니는 시간이 더 길다 보니 일상에서 고개를 숙이는 시간 또한 길어진다. 그리하여 원숭이의 목젖은 입으로부터 많이 멀어지지 못하였다. 반면 직립보행하는 인간의 목젖은 고개를 들고 사는 까닭에 중력 등 여러 연유로 입에서 조금 더 멀어졌다.

그 '조금'이 만들어낸 차이는 상상을 초월한다. 한정된 소리로 의사를 표현하는 원숭이와 달리 인간은 복잡한 언어를 발달시켜 세상을 깊게 이해하고 폭넓게 서로 소통할 수 있게 되었다. 나아가 언어를 기반으로 심오한 사상을 구현하였다. 마르틴 하이데거가 꼭 집어 이야기하였듯 언어는 존재의 집이다. 언어가 없었다면 인간은 존재의 집 밖에서 '비(非)존재'로 비루하게 표류하는 신세였을 터이다.

지구상에 명멸한 생물종 가운데 우리가 아는 한 가장 풍요롭고 중층적인 존재의 집을 인간이 확보할 수 있게 된 가장 근본적인 이유로, 물론 다른 이유가 없는 것은 아니겠지만, 입과 목젖 사이에서 소리가 언어로 구현될 충분한 공간을 확보했다는 사실을 들지 않을 수 없다. 지구상의 생물종 가운데 가장 정교한 언어를 구사하게 되면서 인간은 생존에서 존재로 삶의 영역을 확장한다.

영어로 목젖은 'uvula'인데 'adam's apple'(아담의 사과, 즉 선악과)이라고도 한다. 선과 악을 알게 해주는 선악과를 먹은 흔적이라는 것이다. 언어 능력은 분별 능력이기도 하다. 인간에게 주어진 언어라는 축복이 단지 축복만은 아니라는 성찰이 'adam's apple'이라는 표현에 담겨 있다. 생존하는 데 그치지 않고 존재하려고 기도(企圖)하는 순간 삶의 지반이 얼마나 위태롭게 출렁이는지를 에덴동산을 떠나는 아담만이 느낀 것은 아니다.

생활 속에서 말은 지극한 행복과 끔찍한 불행을 모두 불러올 수 있다. 말이 인간사를 얼마나 좌지우지하는지는 새삼 설명이 필요 없다. 말 가운데서도 지금 특히 주목하고자 하는 것은 직언(直言)이다. 직립하는 인간에게 직언이야말로 인간 본성에 가장 부합하는 언어 행태일까. '직(直)' 자를 같이 쓰는 직립과 직언 간에 뚜렷한 연관을 찾기는 힘들어 보이지만 적어도 직언은 직립만큼 긍정적이지는 못한 것 같다.

직언의 '직' 자가 보여주는 이미지는 강직함 또는 충직함이다. '직' 자의 방향이 사전에 정해져 있는 건 아니지만 직언은 대체로 아래 서열의 사람이 더 높은 서열의 사람을 상대로 곧이곧대로 말한다는, 중력에 반한 상향(上向) 소통의 의지이다. 동서고금을 막론하고 유명한 직언의 사례는 모두 절대권력자를 상대로 하였다. 신하가 군주의 잘못을 지적하고 고칠 것을 간곡하고 직설적으로 말하는 게 직언의 대표 유형이다. 반대로 더 높은 서열의 사람이 서열이 낮은 사람에게 하는 직언은, 직언의 자격을 부여하기엔 상식적으로 약발이 좀 떨어지는 편이다. 위에서 아래로는 이른바 '직언'이 일상적이다. 오히려 직언이 아닌 적이 드물다고 봐야 한다. 거꾸로 아래에서 위로 하는 직언은 좀처럼 하기 어렵기 때문에 일단 그 자체로도 가치가 부여된다.

직언 하면 떠오를 인물이 많겠지만 당 태종 이세민의 충신 위징(魏徵)을 빼놓을 수 없다. 아버지 연배였던 위징은 황제의 정치나 사생활에 시시콜콜 간섭하였다. "다 폐하를 위해서" 드리는 충언이었고 아마 위징은 직간(直諫)할 때마다 목숨을 내놓기로 각오했을 터이다. 위징의 직언이 얼마나 강력했는지는 이세민이 그가 죽은 다음해에야 비로소 벼르던 고구려 정벌에 착수하였던 사실에서도 능히 짐작할 수 있다. 위징이 살았다면 이세민이 무모하게 고구려를 정벌하지 않았을 것이라고 보는 역사학자들이 있다. 이세민은 패전한 이후 '위징이 살았다면 그릇된 판단을 내리지 않았을 것'이라며 늦게나마 직언의 충신을 그리워했다.

그러나 위징의 사례는 매우 이례적이다. 위징이 수도 없이 직언할 수 있었던 이유는 이세민이 수도 없이 직언을 수용했기 때문이다. 그런 이세민도 위징 사후에, 비록 나중에 복원하기는 했지만 위징의 비석을 깨부수기까지 하였다. 황제로서 직언을 듣는 게 얼마나 힘든 일인지 단적으로 보여주는 일화다. 또한 과거나 지금이나 권력자 주변엔 왜 아첨꾼밖에 없는지를 유추할 수 있게 해준다.

그렇다면 파란만장했던 영웅들의 호쾌한 삶과 달리 옹졸하게 돌아가는 빈약한 우리네 삶에서 직언은 어떤 의미를 가질까. 간단명료하게 정리하자면, 아무런 의미가 없다. 다소 극단적으로 얘기하면 직언은 어떤 형태의 조직에서든 수용될 가능성이 매우 낮다. 더구나 자신은 매우 개방적이고 민주적이며 그러므로 "기탄없이 모든 얘기를 다 하라."는 윗사람은 자신에게 가해진 직언을 결코 잊지 않고 어떤 형식으로든 그 직언에 대해 해코지를 하기 마련이다. 공식적으로 소위 '열린' 윗사람의 비공식 '뒤끝'이 장난이 아니라는 건 50살쯤 먹지 않아도 직장생활 단 몇 년 만으로도 안다. 서둘러 결론을 끄집어내면 직언은 조직에 변화를 초래할 수 없는 데다 무엇보다도 자신의 입지를 갉아먹기에 전혀 무익하다.

회사나 조직에서 직언을 내뱉은 횟수가 많아질수록 경쟁자에 비해 빨리 집에 갈 확률이 높아질 뿐이다. 직언을 통해 상사에게 각인시킬 수 있는 점은 귀하가 직립보행하는 호모 에렉투스(Homo erectus)이며 따라서 두 발로 뛰어서 집에 돌아갈 능력을 갖췄다는 사실이다. 40대라면(그래도 힘들어 보이지만) 집 말고 어쩌면 다른 곳으로 갈 수도 있으련만 50대는 거의 대부분 집에 가라고 하면 정말로 집 말고는 갈 곳이 없다.

그러니 군주가 아닌 이상, 또 사장이 아닌 이상 누구에게나(혹시 20~30대, 나아가 40대까지는 예외가 되려나?) 직언은 금기다. 또 어떤 남편(아마 힘 빠지고 소심해진, 허세를 부리지만 막상 수중에 가진 게 별로 없는 중년 이후부터?)이 아내에게 직언을 일삼는다면 당장은 아니더라도 어금지금 떨려 나가기 싫은 시점에 기습적으로 황혼이혼을 당할 수 있으니, 이사 갈 때 구차하게 냉장고에 자신을 쇠사슬로 묶지 말고 평소에 직언을 삼가는 게 좋다.

그러므로 무조건 직언을 삼가라. 젊어서는 물론이고 50줄에 접어들면 절대 금기다. 만일 그래도 직언하겠다는 객기가 생기면 첫째, 자신이 당(唐)의 위징만큼 좌중을 압도할 식견을 갖췄는지 스스로를 돌아봐라. 둘째, 만일 위징과 비등비등하단 판단이 섰다 하여도 직언을 날릴 상대가 당 태종 이세민처럼 직언을 받아줄 태도를 갖췄는지 잘 판단해 봐라.

아니면? 당연히 직언을 삼가라. 영웅 놀이 할 기회는 흔쾌히 경쟁자에게 넘겨주자. 나잇값을 한다는 건 입을 다물 때를 안다는 뜻이다. 더불어 나잇값을 한다는 건, 자신보다 낮은 위치의 사람들에게도 직언을 삼갈 줄 안다는 뜻이다. 사회에 이미 멘토가 많고 많은데 애써 멘토를 자임하는 주책을 떨 이유가 무엇인가.

하루살이에겐 왜 입이 없을까

직언에 대한 경계(警戒)는 사실 좀 비겁해 보인다. 부러지는 한이 있어도 구부러지지는 않는다는 게 선비의 절개였다(또는 그렇게 주장하였다). 역사의 현장에서 절개를 지키며, 그렇게 부러지면서 많은 이들이 삶을 떠났다. 대신 그들은 이름을 남겼다. 그렇게 그들은 역사적 인물이 되었다.

그러나 우리는 역사를 의식하지 않는 건 아니지만 일상에서 무던히 삶의 현장을 지킨다. 삶의 현장의 기록은 미래의 어느 날 역사로 남아 있을 수도, 없을 수도 있지만 무람없는 삶의 현장은 이 순간 실재하기에 미래의 역사성과 무관하게 영원하다고 볼 수 있다(영원은 고립되어 실현이 무한정 뒤로 미루어지는 미래의 어느 시점이 아니다. 오히려 실현된 현재의 무한한 연쇄를 영원이라고 불러야 한다. 실재하는 지금 삶의 현장을 축적하면서 현재는 미래로 나아가는 것이고, 그러한 진행이 그치지 않을 것이라는 믿음이 '영원'이다. 그래서 영원은 진보적이다. 같은 논리로 모든 충실한 사랑은 영원한 사랑일 수밖에 없다. "영원히 사랑해."란 고백 또한 사랑이 그 순간 진실하다면 참인 진술(陳述)이 된다. 불확정성을 취합하여 어떻게든 구상(具象)으로 실현하는 순수 실천이 현재라면, 미래는 불확정성을 버무려 어떻게든 실현하는 조금 어려운 말로 그 '투기(投企)'가 지속될 것이라고 믿는 것이며. 영원은 그 미래 뒤에 또 다른 미래가 예비될 것이라고 무작정 상정하는 또 다른 차원의 믿음이라고 말할 수 있다).

이름으로 역사에 대면하는 이들이 있는가 하면 삶으로 역사에 대면하는 이들이 있다. '소크라테스의 죽음'처럼 이름이 곧 삶인 사람들이 있다. 반면 역사를 채운 이름 없는 다수에게 이름 따위는 아무런 의미가 없었다. 역사의 주인이었지만 역사의 주류로 대접받지 못한 다중(多衆)에게, 이름과 삶을 맞바꾸는 도박은 하찮은 일이었다. 삶은 이름보다 소중한 그 무엇이었다. 역으로 소크라테스류의 인간들에게 삶은 이름에 필적할 만한 의미를 가지지 못하였다. 이름을 더럽힌 삶에 대한 이들의 가소로운 경기(驚氣)는 두고두고 목격된 역사의 저급한 막간극들이다.

우주만물을 통틀어 하나뿐인, 138억 년 우리 우주의 역사에서 단 한 번의 출현 기회를 잡은 우리 하나하나에게 그러나 삶은 소중하다. 소크라테스가 그러하였듯 헛된 이름을 위해 독미나리즙을 폼 나게 마시는 것보다는, 진짜 삶을 위해 옥문을 깨고 나가야 할 판이다. 설령 죽음을 맞이하더라도 이름을 영원히 살리기 위한 거래에 삶을 판돈으로 내어놓아서는 안 된다. 죽음은 더도 말고 덜도 말고 삶의 종언이어야 한다. 또한 후세에 전해진 아름다운 이름은 아름다운 삶의 전설이어야 한다. 이름보다는 삶이 더

럽혀지는 것에 결연히 맞선 투쟁의 전설이어야 한다.

　그렇다면 같은 죽음을 맞더라도, 악법도 지키겠다며 TV 광고에 나오듯 정말 '맥주 맛도 모르면서' 삶에 달관한 척할 게 아니라 악법에 저항하다 최대한 더럽게 죽어 가겠다고 각오하여야 한다.

　직언 회피는 훌륭한 처세술에 그치지 않고 품격 있는 인생의 전제 조건이다. 직행(直行)하지 않고 직언만 하는 이들은 위선자이다. 게다가 한 갑자(甲子) 가까이 산 인생들에게 직행 없는 직언은 끔찍한 소극(笑劇)이다. 대체로 세상에서 마주하는 '직언맨'들은 직행하지 않는 자들이다. 소위 말을 앞세운다고 할 때의 그들이다. 기이하게도 '직언맨'들은 정작 직언해야 할 때는 직언하지 않는다. 세상살이의 어느 순간엔가 적어도 어쩌다 한두 번은 "악법은 법이 아니다."라고 우리는 외쳐야 한다. 하지만 그때 '직언맨'들은 갑자기 말문을 닫는다. 악법에 대해서도 눈감는다. 심지어 그들은 악법의 편에 서기까지 한다.

　인류 탄생 이래 삶의 현장에서는 직행의 길만이 열려 있었다. 이 작은 행성의 중력에 의지해 인생은 땅을 일구고 길을 열었다. 그들에게 법(法)은 물이 흐르는 행태와 전적으로 동일하게 지구의 중력과 철저하게 일체가 되는 것이었다. 하루살이처럼 주어진 짧은 기간에 해야 할 일을 하였다.

　길게 보면 인생이 하루살이의 삶과 다르지 않다. 해야 할 일을 하는 데만 시간을 써도 하루가 후딱 지나간다. 하루살이라는 하찮은 곤충으로 날고 있지만 하찮은 그것이 되기 위해서도 1년이 넘는 시간을 애벌레로 구르며 물속에서 인내하였다. 하루살이에게 입이 없다는 사실이 시사하는 바는 적지 않다. 쓸데없이 나불대지 말고 제 할 일이나 제대로 하라는 조물주의 판단이 아닐까 (생물학적으로는 하루만 사는 데 먹을 필요가 없으니 입이 퇴화하였다고 설명한다. 그러나 조물주의 마음속을 들여다보지 않았으니 진짜 이유는 다른 것일 수도 있다. 예컨대 '쓸데없이 나불대지 말라.' 같은 것). 시쳇말로 "주둥이를 처박아 버리고 싶다."는 말이 꼭 어울리는 사람들이 여기저기 널렸다. 인간종이 하루살이로 집단 귀순한다면 그따위 국회의원, 고관대작, 자본가, 가진 것 없이 가졌다고 착각하여 가진 자와 스스로를 동일시하는 자들의 말 같지 않은 말을 듣지 않아도 되었으리라. 또한 그들에 대한 구타 욕구를 억제하느라 쓸데없이 정력을 낭비하지 않아도 되었으리라.

하루살이만도 못한 인간들과 달리 하루살이만큼이나마 우리가 품위 있게 살기 위해, 부언하거니와 이제 직언을 삼갈 일이다. 더 정확히는 직언보다는 직행에 힘쓸 일이다. 그래도 꼭 해야 할 말이 가슴에 차서 터질 것 같다면, 독일의 사회주의 리얼리즘 작가 베르톨트 브레히트의 소설 〈코이너 씨 이야기〉[7]에 나오듯, 그때는 하루살이가 없는 입으로 말할 때 몸을 찢어 말하듯 온몸으로 직언해야 할 일이다.

그나마 우리에겐 입이라는 이름이 붙은 구멍이 뚫려 있지 않은

가. 먹는 데 쓰든 말하는 데 쓰든. 그래서 우리가 하루살이보다 행복한가, 혹은 가치 있는 종이 되었는지는 조물주만 아실 법하다. 하여간, 일단 직언하지는 말자.

---

7) 〈코이너 씨 이야기〉에는 여러 이야기가 등장하는데, 그중 '권력(폭력으로도 많이 번역된다)에 맞서는 방법'이 널리 인용된다. 줄거리는 다음과 같다.
코이너(Keuner) 씨가 사람들에게 권력에 반대하는 요지로 발언하고 있을 때 '권력'이 들이닥쳤다. 무슨 말을 했느냐고 묻자 코이너 씨는 "권력을 지지한다"고 말했다. 사람들이 코이너 씨의 이율배반과 변절을 추궁하자 그는 "나는 폭력보다 오래 살아야 한다."며 에거스(Eggers) 씨 일화를 전하였다. 불법의 시대를 살아가는 에거스 씨 집으로 기관원이 찾아왔다. 기관원은 권력자의 이름으로 발행된 서류를 내보이며 에거스 씨에게 복종과 시중을 요구하였다. 이날 이후 7년을 에거스 씨는 그에게 종복처럼, 그러나 한 마디 말도 하지 않으며 봉사하였다. 마침내 그 기관원이 많이 먹고, 많이 자고, 그저 명령만을 내림으로써 일종의 부패인 양 비만으로 사망하자, 에거스 씨는 자신이 기관원을 덮어주었던 그 이불에 시체를 싸서 집 밖에다 내다버렸다. 그러고는 7년 만에 "Nein(아니오)."이라고 대답하였다. 기관원이 에거스 씨의 집에 온 첫날 에거스 씨에게 "이봐, 앞으로 내 시중을 들어줄 수 있겠어?"라고 한 질문에 대한 답변이었다. 직언을 삼간 사례로 코이너 씨가 전한 에거스 씨의 일화만 한 게 없어 보인다. 물론 이 일화에 다른 맥락이 존재하고 있음은 눈치 빠른 독자가 아니어도 대뜸 파악할 수 있겠다.

사랑은 눈으로 시작해 입으로 끝난다?

거창하게 세상살이의 지혜라고 할 것까지 없이 그저 삶의 모습을 눈여겨 바라보는 것만으로도 터득하게 되는 깨달음이 있다. 사랑은 눈으로 들어오고 입으로 나간다는, 사랑에 관한 눈과 입의 방정식이 그런 예의 하나이겠다.

선악과와 관련하여 성경에는 "여자가 그 나무를 본즉, 먹음직도 하고 보암직도 하고, 지혜롭게 할 만큼 탐스럽기도 한 나무인지라. 여자가 그 열매를 따 먹고, 자기와 함께 있는 남편에게도 주매 그도 먹은지라."(창세기 3장)라는 유명한 구절이 나온다. 여기서 '여자'가 최초에 한 행위는 보는 것이었다. '먹음직, 보암직, 탐스러운'이란 고래의 미관(美觀)의 출발점은 시각이었다. 이어 창세기는 "이에 그들의 눈이 밝아져 자기들이 벗은 줄을 알고 무화과나무 잎을 엮어 치마로 삼았더라."고 적었다. 이성(異性)으로 서로를 인식하고, 서로 다르며 보완하는 생식기를 통해 욕정을 끓어 일으키게 한 원동력 또한 시선이었다. 무화과나무 잎으로 가리는 행위는 무화과나무 잎으로 만든 치마를 열어젖히고 싶다는, 또는 다소 마초적으로 설명하면 열어젖혀 달라는 욕망의 강렬한 표현이다.

사랑에 관한 이 같은 입장에 여자들은 남성적인 견해라고 반박할 수 있다. "저런 하찮은 비디오형 동물들" 하며 '시각' 편향에 이의를 제기할 법하다. 하지만 "눈으로 들어오는 것"의 의미를 좁게 해석하지 않고 넓게 해석한다면 남녀 사이에 충분히 공감대가 형성되지 않을까. 보는 것이 믿는 것이란 외국 속담도 있지 않은가. 보는 것은 물론 욕정의 근거지이지만 동시에 이해의 근거지가 된다.

사랑의 시작으로 후각이나 촉각을 거론할 수도 있다. 오래된 영화 〈남과 여〉에서 남자 주인공과 여자 주인공이 벤치에 앉아 있을 때 여자의 어깨에 남자의 손가락이 스칠 듯 말 듯 닿는 미세한 교감을 떠올리면 '손'의 입장 또한 그럴듯해 보인다. 냄새의 능력 또한 무시할 수 없다. 짐작컨대 남녀 간에는 서로에게 맞는 냄새 유형이 있어서 그런 사람끼리 사랑에 빠지는 것 같다. 이 견해를 입증하려는 과학 실험이 잊어버릴 만하면 신문 국제면에 등장한다. 코의 입장을 지지하기에는 그러나 우리 인간과 가장 친한 동물인 개의 장기(長技)가 냄새 맡기라는 사실을 감안할 때 썩 자랑스럽지 않다. 따라서 사랑이 눈으로 들어온다고 하는 게 더 흔쾌하지 않은가.

사랑의 시작에 대해서는 이처럼 논란이 존재하지만 사랑의 끝에 대해서는 대체로 의견이 일치하지 않을까. 입이다. 더 정확하게는 입에서 나오는 말이다. 달콤한 말들을 다정하게 속삭였을 그 입으로 갑자기 불량 여고생(글쓴이가 남자인 까닭에 남성으로 감정이 입한 설정)으로 변신하여 면도칼 씹어 뱉듯 고통스런 말들을 날린다. 그 말들로 인해 생긴 마음의 상처는 육신의 상처에 비해 훨씬 더디 아문다. 눈에 보이지 않는 그곳에서의 출혈은 육신과 동거하는 영혼의 안위를 때로 걱정케 할 정도로 심각하다.

늘 그런 것은 아니지만 사랑은 아물지 않을 그런 상처마저 감수한다. 심지어 상처마저 감미로움으로 승화하는 괴력을 발휘하기도 한다. 제 영혼이 피를 철철 흘리는 순간에 자신을 찌른 상대를 오히려 위로한다. '나를 찔러서 얼마나 괴로웠을까.' '미안해하지 마.' 내가 아는 아무개가 입버릇처럼 달고 사는 말을 빌려 한마디로 정리하면 이런 사랑은 "Oh, My God!"이다.

분명한 사실은 사랑이 아닌 관계에서 이렇게 낯간지럽고 부조리한 사태는 연출되지 않는다는 것이다. 사랑이 아닌 관계에서 면도칼을 씹어 뱉었다면 멀지 않아 골목길에서 사시미칼이 기다리고 있을 법하니 서둘러 대비하는 게 좋다. 그럴 자신이 없다면 누차 강조하거니와 면도칼 따위는 씹어 뱉지 말아야 한다. 그렇다고 사랑에다 면도칼을 씹어 뱉어도 무방하다고 받아들인다면 논점을 이탈한 이야기가 된다.

사랑에서도 이렇게 부조리하고 낯간지러운 사태는 흔하지 않다. 사랑의 시작은 낯간지럽지만 끝은 대부분 몰인정하거나 몰상식하기 마련이다. '사랑의 끝'에서 좀처럼 '승화'는 일어나지 않는다. 면도칼까지 가지 않더라도 상호 침 뱉기는 자주 목격된다. 격돌은 그나마 나은 편이다. 양쪽에 온도 차이가 있어서인지 한쪽의 무심한 회피가 사랑의 흔한 종착점이다. 사랑은 어이없는 필연으로 시작해서 남루한 우연으로 끝난다. 열정으로 타올라 상대를 뚫어져라 쳐다보는 행태와, 얼굴의 뒷면, 즉 뒤통수마저 철저히 외면하는 행태가 일상에서 사랑의 시작과 끝이다.

청년들을 자주 만나다 보니 나는 종종 "어떤 인간이 되어야 하느냐?"는 감당하기 힘든 질문을 받는다. 자격이 있어서라기보다는 어쩔 수 없는 책임감 때문에 자주 들려주는 이야기 가운데 "앞모습보다 뒷모습이 아름다운 사람이 돼야 한다."는 것이 있다. 사랑이 눈으로 시작해 입으로 끝난다는 문장과 같은 논리를 갖고 있다. 모든 사랑이 성공하면 좋겠지만 그럴 수 없기에, 만일 실패한 사랑을 회상할 때 뒤통수를 아름답게 떠올릴 수 있다면 '성공한, 실패한 사랑'이라고 말할 수 있다.

앞모습이 아름다운 사람은 자신을 아름답게 가꾸는 데 성공하였다(혹은 그저 아름답게 타고 났다)고 할 수 있다. 뒷모습이 아름다운 사람은 그 관계가 무엇이든 자신과 타자의 관계를 아름답게 형성하였다고 할 수 있다(자신이 바로 서지 못한다면 관계 또한 없겠지만, 자신만 바로 서고 관계가 없다면 그 자신은 무엇에 써야 할 것인가). 그렇다면 그것이 사랑이든 우정이든 비즈니스이든, 뒷모습이 아름다운 사람이 되기 위해 어떻게 해야 할까. 짐작하겠지만 간단하다. 직언하지 마라!

'양약고구 충언역이(良藥苦口 忠言逆耳)'라는 널리 알려진 고사성어가 있다. 관련된 고사는 이렇다. 중국 진(秦) 시황제가 죽자 항우(項羽)와 그의 맞수 유방(劉邦)이 군사를 일으켜 종국에는 천하를 두고 다투게 된다. 유방은 항우보다 먼저 진나라의 도읍 함양에 입성하였다. 황궁에는 미희와 보화가 즐비하였다. 그런 환락의 세계를 처음 접한 유방으로서는 넋이 빠질 법하다. 이때 용장 번쾌가 충언을 올렸다. "아직 천하가 통일되지 않았습니다. 속히 황궁을 떠나 패상(覇上)에 진을 치십시오." 유방은 번쾌의 말을 무시하고 계속 황궁의 즐거움에 빠져들었다. 장량이 다시 간하였다. "왕께서 간신들의 말과 보물에 현혹되신다면 진의 시황제나 하(夏)의 걸(桀)왕과 다를 바 없습니다. 충언은 귀에 거슬리나 행실에 이롭고(忠言逆於耳而利於行) 독한 약은 입에 쓰나 병에 이롭다(毒藥苦於口而利於病)고 하였습니다. 부디 번쾌의 충언을 들으시옵소서."

다행히 유방은 자신의 잘못을 깨닫고 황궁에서 나와 전장으로 향하였다.

이 고사에 비춰 보면 오히려 직언이야말로 뒷모습이 아름다운 사람이 되는 첩경이 아닐까. 맞는 말이다. 그러나 그 전에 따져볼 일이 있다. 충언은 말만으로 완성되지 않는다는 점이다. 충언은 충성하는 사람에게서 우러나오는 진심의 말이다. 직언하기에 앞서 직행(直行)하듯, 충언하기에 앞서 충성해야 한다. 아니면, 사랑하든지.

우리네 인생은 유방이나 번쾌처럼 천하를 도모하지 않는다. 일상의 영역에서 충언은, 또는 쉬운 말로 직언은, 씹어 뱉어 사방으로 날아가는 면도칼 조각들일 뿐이다. 충언과 직언의 전제는 상대와의 충실한 관계이다. 어떠한 유형의 관계이든 건실한 관계 형성을 통해 상호 긍정적이고 혜택이 되는 에너지를 주고받기를 원할 때만 직언할 일이다.

따라서 쉽게 짐작할 수 있듯이 소위 충언과 직언을 항시 입에 달고 사는 사람은 자기만족과 '관계 저해'를 위해 습관적으로 그럴 뿐이다. 모든 남자 모든 여자를 사랑할 수 없듯이 많은 사람과 충실한 관계를 맺을 수는 없다. 어차피 직언할 대상이 그만큼 줄어들 수밖에 없다. 사랑하든지 혹은 충실하든지, 그때서야 직언해야 한다. 그러나 그때도 꼭 필요할 때만 직언하는 게 충실한 관계를 잘 유지하고 아름다운 뒷모습을 지키는 비결이다(젊은 세대에게 꼭 필요한 말이라며 장광설을 늘어놓는 기성세대를 많이 목격한다. 그래봤자 문제는 아무리 열심히 전해도 50대 이후의 지혜가 젊은 세대에게 수용되지 않는다는 점이다. 사실 지혜라기보다는 콘텐츠와 무관하게 근원적으로 잔소리의 형식을 취하기에 발생하는 현상이다. 들을 마음이 없는 이들에게 그저 자기만족 차원에서 떠들지 말고 차라리 그들의 이야기를 들어라).

'선뺆후독'과 춤추는 고래

영어로 'airport book'으로 표현되는 책이 있다. 무슨 책일까. 공항 소개 책자는 아니다. 공항에서 비행기에 타기 전에 손에 드는 가벼운 책으로, 보통 거의 모든 직장인과 대학생들이 한두 권은 갖고 있기 마련인 자기계발서를 말한다.

'airport book'은 자기계발에 강박증을 갖고 있는 현대인의 심리를 파고들면서 출판계에서 어엿하게 독자적인 시장을 형성하였다. 기실 '자기계발'에서 말하는 자기라는 것이 무엇을 한두 권 읽어서 계발될 정도의 것이라면 자기라는 이름 자체가 덧없다는 생각이 든다. 자기계발서라는 장르 또한 애초에 성립하지 않는다. 왜냐하면 자기계발서는 계발 방법을 가르쳐주지 않고 계발의 당위만을 반복해서 강조할 뿐이기 때문이다.

자기계발서가 전하는 이른바 '비법'은 크게 보아 의지의 영역을 다루지 실제적인 성공의 방법을 논하지는 않는다. 마음 아픈 얘기지만 자기계발서를 읽든 안 읽든 계발될 사람과 계발되지 않을 사람은 이미 정해져 있다. 아마도 공교로운 사실은 결코 계발되지 않을 자기를 가진 사람들이 더 열심히 자기계발서를 읽을 것이라는 점이다. 뭐, 그렇다 하여도, 자기계발을 못 하더라도 대충 허접하게 한 권 묶어 내서 내 멍청한 주머니를 털 속셈인, 배고픈 출판인에게 한 푼 보태주는 일이 어찌 보면 덕을 쌓는 것이니 나쁘지 않다고 생각할 수도 있겠다.

켄 블랜차드(Ken Blanchard)는 미국인 자기계발 컨설턴트로 이 시장에서 거물로 통한다. 국내에도 〈칭찬은 고래도 춤추게 한다〉 등 적잖은 베스트셀러를 보유했다. 블랜차드는 약간은 경계에 선 인물이다. 근거 있는 설득과 허황된 웅변 사이에 위치하였다는 뜻이다. 확실한 것은, 고래를 춤추게 할 계획이 있는 사람이라면 반드시 일독할 책이다. 하지만 사람을 춤추게 할 계획이라면 일독할 만한지는 확실치 않다.

그냥 칭찬이 우리네 삶에 어떤 윤기를 더하는지 정도에 관심 있는 사람이라면 이 책의 목차를 한번 훑어보는 것으로 충분하다. 정독할 필요가 없는 게, 범고래·대왕고래·향고래·돌고래 등 어떤 고래에게 지르박·차차차·탱고 등 어떤 춤을 추게 하려면 구체적으로 어떻게 칭찬해야 하는지가 아쉽게도 나와 있지 않다. 고래를 춤추게 할 계획이 없는 대부분의 사람에게, 그 가운데 고래 대신 사람을 춤추게 만들고 싶은 미지근한 욕망을 가진 사람에게는 목차까지 읽을 필요도 없고 이 책의 제목을 기억하는 것으로 족해 보인다.

칭찬으로 고래까지 춤추게 만들 수 있다면, 세상에 칭찬으로 못할 일이 없어 보인다. 그러나 엄밀한 진실은 이렇다. 사전에 고래를 춤추게 만들 능력을 갖춘 사람에게만 칭찬이 훌륭한 도구가 된다. 이미 못할 일이 없는 사람에게만 칭찬이란 보조적 수단이 상승의 날개로 기능하는 것이다. 예를 들어 25년을 부부로 살아오면서 아내에게 하루에 널리 알려진 세 마디 외에는 말하지 않은 초로의 경상도 아저씨가 〈칭찬은 고래도 춤추게 한다〉를 읽고 대오각성하였다고 치자. 어느새 머리가 희끗희끗해진 늙어 가는 아내에게 어느 날 큰맘 먹고 "여보, 오늘 당신 너무 예쁘네."라는 뻐꾸기를 날렸을 때 대답은? "이 양반이 치매가 걸렸나!"일 것이다. 자칫 칭찬이 매만 벌 수 있다.

요체는 '저 고래를 춤추게 만들어야지.'하는 목적의식에 사로잡혀 칭찬을 날리면 고래가 절대로 춤을 추지 않는다는 사실을 기억하자는 것이다. '춤추게 만들어야지.'하는 투철한 목적의식에 매몰된 칭찬으로는 결코 고래를 춤추게 만들 수 없다! 상기하면, 자기계발의 수단으로 칭찬을 사용하여 성공할 수 있는 사람은 유감스럽게도 이미 상당 부분 자기계발이 된 사람일 터이다. 반대로 자기계발이라곤 전혀 되지 않은 사람이 칭찬이란 화려한 무공을 쓴다면 앞서 말한 초로의 경상도 아저씨 예에서처럼 주화입마에 걸리기 십상이다.

그럼 도대체 어쩌란 말인가. 칭찬하란 말인가, 하지 말란 말인가. 대답은 자명하다. 고래까지 춤춘다고 하는 판에 칭찬하기를 마다할 이유가 어디에 있는가. 관건은 칭찬의 성격에 있다.

　내가 다닌 회사의 일부 마니아 층에서 별로 유명하지는 않지만 나름대로 통용되는 사자성어로 '선빨후독'이란 게 있다. 언론계에서 쓰는 점잖지 못한 '직무 용어' 중에 '빨다'는 것이 있다. '칭찬하다', 또는 '좋은 기사를 써주다' 정도의 뜻이다. '빠는 데 장사 없다.'는 말은 '칭찬은 고래도 춤추게 한다.'와 의미가 같다. 바른 국어가 아닌 '선빨후독'은 '먼저 빨고, 나중에 읽는다.'의 줄임말이다.

　그리 옛일은 아니지만 관련된 고사는 다음과 같다. 기자든 교수든 이른바 글을 쓰는 먹물은 자신이 쓴 글에 자부심이 크고, 또 그 글이 인정받았을 때 남녀노소를 막론하고 보람을 느끼며, 밖으로 반응하지 않더라도 인정에 대해 속으로는 기뻐한다. 어느 날 A 논설위원이 칼럼 같은 걸 썼다고 치자. B 기자가 아침밥상에서 신문을 넘기며 그 사람이 뭔가 쓴 것을 보았지만 제목만 보고 내용까지는 읽어보지 못하였다. 그런데 아침에 회사의 출근 엘리베이터를 우연찮게 A와 B 두 사람만 타게 되었다. 대충 인사하고 멀뚱멀뚱 숫자판만 보고 있다가 B가 A에게 "칼럼 잘 봤습니다."라고 한 마디를 던졌다. A는 "아, 뭐 변변치 않은 글을….''이라고 대답하겠지만 그의 얼굴에는 살짝 화색이 돌 것이다.

　이때 B의 행동의 의미는 무엇일까. 첫째 B는 거짓말하지는 않았다. 실제로 보기는 보았다. 다만 읽지 않았을 뿐이다. 둘째 B는 아부를 의도하지 않았다. 미국인들이 엘리베이터 안 같은 곳에서 잘 한다는 이른바 'small talk'을 건넸을 뿐이다. 그냥 '어, 칼럼 썼구나.', '쓰느라고 고생하셨네.' 정도의 의미일 것이다. 내용을 따지자면 어느 세월 이상 글을 쓴 글쟁이 글이 잘 쓰면 얼마나 잘 쓰고, 못 쓰면 얼마나 못 썼겠는가. 간과하지 말아야 할 점은 이 칭찬에는 '춤추게 하려는' 목적이 개입되지 않았다는 사실이다. 그저 상대에게 약간의 사교적인 관심을 구체적으로 예의 차원에서 표현하였을 뿐이다.

그리고 가장 중요한 것으로, A와 헤어져 자기 자리에 앉게 된 B는 시급한 일을 끝마치자마자 가장 먼저 A의 칼럼을 읽어야 한다. '선뺨후독'의 완성이다. 약간의 사교적 관심을 입증하는 구체적인 행동을 잊지 말아야 한다는 뜻이다. '선뺨후독'과 빈말의 남발이 달라지는 지점이다. '선뺨후독'은 자신의 말을 거짓으로 만들지 않으면서 남에게 실제로 관심을 기울이게 만드는 바람직한 태도이다.

더 본질적인 사안은 '선뺨후독'과 '칭찬으로 고래 춤추게 만들기'의 기본 입장이 상이하다는 점이다. 전자는 상대방에 대한 관심의 표명과 유대의 실천이 목적이다. 후자는 고래를 춤추게 만든 자신을 과시하는, 자기계발이 목적이다. 자신의 지각 범위에 들어온 주변인의 변동 상황에 자연스럽게 관심을 표시하고, 그런 다음 관심에 합당한 후속 행동을 실천하는 태도는 자기계발과는 아무런 상관이 없다. 주변과 융화하며(시도는 시도일 뿐 가능하지 않은 사람은 언제나 있고 그때는 어쩔 수 없겠지만) 함께 즐겁게 살아가는 나와 너 모두를 위한 사소한 삶의 요령일 뿐이다.

자기계발은 좀 잊고 살자. 자기계발서을 읽는 후배를 야단치지는 못할망정 50살이 되어서 자기계발서를 힐끔거리는 건 꼴불견이다. 자기계발서를 읽기 전에 자기를 먼저 돌아보는 게 순서가 아닐까. 그러면 곧 알게 된다. 우리네 삶에서 자기의 지위와 기능·권한은 있지만 정작 자기가 있는지 없는지는 모르기 십상이라는 걸. 자기를 잃어버리고 무슨 자기계발인가. 그렇다고 몸을 부르르 떨면서 잃어버린 자기를 찾아 나서는 모양새도 영 아니다. 쉽게 찾아질 수 있었다면 모르는 사이에 잃어버리는 일 또한 생기지 않았을 것이다. 만일 자기가 가출하였다면 망가진 집을 고치고 청소하며 기다리다 보면 어느새 아무 일 없었다는 듯 자기가 귀가하여 있을 가능성을 완전히 배제할 수는 없지 않은가.

혹시 그래도 자기계발이 그렇게 절실한 늙다리 아저씨가 있다면, 정말로 춤추는 고래를 보고 싶다면, 칭찬이란 무공을 쓰기에 앞서 조용히 양복을 벗어서 수영복으로 갈아입고 먼저 아무 생각 없이 고래와 오랫동안 헤엄을 쳐보는 건 어떨까. 수영을 못한다고? 그럼 칭찬을 배우지 말고 수영부터 배우는 게 순리다.

삼인성호와 '럭키 넘버 슬레븐'

어느 조직에나 '빅 마우스(big mouth)'가 존재하는데, '빅 마우스' 는 입이 싼 사람을 지칭하는 말이다. '스피커'로 불리기도 한다. '빅 마우스'에 대해선 개인 차원에서 대부분 부정적인 입장일 테 지만, 관점을 바꿔 조직 전체로 봐선 '빅 마우스'가 꼭 필요한 기 능을 수행하는 존재일 수 있다. 공식적인 계통을 통한 의사 전달 이 아닌 일상적이고 자연스런 경로를 통한 의사소통에서 허브 역 할을 하기 때문이다. 조직에서 비공식적 의사소통은 공식적 의사 소통 못지않게 중요하다. 업무와 관련된 정보뿐 아니라 구성원과 관련된 사소한 정보의 원활한 유통이 조직에 좋은 기운을 불어넣 어 주기 때문이다. 비공식적 정보는 공식적 정보만큼은 아니어도 나름대로 가치를 지닌다. 또한 공식적 정보이든 비공식적 정보이 든 정보는 유통되어야만 정보로서 가치를 갖는데, 정보 유통에서 도 공식적 채널 외에 비공식 채널이 중요한 역할을 수행한다. 따 라서 귀에 들어온 정보를 입으로 토해 내지 않으면 못 견디는 '빅 마우스'는 그 성격 탓에 개인적으론 명성의 손상을 입지만 조직의 입장에서는 조직의 활력을 유지하고 때로 정화하는 데 기여하는, 자신이 의도하지 않았겠지만 '살신성인'의 감초라 할 만하다. 물론 '빅 마우스'가 빈번하게 조직의 활력을 저감시키는 것도 사실이긴 한데 굳이 '살신성인'이란 표현까지 동원한 까닭은 '빅 마우스'에도 유용한 면이 있음을 강조하기 위해서이다.

사내정치(office politics)에서만 '빅 마우스'가 존재하는 건 아니다. 동네·NGO·동창회 등 다양한 유형의 조직·커뮤니티마다 '빅 마우스'가 있다. 알려지지 않아도 좋을 것까지 알려지게 한다는 부작용이 있지만 '빅 마우스'는 알려져야 할 것을 알려지게 한다는 측면에서는 긍정적이다. 알려져야 할 것이 알려지지 않으면 큰일이다. 부작용 중에는 허위 또는 과장된 정보의 유통과 이로 인한 조직·단체 및 구성원의 피해가 대표적이다. 사실 조직·단체의 피해는 일반적으로 미미하고 구설수에 오른 구성원만 정신적으로나 실제로 심각한 피해를 입곤 한다.

구설이 파괴력 있게 작동하려면 이때는 '빅 마우스'뿐 아니라 '마우스'의 숫자가 중요해진다. 가끔 미동조차 않는 강심장이 있지만 험담과 구설에 상처받지 않는 사람은 드물다. 가담한 '마우스'의 숫자는 '마우스'들이 겨냥한 인물이 입을 상처의 정도에 영향을 미치지 않을 수 없지만 결정적이지는 않다. 구전되는 내용이 더 결정적이다. 최초 일격으로 인한 충격의 강도는 콘텐츠와 민감하게 연계되는 게 당연하다. 하지만 추가적으로 가해질 충격의 강약과 입을 상처의 경중은 '마우스'의 숫자에 좌우된다. 험담과 구설은 진실 여부와 상관없이 또 내용의 입수 경위와 무관하게 해당하는 사람에게 심리적 피해를 입히고 여기에 그치지 않고 실질적인 불이익을 당하게 만드는데, '마우스'의 숫자는 이때 증폭기 성능의 지표가 된다.

〈한비자(韓非子)〉 '내저설(內儲說)'에 나오는 삼인성호(三人成虎)의 고사가 우리 논의에 딱 부합하는 사례이다.

중국 전국시대에 위(魏)나라 태자가 조(趙)나라에 볼모로 가게 되었다. 이때 중신 방총(龐蔥)이 태자를 수행하게 되었다. 방총은 조나라로 떠나기 전에 위나라 혜왕을 알현하고 말했다.

"전하, 지금 누가 저잣거리에 호랑이가 나타났다 한다면 믿으시겠습니까?"

혜왕은 믿지 않을 것이라고 대답했다. 방총은 이번에는 한 사람이 아니라 두 사람이 같은 소식을 전한다면 믿겠냐고 물었다. 혜왕은 여전히 믿지 않을 것이라고 대답했다. 다시 방총이 만약 세 사람이 같은 말을 한다면 어떻겠느냐고 하자 혜왕은 그때는 믿을 것 같다고 말하였다.

방총은 "저잣거리에 호랑이가 나타날 리는 없습니다. 그런데도 세 사람이 똑같은 말을 하면 호랑이가 나타난 것이 됩니다(夫市之無虎明矣 然而三人言而成虎)."고 말하였다. 방총은 자신이 조나라로 떠난 이후 그릇된 정보로 자신을 헐뜯을 정적들의 위해를 염려하여 이렇게 말한 것이었다. 혜왕은 자신이 직접 보고 듣지 않은 이상 그에 대한 어떤 비방도 결코 믿지 않겠다고 약속하였다. 그러나 방총이 우려한 대로 태자와 방총이 조나라로 떠나자 방총을 비방하는 자들이 나타났고 결국 혜왕은 그를 의심하게 되었다. 몇 년 후 태자는 위나라로 귀국할 수 있었으나 혜왕의 의심을 받은 방총은 돌아오지 못하였다.

삼인성호는 고사에서 보듯 아무리 근거 없는 말이라도 여러 사람으로부터 반복하여 듣게 되면 곧이듣게 된다는 뜻으로 사용된다.

집단마다 '빅 마우스'가 상대적 관점에서 특정되고 숫자도 제한적이지만, 우리 모두가 '빅 마우스'적 커뮤니케이션에 익숙하다는 점에서 '빅 마우스'는 전체의 욕망을 대속한다고 볼 수도 있다. 증폭과 왜곡이 커뮤니케이션에서 회피하지 못할 본질적 한계라면 차라리 '빅 마우스'를 통한 소통의 시장기능 활성화로 일부 노이즈라도 제거하는 게 더 효율적이란, 이 글의 모두에 내가 제시한 관점이 하나의 대안일 수 있다. 소통의 왜곡으로 인한 폐해가 크지만 그렇다고 우리가 소통하지 않고 살 수는 없다. 그렇다 해도, 소통을 받아들인다 하여도 삼인성호의 대상이 되는 것은 질색이다. 하지만 타인들의 입이 호랑이처럼 덤벼드는 상황에 불가피하게 처하게 될 때가 있다는 것 또한 받아들여야 한다. 그때 어떻게 하는 게 좋을까.

반전이 요즘 젊은이들 용어로 "쩌는" 영화 〈럭키 넘버 슬레븐

(Lucky Number Slevin)〉에서 누군가 주인공 조쉬 하트넷에게 탈무드를 인용하며 "누가 너에게 세 번이나 말(馬)이라고 하면 어떻게 하겠느냐?"고 묻는다. 대답은 한두 번이면 모르지만 세 번이나 말이라고 하면 당장 마구(馬具)를 사러 가야 한다는 것이었다. 탈무드에 이런 이야기가 진짜로 나오는지 모르겠지만 삼인성호의 발상과 유사해 흥미롭다.

이제 본래의 주제로 돌아가 "타인들의 입이 호랑이처럼 덤벼들 때"의 처신은 어떻게 해야 최선일까. 정답이야 없겠지만 근사(近似)한 답은 "마구를 사는 것"이 아닐까. 잠시 말이 될 준비를 하는 것이 나쁘지는 않겠다. 어차피 우리는 말이 아니기에, 말이 되려고 마구를 산다고 해서 말이 되지 않는다. 오히려 우리가 말이 아니지만 말이 되려고 시도하는 것 자체가 애초에 우리가 말이 아닌 인간이기 때문에 가능하다. 말에게 세 사람이(또는 세 마리 말이) 차례로 "너는 사람이야."라고 말한다고 해서 말이 양복을 입으려 들지는 않지 않겠는가.

말이 되는 일. 말이라고 윽박지르는데 굳이 인간이라고 우기는 것보다 결코 나빠 보이지 않는다. 어쨌든 '지혜의 왕' 솔로몬의 말마따나 "이 또한 지나가리라."

'뒷다마'에 기꺼이 자신을 공양하라

때로 우리는 삼인성호의 대상 방총이 되지만, 그보다는 방총을 헐뜯는 삼인성호에 가담할 때가 훨씬 더 많다. 삼인성호까지 들먹이니 거창하지만 종종 시쳇말로 '뒷다마 까는' 데 가세한다는 얘기다. 당구공 등을 의미하는 일본 말 '다마'와 우리말 '뒤'가 합쳐진 혼혈어 '뒷다마'는 비슷한 의미의 우리말 '뒷담화'까지 생성시켰다. '뒷다마'가 얼마나 융성한지를 보여주는 징표가 아닐 수 없다.

국산화에 성공한 뒷담화를 (젊잖게?) 나누거나 본딧말인 뒷다마를 허벌나게 까는 것 모두 바람직하지 못한 행동으로 간주된다. 뒷다마는, 하는 사람의 품격을 떨어뜨리는 저속한 행동이라는 게 '표준' 의견이다. 하지만 우리네 인생에서 삼인성호 수준에 못 미치는 가벼운 뒷다마는 여기저기서 빈번하게 일어난다. 우리네 인생이 본래 저속해서일까.

요즘은 학교에서 교사에 의한 학생 체벌이 사라졌지만, 내가 학교를 다닐 때만 해도 체벌은 일상이었다. 빌미를 잡아 학급원 전체를 무차별적으로 때리는 단체 체벌 등 교실엔 여러 유형의 폭력이 만연했는데 그중 가장 기분 나쁜 축에 속한 교사에 의한 폭력이, 학생이 예기치 않은 상황에서 뒤통수를 때리는 행위였다고 할 수 있다. 당시 교사들은 흔히 학생 따귀를 쳤는데, 모멸감으로는 뒤통수 맞는 게 결코 따귀 맞는 것보다 덜하지 않았다.

뒷다마 혹은 뒷담화의 강도가 세어지면 과거 학교에서 일어난 수준과 전혀 다른 차원의 언필칭 '뒤통수치기'로 발전한다. 학생이든 아니든 '뒤통수치기'로 일격을 당한 당사자는 앞쪽에서 가격당했을 때에 비해 더 분개하기 마련이다. "네가 감히 내 뒤통수를 쳐?"의 가장 유명한 변형태는 카이사르가 칼을 맞고 죽어가며 남긴 "브루투스 너마저…"일 것이다. '뒤통수치기'의 로마 버전이 세계적으로 가장 유명한 셈이다. 하지만 '뒤통수치기' 자체에 대한 비판의 강도는 권위주의 문화가 강한 한국·중국 등 유교 문화권에서 더 세지 않나 싶다.

브루투스처럼 세계적인 유명세를 타지 않았지만 〈삼국지〉에서 장비의 휘하 무장 범강(范彊)과 장달(張達)이 행한 '뒤통수치기' 또한 유교 문화권에선 널리 알려져 있다. 당시 장비는 도원결의를 맺은 관우의 죽음에 복수하기 위해 오나라 출정을 준비 중이었다. 장비는 관우의 죽음을 애통해 하며 매일 술에 절어 살았다. 취해서는 난폭해져 부하들을 매질하곤 하였는데 때로 죽음에 이르게까지 매질을 하였다. 〈삼국지〉에서 유비는 이 같은 장비의 포악한 행태를 경계하여 종종 훈계하였다. 장비의 죽음으로 유비의 걱정이 기우가 아니었던 것으로 판명된다.

장비는 그렇게 꿈꾸던 복수를 눈앞에 두고 휘하 장수 범강과 장달에게 암살당하였다. 범강과 장달의 '뒤통수치기'의 원인은 장비의 예의 가혹행위와 3일 안에 군복 10만 벌을 확보하라는 무리한 요구로 알려져 있다.

범강과 장달은 장비의 머리를 가지고 오나라 손권에게 투항하지만 두 사람은 손권으로부터 환대받지 못한다. 장비를 제거한 것은 내심 고맙지만 대놓고 '뒤통수치기'를 환영하는 행태는 군주의 품격에 어울리지 않기 때문이다. 여기에다 한 번 '뒤통수치기'한 사람은 다시 '뒤통수치기'할 수 있다는 원초적 불신도 한몫한다. 결국 범강과 장달은 손권에 의해 화해용 제물로 촉에 되돌려진다. 장비의 아들 장포는 그 둘의 목을 베어 장비의 제단에 바쳤다.

잠시 〈삼국지〉 시대로 돌아가 보자. 범강과 장달의 배신이 손권에게 환영받지 못한 까닭은 과연 손권이 대의를 숭상하는 천품 높은 군주였기 때문일까. 그렇지 않아 보인다. 범강과 장달에게 더 큰 쓰임새가 있었다면 손권이 결코 이 둘을 촉에 내어주지 않았을 것이라는 가정이 더 타당하지 않을까.

물론 '뒤통수치기'의 대상에 자신도 포함될 수 있다는 점이 신경 쓰이긴 하였겠지만 손권을 비롯해 대다수 위정자들에게 사람

을 쓰는 기준은 쓰임새였지 대의명분이 아니었다. '뒤통수치기'
가 자신의 뒤통수만 겨냥하지 않는다면 위정자들은 전혀 개의치
않는다. '겨냥'할 개연성이 있다 하여도, 물론 탐탁지 않지만 쓰
임새만 분명하다면 충분히 요리할 수 있다고 믿는다. 현대 자본
주의 사회의 최고경영자(CEO)에겐 이른바 욕심·의심·변심의 '3
심(心)'이 있다는 속설이 전하는데, 옛 시절의 군주라고 달랐을
까. 만일 범강과 장달이 거사를 결행하기에 앞서 오나라에 연통
하였고, 그 이후에 장비의 수급을 베었다면 대우가 달라졌을 터
이다. 오나라와 협상 과정에서 장비 제거의 대가를 확약 받았다
면 두 사람이 손권에게서 낙동강 오리알 신세로 전락하지는 않았
을 것이다. '뒤통수치기' 자체가 문제가 아니라 범강과 장달이 모
든 카드를 다 까고 투항하였기에 손권으로선 둘을 내치는 게 더
이익이었다는 해석이 더 합리적이다.

중국의 춘추전국시대를 풍미한 제자백가의 상당수는 '뒤통수
치기'를 문제 삼지 않았고 오히려 어떻게 하면 뒤통수를 더 잘
칠 수 있을지 궁리하였다. 〈군주론〉으로 유명한 마키아벨리는 더
노골적이다. 이때 마키아벨리의 아류(亞流) 추종자로 천박한 인
물 취급 받지 않으려면 '뒤통수치기'가 합당한 목적에 복무한다
는 전제가 성립하여야 한다. 그래야 정당성을 획득할 수 있다.
군주 개인의 이익을 위해, 또는 단지 충성심이나 의리 때문이라
면 '뒤통수치기'는 명분을 얻지 못한다. 군주의 이익이 사회 구
성원 다수의 이익과 같은 방향으로 정렬되었을 때, 그 군주를 위

해서라면 '뒤통수치기'를 비롯하여 무엇이든 행할 수 있다. 확장해서 해석하면 이 지점에서 〈리바이어던〉의 홉스 또한 의기투합할 것이다.

한국 사회에서 종신고용이 깨어진 이후 회사 등 조직과 구성원 사이는 정리(情理)가 사라진 사실상 계약 관계로 환원되었다. 이 같은 세태에서는 '뒤통수치기'가 춘추전국시대와 마찬가지로 오히려 능력으로 간주된다. 끝없는 신뢰와 무한정한 보호가 소멸한 상황에서 개인은 만인 대 만인이 투쟁하는 전장에 위치한 셈이며 살아남기 위해 못할 일이 없다. 아닌 게 아니라 범강과 장달처럼 선택하는 것이야말로 합리적인 선택이다. 장비의 지시 사항을 이행하지 못한 채 무대책으로 버티다가 장비의 매질에 맞아 죽는 건 충의이고, 장비의 목을 베어 오나라에 투항하는 건 배신이란 이분법은 좀 궁색하다. 범강과 장달에게는, 재삼 강조하거니와 '뒤통수치기' 자체가 잘못됐다기보다 '뒤통수치기'의 방법이 잘못되었다. 범강과 장달의 실패하는 '뒤통수치기'가 문제이지 성공하는 '뒤통수치기'는 문제가 아니다.

다행히도 우리의 평균적 삶에선 '뒤통수치기'에 관하여 심각하게 고민할 필요가 없다. 누구의 목숨을 노리거나 내 목숨을 걸 절체절명은 발생하지 않는다. '뒤통수치기'와 관련하여 우리 앞에는 그저 가벼운 도락(道樂)적 또는 사소한 윤리적 선택이 놓일 뿐이다.

그렇다면 사소하고 일상적인 '뒤통수치기'라 할 수 있는 뒷담화에는 가담하는 게 인간적이다. 앞과 뒤에서 같은 말을 할 수 있는 사람은 성인(聖人) 말고는 없다. 우리는 어느 정도 표리부동을 안고 살아간다. 무자비한 기계처럼 작동되는 현대 사회에서 일개 톱니바퀴로 맞물려 돌아가는 연약한 개개 인간에게 표리부동은 일종의 윤활유이다.

누군가 벌인 뒷담화에 기꺼이 동참하는 태도는 그 누군가와 깊숙하지 않더라도 최소한의 인간적 유대를 형성하는 기반이다. 어차피 뒷담화는 담배 연기처럼 흔적 없이 사라진다. 뒷담화가 영어식 표현으로 'smoking gun'이 되는 일은 없다. 이때 뒷담화는 증발해도 뒷담화에 참여하기를 거부한 나의 고지식은 기억된다. 뒷담화는 뒷담화일 뿐 담화가 아니다. 오늘 뒷담화의 주인공과 내일 뒷담화의 주인공은 달라지고, 설령 고정 출연진이 있다고 한들 그들이나 뒷담화자들에게 현실에선 크게 부정적 영향을 끼치지는 않는다.

상사를 욕하지 않는 술자리를 상상해 보자. 추가로 얼마나 많은 안주를 주문해야 할지 계산이 서지 않는다. 윗사람이 된다는 건 뒷담화의 소재로, 술자리 안주로 기꺼이 자신을 인신공양해야 할 처지임을 인식하는 것이다. 어차피 우리는 서로 돌아가며 뒷담화의 가담자가 되었다가 술자리의 안줏거리가 되었다가 하는 식으로 품앗이하기 마련이다.

그래도 '품위 있게' 꼭 단서를 달아야 한다면, 만일 절제가 가능하다면 뒷다마를 까거나 뒷담화를 나눌 때 먼저 시작하지는 않는 게 좋겠다.

"맞장구는 충분히, 시작은 타인에게."

이 정도면 거의 성인의 반열에 올랐다고 할 수 있다. 하지만 정말 누군가를 '씹고' 싶어서 입이 근질근질할 때는 주저하지 말자. 우리 삶이 어차피 성인의 삶이 아닌 것을, 오징어 대신 사람을 질근질근 씹어댄다고 딱히 나쁠 것이 없다. 어차피 있지도 않은 위엄을 지키느라 용쓰기보다는 정신건강이라도 취하는 게 낫다.

다만 절체절명 수준이 아니어도 세속에서 말하는 본격 '뒤통수치기'를 고려하고 있다면, 계산이 올바로 선 연후에 적절한 방법과 알맞은 시기를 찾아 신중하게 결행해야 함은 아무리 강조하여도 지나치지 않다. '뒤통수치기'라고 했는데, 뒤통수를 맞추지 못하고 손바닥이 허공을 가르면 나이 50에 너무 머쓱하지 않겠는가. 유념할 것은 우리가 브루투스처럼 공화주의의 미래를 위해서 '뒤통수치기'를 선택하지 않거늘, 그럼에도, '뒤통수치기'에서 나 개인의 이익을 위해 타인의 이익을 짓밟아서는 안 된다. 나의 이익 침해에 맞선 나의 미래를 위한 행동이 타인의 이익을 침해하고 타인의 미래에 위해를 가한다면, 곤란하다.

대의에는 제로 섬 논리로 접근해도 좋지만 이익에는 나눔의 논리로 접근해야 한다. 접근 방법이 거꾸로 되었을 때, 없지는 않겠지만 결과가 좋은 사례를 그다지 많이 보지는 못하였다. '뒤통수치기'가 만연한 세상이어서 누구도 문제시하지 않겠지만, 그래도 아무리 사소한 것일망정 대의와 명분과 함께하는 '뒤통수치기'와 이익만을 앞세운 '뒤통수치기'는 다르다. 뒤통수라는 게 사람에게 달려 있으니 하는 말이다.

연륜은 사실 너머에서
진실을 찾아내는 힘

1972년 개봉된 프랜시스 포드 코폴라 감독의 영화 〈대부〉는 고전의 반열에 오른 영화다. 마피아 조직의 보스 돈 비토 코르네오네 역을 멋지게 연기한 말론 브란도와 극중에서 말론 브란도의 아들 마이클로 분한 알 파치노의 매력에 흠뻑 젖어들지 않을 수 없는 영화다. 범죄 영화이지만 잔잔한 멜로물을 보는 것 같은 편안함을 주고, 암흑가의 이야기를 다루지만 일상과 동떨어졌다는 느낌이 들지 않아 우리네 인생살이를 뒤돌아보게 만든다. 고전이란 수식어가 붙는 작품의 특성이 대개 그러하듯 〈대부〉도 그렇다.

말론 브란도의 연기에서 나는, 부작위(不作爲)에도 어쩔 수 없이 드러나는 무게보다 몽환인 양 일관되게 그를 감싸고 있는 회한에 더 주목하였다. 처음 〈대부〉를 본 나이가 몇 살인지 기억나지 않는다. 그때 말론 브란도의 연기에서 어떤 느낌을 받았는지 잊었지만 적어도 회한은 아니었다. 그리 많지 않지만 적다고도 할 수 없는 세월이 흐른 탓인지 지금은 영화 전편에 저미어진 그의 회한에 크게 공감하게 된다. 우리가 항상 승리를 꿈꾸는 삶과의 대결에서 승자는 언제나 삶으로 고정되어 있지만, 그 대결의 승자가 삶이라는 사실을 이미 인식하고 있지만, 그럼에도 결코 대결을 피할 수 없고 피할 마음도 없으며 그리고 패배가 예정된 그 대결에서 승리하기 위하여 혼신의 힘을 다하는 검투사의 무력한 절박함. 그것이 말론 브란도의 연기에서 우러나오는 회한이다.

회한은 한순간의 파국이 아니다.[8] 미끄러져 내려가면서 부지불식간에, 나이 들며 몸에 군살이 붙듯이 회한은 차곡차곡 퇴적된다. '아일랜드 큰뿔사슴'이 매해 낡은 뿔을 벗고 더 커진 새 뿔을 틔우듯 회한도 세월을 먹으며 몸집을 불린다. "그들만 남을 때까지 무작정 버티는", 그래서 참고 있는 눈물처럼 절실하다가기보

---

8) "그러나 그들은 번창하지는 못했다. …(중략)…기껏해야 그저 버텨 나갔을 정도? - 멀지 않은 곳에서 에밀리 디킨슨이 이런 시들을 읊고 있을 때쯤 일이 꼬이기 시작했지만.

멸망은 공식적인, 악마의 작품,
천천히, 지속적으로 -
한순간의 파국? 누구나 그런 적은 없으니,
'미끄러져 내려감'이 추락의 법칙이라,

그러나 그들은 무작정 버텼다. …(중략)… 나무들이 모두 베어져 나간 동산들 둘레에 그들만 남았다."
-〈중력의 무지개〉, 토마스 핀천 지음, 이상국 옮김, 새물결

다는 역설적으로 부엽토처럼 안온한 지탱이 회한의 특성이다. 말론 브란도의 얼굴에 비친 바로 그 특성 말이다.

아버지로부터 대부 자리를 물려받는 알 파치노의 마이클 역 연기에서는 회한이 묻어 나오지 않는다. 알 파치노의 카리스마 넘치는 연기에서 말론 브란도에서 나타난 것과 같은 회한이 침출되었다면 그 연기는 실패한 연기라는 평가에 직면하였을 터이다. 일말의 회한 없는, 그의 아버지가 또한 젊은 날 그러하였을 거침없는 질주만 목격된다. 달리는 사람에겐 원경(遠景)만 목표로 고정된다. 주변 풍경은 휙휙 바람처럼 지나간다. 그는 주변 풍경에 속한 사람이지만 원경에 고착되어 있기에 주변으로부터 유체이탈하게 된다. 발과 시선의 이러한 괴리는 회한이 싹을 틔우는 최적의 환경이 된다. 그리고 그 속도는 회한을 키우는 자양분이 된다. 달리는 순간에는 의식하지 못하지만 달리기를 멈추는 순간 회한이란 그림자가 줄곧 자신을 따라왔음을 갑작스럽게 인식하게 된다.

〈대부〉에서는 멈추기 전의 알 파치노만 보여준다. 이러한 괴리는 라스트신에서 극적으로 드러난다. 후계자에서 대부로 명실상부하게 등극하는 순간 알 파치노는 즉위식인 양 주변을 냉혹하게 정리하는데, 그중에 매형도 포함된다. 가톨릭 전통에 의거해 누나와 매형의 자식, 즉 조카에게 기꺼이 대부가 되어 주면서 동시에 알 파치노는 조카의 아버지, 즉 매형을 목 졸라 죽이도록 지시한다. 극중 누나 코니가 알 파치노를 찾아와 자신의 남편을 죽인 그에게 "매형을 죽인 살인마"라고 울부짖는다.

절규하는 시누이가 끌려 나가고 난 뒤, 자신의 남편이 대부란 사실을 이미 알고 있지만 대부가 곧 냉혹한 암흑가의 두목과 같은 말이라는 것까지는 차마 받아들이지 못하고 있던 알 파치노의 아내 케이(다이안 키튼 분)가 정색하며 묻는다. 사실이냐고("Is it true?"). 당신이 살인자냐고.

사업 얘기는 묻지 말라며 화를 내던 알 파치노가 딱 한 번만 질문을 허용하겠다고 하자 케이는 다시 묻는다. 사실이냐고("Is it?").

잘 알려져 있듯이 이때 알 파치노의 대답은 "No"이다.

알 파치노는 "No"라고 말함으로써 거짓말을 한 것일까. 형식 논리로는 명백한 거짓말이다. 양아치이니까 응당 아내에게도 거짓을 말하는 걸까. 하지만 나는 영화 〈대부〉 속에서 알파치노가 "No"라고 말할 때 거짓말한다는 느낌을 받지 못했다. 〈대부〉를 본 사람들 중 상당수가 나에게 공감하지 않을까 싶다. 거짓은 아무리 아름다운 거짓이라도 특정한 불편함을 야기하지 않을 수 없다. 소설 〈암흑의 핵심〉의 한 구절을 살펴보자.

"그 이유는 내가 다른 사람들보다도 더 정직하기 때문이 아니고 그저 거짓말이 내게는 무섭기 때문이야. 거짓말 속에는 죽음의 색깔이 감돌고 또 인간 필멸(必滅)의 냄새도 풍기는 게 아닌가. 바로 거짓말의 이런 속성이야말로 내가 이 세상에서 증오하고 혐오하는 바이며 내가 잊어버리고 싶은 바이기도 하다네. 그리고 그런 속성은 마치 무언가 썩은 것을 한 입 물었을 때처럼 나를 비참하게 하고 또 구역질나게 한다네."[9]

　그렇다. 거짓으로부터는 "마치 무언가 썩은 것을 한 입 물었을 때"의 넌더리나는 불편함 같은 게 초래된다. 그런데 영화 〈대부〉에서는 거짓이 자명함에도 불구하고 그런 불편함은 없다. 왜인가? 기실 알 파치노의 "No"는 진실(truth)이기 때문이다. 물론 알 파치노는 극중에서 매부의 살인을 교사했다. 그것은 결코 변경될 수 없는 사실(fact)이다. 그런데 죽였으면서 동시에 죽이지 않았다는 게 어떻게 참인 명제로 성립할 수 있는가. 논리학의 세계에서는 검은색이면서 동시에 흰색일 수는 없다. 귀납 아니면 연역이지 그 둘 다일 수는 없다. 하지만 삶은 논리가 아니다.

　영화 속이기는 하지만 영화 역시 현실보다 더 현실다운 픽션이기에, 알 파치노가 매부를 죽였다는 사실(fact)에도 불구하고 아내에게는 죽이지 않았다는 진실(truth)이 성립할 수 있다. 진실은 사실의 총합이 아니다. 어느 정도 나이를 먹으면서 사실들이 자동적으로 삶의 진실을 기술하는 게 아니라 삶을 구성하는 진실은 사실들을 선별적으로 포획하게 된다는 점을 이해하게 된다. 적나라하게 드러내거나 온통 까발리는 태도는 사실에 정면으로 맞설 의지와 능력이 있을 때라야 취할 수 있다. 사실의 무게에 깔려 진

---

9) 〈암흑의 핵심〉, 조셉 콘래드 지음, 이상옥 옮김, 민음사

위에 신경조차 쓰지 못할 상황이 예견될 때 우리는 사실이 아니라 진위를 선택한다. 사실은 무작위로 흘러가지만 진실은 욕망에 의거하여 삶 속에 구성된다. 복잡하게 얘기할 것 없이 간단하게, 사실을 감당할 능력이 없는 사람에게 사실들로 무차별 공습을 퍼붓는 건 야만의 행태라고 말할 수 있다. 그런 사람에게는 문맥과 욕망이 거세된 사실들로 엄밀하게 구성된 진실은 무의미하다. 우리는 욕망과 문맥 속에서 진실을 수용하는 법이다.

그렇다면 알 파치노의 진심은 매부를 죽이지 않는 것이었으며, 다만 현실이 그의 욕망을 좌절시켜 자신도 원하지 않는 사실들을 그의 삶에 진열하기에 이른다. 알 파치노의 "No"는 진심이었기에 진실이다. 알 파치노의 아내가 원하는 진실 또한 진심일 테니 알 파치노는 거짓말을 하지 않은 것이 된다. 아내가 만일 객관적 사실들로 자신의 진실을 구성하고 싶었다면 그저 현실을 파악하는 것으로 족했다. 파악하지 않고 묻는다는 것은 사실이 아닌 진실에 대한 원초적 욕망을 드러낸다.

"거기서 우리는 인간이야말로 보잘것없고 방향을 상실한 존재라는 느낌을 가지지 않을 수 없었지만, 그런 느낌이 반드시 우리를 우울하게 하지는 않았어. 우리가 보잘것없는 존재이건 아니건 어쨌든 그 더러운 딱정벌레 같은 기선은 기어가고 있었고 우리가 그 기선에게 바라는 것도 그것뿐이었으니까."

말론 브란도는 자연스럽게 영화 〈대부〉에서 또 다른 영화 〈지옥의 묵시록〉으로 우리를 이끄는데, 이 인용문의 출전 〈암흑의 핵심〉은 〈지옥의 묵시록〉의 원작이다. 소설 〈암흑의 핵심〉에서 화자 말로는 커츠라는 미지의 인물을 찾아간다. 탐사와 만남, 그리고 커츠의 죽음이 파노라마처럼 인생의 비의를 전한다. 소설에서 커츠가 죽을 때 마지막으로 남긴 말 "The Horror, the Horror"는 소설 속 대표적 명대사로 종종 소개된다. "The Horror, the Horror"를 어떻게 해석해야 하나에 관하여 고민할 틈도 없이 소설에서 반전이 일어난다. 소설 속 화자 말로가 주인공 커츠의 약혼자에게 찾아가 커츠가 죽기 전에 마지막으로 남긴 말이 약혼자의 이름이었다고 말하는 대목에서다.

말론 브란도를 통해 만난 말로와 알 파치노는 공교롭게도 각각 작품의 마지막 대목에서 거짓말을 하게 된다. 말로 또한 알 파치노와 마찬가지로 사실이 아니라 진실을 말했다고 볼 수 있다. 여기서 거짓말에 관해 도덕성을 운위한다면 어설프기 그지없겠다.

커츠의 약혼자가 자신만의 진실을 추구하고 있는 상황에서 말로가 사실을 들이밀어 약혼자의 진실을 파괴할 권리를 가질까. 그럴 수도 있겠지만 본질적으로 사실(fact)과 진실(truth)은 다른 차원의 문제이다. 약혼자에게 커츠의 진실은 중요하지 않고 약혼자의 진실이 중요하다. fact는 흘러가는 것이고 truth는 구성되는 것이기에. 어차피 우리는 각자 자신의 세계 안에서 자신만의 진실을 구성하면서 욕구를 충족시키고 삶의 동력을 얻는다.

사실만을 까발린다고 뭐가 달라질까. 사실과 진실이 일치하지 않을 때 우리가 사실을 가지고 특정한 진실을 깨야 할 정도로 되바라질 필요는 없지만 그럼에도 불구하고 그런 불일치에 직면하게 되어 씁쓸해지는 것까지 어쩌지는 못한다. 진실과 사실의 불일치가 일어나면 소설 속 커츠처럼 예민한 인물은 분열을 일으키게 된다. 분열은 끔찍한 것(The Horror)이다. 분열은 신랄한 빈정거림이기도 하다. 바라건대 우리가 사는 세상이 사실과 진실이 일치해 애초에 분열이 존재하지 않는다면. 하지만 그런 세상이란 결단코 존재하지 않으며 그러한 비대칭 속에서 알 파치노나 말로처럼 진실에 최선을 다할 수밖에 없다는 게 살아짐의 깨달음이 아닐까. 그리 오래지 않아 씁쓸함이 진하게 찾아오리라는 것 또한 잘 알지만 말이다.

"인생이라는 건 우스운 것, 어떤 부질없는 목적을 위해 무자비한 논리를 불가사의하게 배열해 놓은 게 인생이라고. 우리가 인생에서 희망할 수 있는 최선의 것은 우리 자아에 대한 약간의 앎이지. 그런데 그 앎은 너무 늦게 찾아와서 결국은 지울 수 없는 회한(悔恨)이나 거두어들이게 되는 거야. 승리를 향한 커다란 욕구도 없고, 패배에 대한 커다란 두려움도 없고, 미지근한 회의(懷疑)로 가득한 그 진저리나는 분위기 속에서, 우리 자신의 정당함에 대한 많은 믿음도 없이, 또 우리 적수(敵手)인 죽음에 대한 믿음은 더더구나 없이 다투기만 하는 거야."[10]

웃는 얼굴에 침 뱉기

한국인이라면 누구나 김미영 팀장을 들어봤을 것이다. 대출 등을 권하는 스팸 문자의 발신자로 흔히 적혀 있는 이름이다. 공식 검색어로 등록되어 있을 정도이니 본명이 실제로 김미영인 사람은 얄궂게 되었다. 하고많은 이름들 중에 왜 김미영 팀장이 유행을 타게 되었는지 궁금타.

미영이란 이름에서 드러나듯 이런 종류의 영업에서는 여자 이름이 대세이다. 나에게 종종 대출 관련 문자를 보내주는 사람의 이름 또한 여자 이름인 백선희이다. 눈이 많이 오거나 비가 많이 오거나, 혹은 날이 갑자기 추워졌을 때 "어디선가 누군가에 무슨 일이 생기면" 틀림없이 틀림없이 나타나는 마치 쌍가처럼, 걱정하는 내용의 다정한 문자를 변함없이 보내주는 백선희 팀장. 대출이나 핸드폰 번호 이동 등 거의 모든 텔레마케팅에서 이름이 김미영이나 백선희일 것 같은 여자 목소리가 들려온다.

---

10) 〈암흑의 핵심〉, 조셉 콘래드 지음, 이상옥 옮김, 민음사

시도 때도 없이 걸려 오는 스팸 전화가 여간 짜증스럽지 않다. 다른 일로 특별히 더 짜증스러울 때 이런 전화가 울리면 전화기를 던져버리고 싶은 충동마저 느낀다. 육두문자가 목젖에서 출렁거린다. 그런 판에 느끼하거나 거북한 남자 목소리가 울린다면, 듣는 사람이 남성이건 여성이건 불편하지 않을까. 김철수가 아니라 김미영인 이유이지 싶다.

오랫동안 같은 전화번호를 쓰다 보니 나 또한 자주 스팸 문자나 스팸 전화에 시달린다. 문자는 조금 귀찮긴 하지만 지우면 그만인데 스팸 전화는 심각한 수준까지는 아니어도 다소 난감하다. 나에게 배어 있는 하찮은 생활 규칙 때문이다. 습관이라고 하여도 좋을 게 긴 세월 고치지 못하였다. 예를 들어 '운전 시 행인에게 (되도록이면) 경적을 쓰지 않는다.' 같은 것인데, '특수 상황이 아니면 전화를 무례하게 끊지 않는다.'도 여기에 포함된다. 텔레마케터가 이 규칙에서 특수 상황의 적용 대상인지는 정확한 유권해석이 내려져 있지 않다. 상냥한 말투와 무관하게 걸려 온 전화 자체가 무례한 것이기에 이미 특수 상황에 해당하는 것일까. 또한 그렇게 사근사근한 태도로 들이댔다가 이쪽 반응이 부정적이다 싶으면 텔레마케터의 거의 대부분이 더없이 무례하게 "툭"하고 전화를 끊기 십상이니, 이 또한 특수 상황의 범주에 들 가능성이 높아 보인다. 스팸 전화를 받는 입장에서 스팸 전화를 건 사람에게 친절하게 응대할 이유를 찾기는 정말 어렵다.

하지만 전화 저편에, 사람이 있는 게 문제다. 저쪽에서 이쪽으로 가해지는 힘과 이쪽에서 저쪽으로 가해지는 힘은 단순히 작용과 반작용으로 설명될 수 없다. 전화를 받는 사람의 인격은 그냥 전화를 받는 이의 인격이지 스팸 전화를 받을 때와 아닐 때의 인격이 엄밀하게 구별되지 않는다. 무학(無學)대사의 논법을 빌리자면, 설령 개와 사람이 이야기하더라도 개는 짖고 사람은 말할 수밖에 없다. 익명성의 커튼이 이쪽과 저쪽 사이에 드리워져 있다 하여도 무학 논법이 쉽게 깨지지는 않는다.

아무리 익명이지만 어쩌면 익명이기 때문에 더더욱 친절할(더 정확하게는 무례하지 않을) 필요가 있는지도 모르겠다. 설령 수화기 너머에 개가 있다 하더라도 친절하지 않을 이유는 없다. 하지만 이러한 '호연지기'는 무학과 같은 국사(國師)가 아닌 탓에 곧 난관에 봉착한다. 물론 전화 저편의 존재가 로봇이나 기계가 아니라 사람임은 분명하지만, 전화 저편에 사람으로 존재하는 누군가가 전화 회선을 타고 넘어오는 사이에 기계(적으)로 변신한다는 데에 새로운 모호성이 추가된다. 프란츠 카프카의 소설 〈변신〉의 첫 장면을 떠올려 보자. 아침에 일어났는데 갑자기 자신이 벌레로 바뀌어 있다! 현대 사회에 이 설정은 그대로 확장된다. 자신은 분명 여전히 인간이지만 타인들에게는 벌레나 기계 같은, 인간이 아닌 존재로 인식되는 '트랜스포머'적 소통. 인류의 첨단 문명은 곧잘 인간을 비인간화한 기계나 로봇으로 바꿔놓는다.

이 전환은 비유적인 의미에 국한되지 않는다. 1898년 프레드릭 윈슬러 테일러라는 엔지니어가 미국 베들레헴 철강회사에서 삽

질을 표준화한 것처럼, 현대인의 삶 속에서 전환은 도처에서 또 생각보다 간단하게 일어난다. 비근한 예를 들자면 도시의 어느 거리에서나 인형옷을 입고 호랑이·토끼 등 다양한 동물인형 얼굴을 뒤집어쓴 정체불명의 판촉원을 볼 수 있다. 익명성이 작동하는 가운데 '비인간화한 전환'이 발생하는 평범한 사례인 셈이다. 다시 생각하면 인간은 원초적으로 우리가 만든 로봇과 별반 다를게 없다. 동력원·구성물질 등에서 차이가 나는, '현재' 인간의 기술력이 구현할 수 있는 로봇보다 더 고등의 또 독자적인 재생산이 가능한 생체 기계가 인간이기 때문이다. 피부가 금속으로 구성되었든 단백질로 구성되었든 거시적 관점에서는 동일한 피부일 따름이다.

영화 〈블레이드 러너〉에서 표현한 인간 정체성의 혼란은 현대인에게, 의식되지 않지만 엄연한 일상이다. 특히 현대 자본주의 사회에서 50년가량 살게 되면 인간이 더 기계 같고, 기계나 로봇이 더 인간 같은 정체성의 혼란을 다반사로 목격한다. 그러다 보면 "정체성의 혼란이 우리의 정체성"이라는, 뭐랄까 깨달음인지 체념인지 엇비슷한 것에 도달하게 된다. '트랜스포머'적 정체성은 수화기 이쪽과 저쪽에서 정도의 차이만 있을 뿐 공통적이다.

하여간 이런 혼란 속에서 나는 "지금 회의 중입니다." 같은, 스팸 전화를 받는 입장에서 굳이 그렇게까지 할 이유가 전혀 없는 뻔한 거짓말을 둘러댄다. 특별히 '김미영 팀장'으로부터 대출을 권유하는 전화가 오면 "제가 돈이 많아서 대출이 필요 없습니다."라고 나름 위트를 동원하여 대꾸한다. 핸드폰 번호 이동 권유 마케팅 전화에는 "제 형이 핸드폰 대리점을 합니다."라고 대답하는 등 나에게는 김미영 팀장의 품목에 따른 나름의 개별 대응 매뉴얼이 존재한다. 한 번은 대출 권유 전화에 예의 문항으로 응답했더니 텔레마케터 여성이 푹 웃음을 터뜨리며 "그럼 저 좀 빌려주세요."라고 말한 적이 있다.

기계가 갑자기 인간으로 돌아온 순간이었다. 우리는 갑자기 복원된 인간적 유대 속에서 몇 마디를 더 나누고 '인간답게' 전화를 끊었다. 그때가 정식으로 통화를 끝맺음한 유일한 스팸 전화였다. 또한 인간과 대화할 수 있었던 유일한 스팸 전화였다.

나에게 '김미영 팀장'의 실소는 장마철 짙은 구름 사이 송곳 구멍 틈으로 예기치 않게 투과된 햇살만큼이나 강렬한 기억으로 남아 있다. 조금 과장하면 그때 나는 영화 〈나는 전설이다〉의 월 스미스를 떠올렸다. 인간이 멸종하고 좀비들만 가득 찬 세상에서 유일한 인간이자 주인공인 월 스미스가 느닷없이 또 다른 인간을 발견한 기분이었다고 할까. 수화기 너머에 인간이 있었던 것이다. 구태여 지킬 이유가 없는데도 지켜온 나의 인간적 매뉴얼에 인간적으로 감응한 김미영 팀장. 그의 웃음은 "돈이 많다."는 나의 천연덕스런 거짓말과 돈이 필요한 그의 곤궁이 어우러져 만들어낸 해학이라 할 수 있다. "돈을 빌려달라."고 한들 빌려줄 리 있겠느냐만, 그럼에도 "돈을 빌려달라."고 말한 것은 행위나 요청이 아니라 소통, 그것도 인간적 소통 욕구의 발현이 아니었을까. 텔레마케터가 상대방에게 대출을 받게 만들기는커녕 거꾸로 자신에게 돈을 꾸어달라고 '고백'함으로써, 순간적이나마 인간으로서 자신의 삶을 기계화의 정점인 IT의 그물에다 걸어 넣었다. 나 역시 그에게 목소리로, 또 번호로만 존재하는 그저 하나의 기계에 불과하였겠지만 그의 인간적 소통 욕구가 익명성의 기계 세상에 하나의 균열을 만들어내는 데 성공하였다.

그러나 균열은 드물고 설령 어쩌다 생겼다 하더라도 곧 봉합된다. 영화 〈매트릭스〉에서 이쪽과 저쪽을 연결하는 통로가 전화로 설정된 게 흥미로운데, 극중에서 통화로 열린 통로는 아주 짧은 시간 열렸다가 곧 소멸한다. 그 균열도 그렇다. 오히려 우리네 삶에서는 소설 〈변신〉에서처럼 차단이 더욱더 강화하는 양상을 보인다. 한 50살을 넘어서면 우리네 삶에서 차단은 '벌레'와 인간 세상으로 확고하게 획정된다. 그때쯤이면 어떠한 균열이나 어떠한 되돌림도 가능하지 않게 된다는 사실을 저절로 알 수 있다.

인간의 공공연한 기계화를 설명하는 용어로 '팬암 미소(Pan Am smile)'라는 게 있다. 한때 미국을 대표하는 항공사였던 팬암의 승무원들이 짓는 미소를 말한다. 지금도 대한항공이나 아시아나항공의 승무원들에게서 쉽사리 발견할 수 있는 직무상 미소이다. '팬암 미소'는 항공업종에 국한되지 않고 백화점 등 대면 서비스 업종으로 널리 퍼져 나가 이런 직종에 종사하는 사람들의 얼굴에 '직업적 주름살'로 늘 자리 잡고 있다. 이 직종들에서는 흔히 웃음 교육까지 시행하는데, 웃을 일을 만들어주는 게 아니라 웃음을 교육시킨다고 하니 살짝 미간이 찌푸려진다.

사실 이 직업에 종사하는 사람들의 얼굴엔 인형같이 정형화한 미소가, 자연스럽게 혹은 기계적으로 번지고 있겠지만 마음속으로 인상을 구기고 있을 때가 훨씬 많을 것이다. '팬암 미소'를 지어야 하는 이러한 노동을 설명하는 용어가 '감정노동'[11]이다.

나이 50살가량이면 주름살과 일체가 되지 않는 한 '팬암 미소' 자체가 어렵다. 세월의 무게가 얼굴 피부를 눌러 이리저리 만들어낸 주름살은 기계적인 미소의 라인과 일치하지 않는다. '다행히' 일치한다고 하여도 (팬암) 미소의 라인과 주름살이 합쳐진 얼굴은 하회탈처럼 기이한 만족감을 줄 뿐이다. 어긋나기 마련인 두 선(線)을 일치시키기 위해 참 열심히도 살았겠다! 주름은 본질상 탈(脫)역사적이며, 개개 인간의 형이상학의 경계에 세워진 철조망과 그 그림자 같은 것이다. '팬암 미소'보다 더 확실하게 자본주의의 실상을 폭로하는 게 있을까.

하회탈을 쓴 중년의 풍경은 쓸쓸하고, 일치하지 않는 두 선을 억지로 일치시키려고 헛되이 애쓰는 중년의 안간힘은 가슴을 서

---

11) "자본주의는 감정 관리를 사용할 방법을 찾았고, 그렇게 감정 관리를 좀 더 효율적으로 조직하면서 더욱 박차를 가해 왔다. 또한 감정노동을 경쟁과 연결짓고, 실제적으로 '진심 어린' 미소를 광고하고, 그런 미소를 만들도록 노동자를 훈련시키고, 노동자들이 미소를 만드는지 감독하고, 이런 활동과 기업의 이익 사이의 연결 고리를 더욱 단단하게 만들 정도까지…."
- 〈감정노동(The Managed Heart)〉, 앨리 러셀 혹실드 지음, 이가람 옮김, 이매진

늘하게 만든다. 자본주의를 사는 한, 자본주의에서 노동자 또는 고용인으로 사는 한, 근속 연수와 무관하게 어떤 의미에서든 우린 모두 감정노동자이다.

2013년 2월 14일자 한겨레신문에 감정노동이 이루어지는 대표적인 작업장인 콜센터에 관한 기사가 실렸다. 험한 육체노동으로 분류되는 청소 노동과 비교하여 〈청소 일보다 더 힘든 콜센터… "월급은 욕먹은 값"〉이란 제목을 달았다. 기사 속에 등장한 서울 금천구 소재 어느 콜센터의 여성 노동자는 "월급은 욕설을 들은 값이라며, 듣고 참으라고 한다. 일이 많을 때는 점심시간도 줄인다. 거의 다 변비가 있고, 1년쯤 다니면 5kg씩 찐다."고 말했다. "욕먹은 값"이란 적절한 분석은 나와 어느 텔레마케터의 앞서 소개된 소통이 왜 극적인 것이었는지를 방증한다. '욕먹은 (값)'은 일종의 사용가치로 해석되는 게 타당하기에 그 번역어 감정노동이 아닌 그 사용가치가, 자본주의에서 노동을 상품으로 팔며 살아가는 우리의 실체를 날것으로 보여준다. 대출 판매, 마케팅 기획 등 우리 노동의 명목상 사용가치가 무엇이든 알몸의 사용가치가 '욕먹는 것'임을 시사한다. 교환가치를 발생시키기 위해서 노동의 사용가치에서 전환이 일어나는 것이다. 교환가치가 확보되는 한 사실 노동의 사용가치는 중요하지 않다. 그것의 내용이 무엇이든 노동이란 이름만 달면 그만이다. 자본주의 사회에서 맺는 모든 관계는 본질상 화폐적인 것이지만 자본주의적 삶에서는 어쩔 수 없이, 또는 화폐적 성격의 필연적 귀결로 계급적인 관계가 되고 말기 때문이다.

"자극보다 반응이 먼저란 얘기잖아."

토머스 핀천의 소설 〈중력의 무지개〉에 나오는 대사다. 감정노동의 성격이 그렇다. '팬암 미소'도 마찬가지다. 자극으로부터 반응이 도출되는 게 아니라 반응이 자극에 선행하는 세상은 전도(顚倒)된 세상이다. 자극을 떼어버린 반응과, 자극에 대한 반응으로 반응이 존재하되 자극보다 반응이 먼저인 논리체계는 크게 차이가 난다. 하회탈과 하회탈이 된 인간의 얼굴 간의 차이라고 생각해 볼 수 있겠다. 50대 중반의 나이에 자객의 손에 죽은 미국 16대 대통령 에이브러햄 링컨은 "나이 40이 되면 자기 얼굴에 책임을 져야 한다."고 말한 적이 있다. 곤혹스러운 게, 이때 자기 얼굴이 자기 것이 아니면 그 얼굴에 누가 책임을 지는 것이 합당한가 하는 것이다. 자기 목소리가 자기 것이 아닐 때 그 목소리에 누가 책임지는지는 분명하다. 대출 권유 텔레마케팅에서 대출을 집행하고 이자를 챙기는 건 텔레마케팅을 발주한 금융기관이며, 금융기관은 텔레마케터 목소리의 주인이기도 하다.

'팬암 미소'의 사회에서 자기 얼굴에 스스로 책임지기는 40살이든 50살이든 60살이든 거의 불가능하다. 반응이 먼저 실행되는 사회에서 자극에 대한 반응이 타당한 것이었는지는, 비록 현실 세계에서는 평가가 이루어지고 있지만 원천적으로 평가 자체가 성립할 수 없다. 상상임신에선 결코 낙태가 불가능한 것처럼 말이다. 그러니 나이 50살이 되어도 과거 이 나이에 기대된 그런 번듯한 주름과 역능의 미소가 가능하지 않을 밖에.

"그러나 현자는 오직 쾌락에 따라 동요되는 무지한 자보다 훌륭하다는 것이 명백하다. 왜냐하면 무지한 자는 외적 원인에 따라 여러 가지 방식으로 동요되어 결코 영혼의 참다운 만족을 갖지 못할 뿐만 아니라 자신과 신과 사물을 거의 의식하지 않고 살며, 작용하는 것이 멈추자마자 존재하는 것도 멈추기 때문이다. 이에 반하여 현자는 현재로서 고찰되는 한에서 거의 영혼이 흔들리지 않고 자신과 신과 사물을 어떤 영원한 필연성에 의하여 인식하며, 존재하는 것을 결코 멈추지 않고 언제나 영혼의 참다운 만족을 소유한다."[12]

스피노자의 말마따나 "존재하는 것을 결코 멈추지 않고 언제나 영혼의 참다운 만족을 소유"하는 그런 현자의 삶을 살 수 있다면 얼마나 좋을까. 하지만 우리는 현자가 아니며 더더군다나 무지한 자의 삶조차도 꿈꾸지 못한다. 전(前)자본주의 시대에는 "힘들 뿐 아니라 드물기까지 한" 어쨌든 '고귀한 것'이 존재했지만, 자본주의에서는 '고귀한 것'이 통째로 소멸하였다. 자본주의에서 주어진 최대 가능성은 '무지한 자'이다. 적어도 작용에 반응함으로써 존재할 수 있기 때문이다. 또한 '무지한 자'는 '자(者)'라는 표현이 드러내듯 적어도 사람이다. 반면 현대 자본주의 시대를 살아

---

12) 〈에티카〉, B.스피노자 지음, 강영계 옮김, 서광사

가는 절대 다수는 '팬암 미소'를 어색하게 붙인 기계에 불과하다. '무지한 자'가 기계보다 나은 존재인지는 알 수 없지만 현대사회가 오직 쾌락에 의해 동요되는 극소수의 '무지한 자'와 거의 대다수인 기계로 양분되고 있음은 명약관화하다.

"우는 아이 젖 준다."는 속담이 있다. 이 속담을 자극과 반응의 논리로 설명하면 걸맞은 자극을 가해 원하는 반응을 끌어내는 주체성을 구현한다고 볼 수 있다. 여기서 자극보다 반응이 먼저일 수는 없다. 울지 않으면 젖을 주지 않을 테니까. 반면 "웃는 얼굴에 침 뱉으랴."는 '팬암 미소'처럼 자극보다 반응이 먼저인 속담이다. 자극과 반응 간 순서의 역전은 현대사회에서 너무 일상적이어서 '노멀(Normal)'로 간주된다. 실현 가능성과 무관(無關)하게 과거 현자와 '무지한 자' 가운데 현자가 '노멀'이었듯, 지금은 실현 가능성과 유관(有關)하게 '무지한 자'와 기계 가운데 기계가 '노멀'이다.

정석대로라면 '노멀'이 '노멀'이지 '노멀'로 간주되기 때문에 '노멀'이어서는 안 된다. 기실 진정한 미소는 '팬암 미소'가 아니라 '팬암 미소'의 반대 개념인 '뒤센 미소'이며, 설령 '팬암 미소'만 볼 수 있는 세상이라 하여도 '뒤센 미소'가 '노멀'로 간주되어야 한다. 그러나 '뒤센 미소'의 발생 조건이 '노멀'한 자극이 반드시 선행되어야 한다는 것이기에, 반응이 먼저인 '팬암 미소' 사회에서 '뒤센 미소'를 발굴하기엔 근본적인 제약이 너무 커 보인다. 제 얼굴에 스스로 책임지지 못하고, 꽃을 볼 때 떠오르는 것과 같은 그런 자연스런 미소를 짓지 못한다면, 그럼 차라리 웃는 얼굴에 침이라도 뱉어보면 어떨까. '뒤센 미소' 대신 웃는 얼굴에 침 뱉기. 어쩌다 한 번쯤 가능하지 않을까.

윌리엄 셰익스피어는 이렇게 말했다. "아무리 미소를 지어도 악당은 악당이다." 쉰 살 남자가 된다는 게 미소 짓는 50살 악당이 되는 것에 불과하지 않았으면 좋겠다.

공짜 점심을 대접하라

흔히 세상에 공짜는 없다고 한다. '공짜로 드린다.'는 다양한 상업적 선전에 사람들이 쉽게 현혹되지 않는 이유는 세상에 공짜가 없다는 생각이 그만큼 널리 퍼져 있기 때문이다. '공짜 없음'을 명제로 정식화한 대표적 인물은 시카고 학파의 태두인 경제학자 밀턴 프리드먼(Milton Friedman)이다. 정확하게는 "공짜 점심은 없다(There is no such thing as a free lunch)."는 말을 남겼다. '공짜 점심'의 최초 발설자에 관해서는 이견이 존재하는데, 영미 SF 문학의 거장 로버트 하인라인(Robert Heinlein) 또한 자신의 소설에 비슷한 말을 적었기 때문이다. 한국어로는 전혀 차이를 느낄 수 없는 "There ain't no such thing as a free lunch."가 하인라인이 한 말이다. "공짜 점심은 없다."는 줄여서 'TANSTAAFL'로 쓰는데 이때 참조한 원래 말은 하인라인의 것이었다.

저작권자가 프리드먼인지 하인라인인지 헷갈리는 가운데 실제 '공짜 점심'은 1870~1920년 미국 뉴올리언스에서 발견된다. 그때 그곳의 어느 술집 주인이 어느 손님이든 술 한 잔 값만 내면 점심을 공짜로 제공하였는데, 결과적으로 손님들이 몰려들어 북새통을 이뤘다고 한다. 술집 주인 입장에서 그 자체로는 손해지만 술한 잔으로 끝나는 사람이 별로 많지 않다는 점을 감안할 때 대단히 성공한 마케팅이었다. 공짜 점심을 미끼로, 한 잔 술을 넘어많은 술을 팔았다. 이후 뉴올리언스의 많은 술집으로 '공짜 점심'마케팅이 급속도로 파급된다. 요즘 우리가 볼 수 있는 한국식 상술로는 "술값만 받습니다. 안주는 공짜. 무한 제공." 같은 영업이겠다.

철학적 배경이나 또 전반적 분위기를 감안할 때 "공짜 점심은없다."의 저작권자는 프리드먼으로 보는 게 타당해 보인다. 종종 'TANSTAAFL'을 프리드먼이 한 말의 줄임말로 착각하는 사람들이 있는데 그만큼 '공짜 점심'에 관한 프리드먼의 후광이 강하기 때문일 것이다. 일각에서는 프리드먼과 마찬가지로 노벨 경제학상 수상자인 폴 새뮤얼슨(Paul Samuelson)을 저작권자 반열에 올려놓는다. 새뮤얼슨이 한 말은 "Money works, but it does not work miracles. There is no free lunch on the monetarist menu."이다. "통화주의자의 메뉴엔 공짜 점심은 없다."는 뜻으로 프리드먼이 주창한 보편적 '공짜 점심'론과는 궤를 달리한다.

결론적으로 '공짜 점심' 저작권은 프리드먼에게 귀속된다. 이러한 결론이 자연스러운 이유는 프리드먼이 신자유주의 자본주의의 기초를 닦은 이데올로그로 간주되기 때문이다. 또한 프리드먼이 이 말을 자주 인용한 사실도 감안하여야겠다. 신자유주의 자본주의는 시장경제를 넘어 시장사회를 창출했으며, 사실상 시장을 신의 자리로 올려놓았다. 시장 만능의 세상에서는 시장의 방식이 통용될 수밖에 없다. 여기서 시장의 방식이란 거래를 뜻한다. "공짜 점심은 없다."고 할 때 흔히 기회비용이란 말이 따라다니고, 결국 '공짜 점심'은 '공짜'가 아니라 '공짜'의 기회비용으로 점심값(+α)을 치르게 된다.

점심 한 끼에도 예외 없이 비용이 산정되는 가치체계에 호혜라는 단어는 설 자리가 없다. 정말 일 없이 밥 한 끼를 살 수 있는 세상이 어느 사이에 슬그머니 종언을 고한 것일까. 특히 우리 문화에서 밥 한 끼를 나누는 행위는 값으로 계산할 수 없는 뜻깊은 것이었는데, 이제 그저 일종의 거래로 격하되고 말았다.

그러다 보니 "공짜 점심은 없다."가 당연하게 일종의 삶의 상식으로 받아들여진다. 물론 대체로 공짜 점심은 없다. 우리 사회에서 적당하게 안면 있는 사람들이 우연찮게 마주치면 악수를 나누며 반가움을 표시한 뒤 헤어질 땐 으레 "언제 점심 한 번 합시다."란 말을 교환한다. 이때 '언제'는 언제인지 모르는 언제이다. 다음에 다시 만나도 "언제 점심 한 번 합시다."로 작별인사를 갈음하기 마련이다. 그런데 어느 일방으로부터 진짜로 점심을 먹자는 연락이 오면 잠시 생각에 잠기게 된다. '왜 점심을 먹자는 거지?' 분명 "언제 점심 한 번 하자."고 해놓고 말이다. 만일 어느 일방이 사회적으로 월등하게 힘이 세다면 점심은 대부분 성사되지 않는다. "언제 점심 한 번 하자."는 말을 고지식하게 받아들여 전화하면 앞으로 오랫동안 선약이 있다거나, 아니면 직접 통화하지도 못하고 비서로부터 "회의 중"이란 이야기만 들을 뿐이다. 비즈니스에서 공짜 점심이 없다는 금언은 점심 자체가 비용(반대로 생각하면 자산)이라는 의미를 담고 있다.

그래서 비용을 지불하는 불편한 점심과 식욕·수다만 챙기면 되는 편한 점심이 자연스럽게 구분된다. 사람들이 친구 사이의 점심처럼 되도록 편한 점심을 선호하는 건 인지상정이다. 밥마저 비즈니스이기를 바라는 사람이 어디 있겠는가. 하지만 사회생활이 편하게만 진행될 수 있나. 밑지지 않고 남는 점심을 만들려는 비즈니스의 본능은 억제되지 않는다. 나아가 생존 본능으로 강제된다. 목구멍이 포도청이란 속담이 여기에 딱 들어맞는다.

언제까지 그렇게 살 건가. 한번 생각해 보자. 자신에게 공짜 점심을 사줄 사람이 몇 명이나 있는지. 진짜 공짜 점심 말이다. 그렇게 생각하니 나도 손가락을 꺾기가 간단하지 않다. 거래가 아니라 호혜의 관점에서 자신을 상대해 줄 사람이 가정(家庭)을 떠나 몇 명이나 될까. 혹은 가정에서마저 우리는 거래의 범주에 속한 인물이 되어 있는 건 아닐까. 아니면 거래의 관점을 떠나서 사고하고 행동하는 방법을 아예 잊어버린 건 아닐까. 50살 직장인, 50살 가장은 거래의 세상에 능숙하게 적응하고 있지도 못하지만 거래의 세상을 떠나서는 아예 생존 자체가 불가능하다는 점에서 이중적으로 불행한 존재이다.

50살 혹은 더 범위를 넓혀 베이비 붐 세대는 거래의 세상이 본격화하기 전, 호혜의 세상과 거래의 세상이 다소나마 공존하던 시기에 대한 향수를 간직하고 있다. 동시에 이들은 고도성장기를 거치고 이른바 민주화, 그리고 슬그머니 진행된 자유화의 세례를 받으면서 거래의 문법을 내면화하게 된다. 상호 이익이 가능한 호혜의 문법과 달리 거래의 문법 하에서는 누가 이익을 보면 누가 손해를 보는 트레이드-오프 관계가 필연적이다. 이익을 보려면 타인에게 손해를 끼쳐야만 한다. '공짜 점심'이 없는 세상에서 사는 법이다. 그 세상에서는 숫자만이 말을 하고 인간은 침묵한다.

그러나 '공짜 점심'이 배제된 채 숫자만이 말을 하는 세상은 서브프라임 사태 이후 이른바 자본주의 3.0이 전면적인 위기를 드러내면서(이른바 자본주의 4.0으로 이행을 염원하는) 십자포화를 맞고 있다. '공짜 점심'이 없는 세상에 변혁이 필요하다는 뜻이다.

경제학과 경영학에서 나타나고 있는 인본주의적 변화가 대표적이다. 경영학에서 그동안 숫자로 표현된 효율을 추구했다면 서서히 인간이 포함된 효율을 모색하는 흐름이 나타나고 있다. 물론 그런 흐름이 과거에 아예 없었던 건 아니다. 하지만 국지적이고 간헐적이었던 옛날과 달리 지금은 주류의 흐름으로 부상하고 있다. 경제학에서는 그간 서출 취급을 당한 행동경제학이 당당하게 목소리를 내는가 하면, 수학으로 환원된 기존 경제학에 대한 정면 비판이 나오고 있다. 서브프라임 사태 이후 본격화한 변화는 한때의 유행이 아니라 대세로 전환될 조짐마저 보인다.

세계적으로 이름을 얻고 있는 경제학자인 조지프 스티글리츠와 아마르티아 센, 그리고 장 폴 피투시가 함께 쓴 〈GDP는 틀렸다: '국민총행복'을 높이는 새로운 지수를 찾아서(MISMEASURING OUR LIVES)〉(박형준 옮김. 동녘)는 이 같은 대세를 확인시켜 주는 책이다. 평균과 숫자가 표상하는, '공짜 점심' 없는 세상의 숨겨진 진실에 대해 사회 전체로서 체계적으로 파고들어야 할 문제들을 제시한다. 그들의 말마따나 "수단과 목적을 혼동하는", 그래서 마르크스주의 용어로 소외를 야기하는 대표 선수가 '평균'이다. 지구촌에서 '평균'의 스타 선수는 국내총생산으로 번역되는 GDP이다. 1인당 GDP 즉 '평균'이 올라가지만 불평등은 심화하는 게 GDP로 표현되는 사회·국가·지구촌의 모습이다. GDP는 가치를 추구하지 않고 거래를 추구한다. 그러니 휘발유 사용을 증가시키는 교통 체증이 GDP를 높이는 역설이 성립한다. 이때 삶의 질은 오히려 낮아지며, 이 낮아짐은 계량적으로 파악되지 않는다. 삶의 질을 높이는, 거래되지 않는 비계량적 활동은 GDP에 포함되지 않는다. 요체는 GDP가 거래를 집계하지만 호혜는 배제한다는 것이다. 그래서 이 3명의 경제학자는 호혜까지 포함하는 새로운 삶의 질 측정 방식을 검토하자고 주장한다. '공짜 점심'이 불가능한 이런 삭막한 세상을 탈피하기 위해서 말이다.

이제 '공짜 점심'에 조금은 전향적 자세를 가져보자. 일단 '공짜 점심'이 불가능한 것만은 아니라고 받아들이자. '공짜 점심'의 방향은 상황에 맞게 고려할 수 있겠다. 공짜 점심을 얻어먹는 것부터 시작해도 좋고 공짜 점심을 사는 것부터 시작해도 좋다. 50살쯤 먹으면 그래도 나이가 나이인지라 먼저 사는 게 마음이 편할 것 같기는 하다. 아직 육체적으로나 정신적으로 충분히 젊지만 동시에 얼마든지 현장에서 퇴출시킬 만큼 늙은 나이가 50살이다. 세상과 인생을 조망하는 데 '공짜 점심'에서 힌트를 얻을 수 있다면 나이의 압박으로부터 다소나마 벗어날 수 있지 않을까.

영국의 소설가 올더스 헉슬리(Aldous Huxley)는 "사람은 인간 의지의 자유에 대해 점심 식사 전에는 비관주의적 결정론자가 되고 점심 식사 후에는 낙관주의적 신봉자가 될 수 있다."고 말했다. 만일 그 점심이 '공짜'라면 우리의 낙관주의는 더 강해지지 않을까. 그래 봐야 쉰 살인데, 앞으로 '공짜 점심'을 사고 얻어먹을 날이 창창하게 남았다.

유치환의 사랑시와 50살의 출구전략

작고한 시인 유치환을 나는 중고등학교 다닐 때 좋아하였다. 그의 시 가운데 가장 애송한 것은 〈바위〉였지만 〈행복〉이란 시도 종종 '애용'하였다. 까만 교복을 입은 까까머리가 마찬가지로 까만 교복을 입은 단발머리 여학생들에게 작업을 걸 때 나름대로 유효했던 수단이 유치환의 〈행복〉이란 시였다. 양념으로 가끔 노천명이나 김남조 같은 여류 시인의 시를 함께 읊조리면, 한약재 끓일 때 황기 넣은 듯 약발이 더 세어지기 마련이었다. 시 〈행복〉에서 "사랑하였으므로 행복하였네라"는 결어에 해당하는데, 어찌 보면 무난하고 심상하기 그지없는 이 시구가 세속의 기준으론 금지된 그러나 더없이 뜨거웠던 유치환과 이영도의 사랑과 결부되어 이 시의 백미로 통한다.

사랑하는 것은
사랑을 받느니보다 행복하나니라

오늘도 나는

에메랄드빛 하늘이 환히 내다뵈는

우체국 창문 앞에 와서 너에게 편지를 쓴다

… (중략) …

그리운 이여 그러면 안녕!

설령 이것이 이 세상 마지막 인사가 될지라도

사랑하였으므로 나는 진정 행복하였네라

유치환은 교통사고로 숨지는 1967년 2월 13일까지 여류 문인 이영도에게 하루도 빼놓지 않고 20년 동안 편지를 썼다. 유치환은 기혼남이었고 이영도는 딸 하나를 키우는 청상과부였다. '플라토닉 러브'란 수식어가 붙긴 하지만 시쳇말로 하나의 불륜이다. 하지만 불륜이란 말에 따라붙는 부정적 느낌 때문인지 두 사람의 사랑은 사실관계로는 분명 불륜이겠지만, 전혀 불륜 같지가 않다. 사랑이다.

그래서인지 이 시가 주는 절절함은 청년기를 훌쩍 지난 지금도 가슴을 울리며 여전하게 다가온다. 38살에 9살 아래 이영도를 처음 만나 40대 50대에도 한결같이 사랑을 지켰으니 유치환의 정열을 각별하다는 정도의 말만으로 설명하기엔 너무 미진하여 보인다. 어떻게 그의 열정을 설명할까 목하 고민 중인 나와 달리, 유치환은 간단명료하다. 그저 사랑하였으므로 행복하였네라!

그러나 우리네 인생이 어찌 그런가. 시와는 달리, 시인과 달리,

사랑하였으므로 괴로울 때가 더 많다. 괴로움을 피하려 사랑까지 피한다고들 한다. 심지어 요즘 청춘들은 생활을 지키려 사랑을 피한다고들 한다. 피한다고 피해지는 게 사랑이라면, 애당초 사랑에 사랑이란 이름이 붙지 않았을 테니 그런 노력은 거의 도로(徒勞)로 돌아간다. 요즘 젊은 세대의 사랑관(觀)을 엿보려면 젊은 이들이 즐겨 듣는 유행가를 살펴보는 것이 한 방법이다. 예나 지금이나 유행가는 시대의 거울이다. '검정 치마'라는 인디 밴드의 노래 〈젊은 우리 사랑〉은 제목만으로는 유치환의 시의 정조와 크게 다르지 않을 것으로 예상된다. 과연 그럴까. 가사를 들여다보자(참고로 '검정 치마'는 남성이다).

오 젊은 사랑 그것은

너무도 잔인한 것

어린 맘에 몸을 실었던

내가 더 잔인한가

모든 게 잘못돼서 죽어 버릴 듯

위태롭던 우리 일 년은

눈물과 거짓말이 배어 나오던

수많은 상처들만 남겼다

… (중략) …

정말로 나는 아무 상관없는 걸

될 대로 되고 망해도 좋은걸

내가 정말 사랑했던 사람은

나 나 나 나 나 나

〈행복〉과 〈젊은 우리 사랑〉의 가치관은 판이하게 다르다. 특히 〈젊은 우리 사랑〉의 사랑관(觀)은 경제관에 견주면 "공짜 점심은 없다."에 해당한다. 〈행복〉에서 "사랑하는 것은 사랑을 받느니보다 행복하나니라"는 〈젊은 우리 사랑〉의 "내가 정말 사랑했던 사람은 나"와 극명한 대조를 보인다. 〈젊은 우리 사랑〉은 이기심과 합리성을 근간으로 한 현대인 '호모 이코노미쿠스'의 사랑 같다. 그런 까닭에, 만일 50살에게도 사랑이란 게 있다면(물론 50살에게도 사랑이 있고, 40살에게도 사랑이 있다. 그들에게는 공인된 사랑이 없을 뿐이다. 공인된 사랑뿐 아니라 사랑 자체가 없을 수도 있겠다. 하긴 사랑이 없어서 다행이라는 중년도 보았다. 그러나 술자리에서 아저씨들은 대부분 "죽기 전에 정말 원 없이 사랑 한 번 할 수 있다면 다 포기할 수 있겠다."고 말한다. 진심일까? 같은 아저씨로서 나는 그들의 말 중 사랑은 진심 같아 보이는데 포기는 진심 같아 보이지 않는다.) 꿈꾸기는 유치환의 사랑을 꿈꾸지만 정작 하는 사랑은 '검정 치마'의 사랑일 공산이 크다. 50살에게도 사랑이 있다면 유치환의 사랑처럼 거의 불륜이겠지만, "사랑하였으므로 나는 진정 행복하였네라"일 수도 있겠지만, 그 사랑은 항상 기회비용을 가름하여 출구전략까지 수립한 사랑일 터이다.

"될 대로 되고 망해도 좋은걸"은 '나'에 관한 기술이 아니다. 결단코 상처·눈물·거짓말 속에서 '망하지 않고' 온전하게 챙겨

나가야 하는 건 '나'이다. '검정 치마'의 사랑은 출구전략의 사랑으로 유치환의 사랑처럼 무대포의 사랑이 아니다. 촌스럽게 사랑에 목숨을 걸다니!

〈삼국지〉에는 많은 전투가 등장한다. 그 가운데 장판파 전투는 〈삼국지〉의 주연 유비의 특성을 단적으로 보여준 사례로 유명하다. 장판파 전투의 무대는 〈삼국지〉에서 삼국의 교집합에 해당하는 형주이다. 형주의 주인 유표(劉表)가 죽자 권신들의 비호를 받은 차남 유종(劉琮)은 유언에 따른 정식 계승자인 장남 유기(劉琦)를 밀어내고 형주를 상속받는다. 평소 형주를 노리고 있던 조조가 남하하자 유종은 조조에게 항복하였다. 이에 유종의 측근 및 다수의 형주 사람들은 유비에게 귀순하였다. 많은 백성들이 유비를 따라 움직였기에 조조군(軍)이 진격하여 오는 급박한 상황에서도 유비는 하루에 10리 남짓밖에 이동하지 못하였다. 이때 조조가 직접 정예 기병 5천을 이끌고 유비를 추격하여 장판파에서 유비 무리를 급습하면서 유명한 장판파 전투가 시작된다. 이곳에서 유비는 패주하지만 〈삼국지〉의 맹장 조운과 장비의 눈부신 활약에 힘입어 목숨을 부지하고 이들의 영웅담은 후대에 길이 전해지게 된다. 이 영웅담이 전하듯 구사일생으로 살아난 유비는 손권과 연합하여 적벽에서 조조군을 대파함으로써 장판파 전투의 패배를 설욕하였다.

장판파 전투의 후일담으로 영웅전만 회자되지는 않았다. 당시 무모하기 그지없었던 유비의 출구전략은 두고두고 논란거리가 되었다. 조조의 군대에 붙잡힐 것 같은 화급한 상황에서 유비가 자신을 따르는 백성을 모두 데리고 도망간 게 과연 옳은 선택이었냐 하는 것이다.

백성을 끝까지 버리지 않은 유비의 선택을 두고 그를 옹호하는 입장에서는 흔히 공자의 '신(信)·식(食)·병(兵)'론을 꺼내 든다(정치가들이 빈번하게 거론하는 이야기이기도 하다. 그래서 유감스럽게도 이 이야기의 신뢰도가 깎아먹히곤 한다). 〈논어〉 안연편에 나오는 이야기로 한마디로 무신불립(無信不立)이다. 제자 자공(子貢)이 정치에 대해 묻자 공자는 "족식(足食)·족병(足兵)·민신(民信)"이라고 대답하였다. 국가와 국민의 살림살이를 넉넉하게 하고, 국방력을 강화하며, 국민들로부터 신뢰를 얻어야 한다는 뜻이다(子貢問政 子曰 足食足兵 民信之矣 自古皆有死 民無信不立). 셋 중에서 하나를 뺀다면 무엇을 빼야 하느냐는 질문에는 제일 먼저 '병(兵)', 그 다음으로 '식(食)', 마지막이 '신(信)'이라고 하였다. 정치의 요체 중의 요체가 '신(信)'임을 역설한 것이다. 자본주의 사회인 요즘에도 신뢰가 사회적 자본으로 불린다. '신(信)'이 '자본'이란 작위까지 받았으니 지금 기준으로도 공자의 답변이 탁견이 아닐 수 없다.

어쨌든 장판파 전투에서 유비의 출구전략은 '신(信)'을 중시한 어진 군주의 모습으로 평가된다. 병든 노인이나 지친 어린이를 자기 수레에까지 태워 한 명이라도 더 탈출시키겠다는 마음가짐을 보였으니 백성에 대한 신의를 확고하게 지켰다는 해석이다.

하지만 장판파 전투에서 유비가 패전에 준할 정도의 큰 손실을 입었기에 어진 군주인지 어리석은 군주인지 의문을 제기하는 견해도 있다. 혹은 당시 적수공권 신세로 쓸데없이 포부만 컸던 유비가 형주에서 기반을 잡기 위해서는 불가피한 선택이었다는 풀이도 존재한다.

사랑으로 치면 장판파 전투에 관한 주류 해석을 따를 때 유비는 유치환 식의 사랑을 한 셈이다. 유치환의 사랑이란 게 이영도의 마음을 돌리는 데만 매일 편지를 써서 3년이 걸렸고 사랑을 유지하기 위해 사망 전까지 총 20년 동안 매일 편지를 썼으니, 비효율도 이런 비효율이 없다. 반면 '검정 치마'는 고작 1년을 다루면서 온갖 계산이 다 튀어나온다.

50살 남자의 사랑은 어떨까. 몸은 '검정 치마'에 가깝지만 마음은 유치환에 가깝지 않을까. 하긴 2012년 12월의 대선에서 그러하였듯이 50살이라고 사랑에 모두 비슷한 태도를 취할 리는 없다. 아이 같은 사랑에서 가장 속물스런 사랑까지 이들의 사랑은 오히려 더 다채로울 법하다. 세상사에 통달할 만큼 통달하였지만 그 통달 또한 진짜 통달에서부터 자신의 무지를 절실하게 깨달았다는 의미의 통달까지, 그 폭이 넓듯이 50살쯤이면 아마 사랑에 통달하였을 것이다. 어찌 사랑에 기꺼이 목숨을 거는 사람이 없을까마는 대다수 50살 남자에게 사랑은, 바라건대 핵심 의제였으면 좋겠지만, 안타깝게 핵심 의제가 아니다.

그러니, 이제 사랑 타령은 잠시 접어두자. 50살 남자에게도 20

대 못지않게 소중하고 아름다운 사랑이 있겠지만 솔직히 대체로 또는 하는 수 없이 사랑보단 삶이 더 절박하며, 마침 삶에서 손실 없는 출구전략을 세우느라 다급한 시점이다. 열망 수준에서 50살 남자는 기꺼이 사랑과 생활을 맞트레이드할 담대한 기세이지만 실행 수준에선 꼬리 감추기에 급급한 늙고 털 빠진 수캐로 전락한다.

'검정 치마'의 노래에서 드러난 지금 젊은 세대의 사랑이 출구전략의 사랑이라면 50살 남자에겐 아예 사랑보다 출구전략이 훨씬 더 우선일 수밖에 없다. 정치 성향이 다르고 사랑에 관한 입장이 다르겠지만, 출구전략이 발등의 불이라는 데에는 대부분 동의할 터이다. 그러나 유비처럼 '신(信)'을 지키면서, 힘은 들었지만 자신과 병력을 보전할 수 있는 출구전략이 냉큼 도출될 수 있는 게 아니다. 사실 50살 남자에게 진짜 사랑이 드물듯 그런 완벽한 출구전략도 불가능하다.

하나 마나 한 얘기를 하자면 개인 차원에도 '신(信)·식(食)·병(兵)'은 유효하다. 출구전략을 세워야 하는 50살 남자로서는 결국 어떤 균형점을 찾느냐가 중요하다 할 것이다. 노무현 정부의 실세 장관이 사랑에서 실족한 일화가 시사하듯, 지뢰가 빽빽한 비무장지대(DMZ)인 양 우리 앞에는 물론 사랑까지 포함하여 이러저런 실족의 가능성이 지천으로 널려 있다. 그러한 사정이니 사랑에까지 덤벼드는 호기는 부리지 말자. 50살 남자는 생물학적으로 남성이지만 사회학적으로는 중성이다. 출구전략만 제대로 시

행하여도 지금으로선 어쩌면 남자로서 반쯤은 성공한 인생이 아
닌가(그래도 만약에 사랑이 다가오면? 호언장담과 달리 사랑에 비틀거리게 된
다면? 가수 바비킴의 노래 가사처럼 일단 "휘청거리면서 아닌 척을 하고"(〈사랑
그놈〉), 발길이 닿는 곳에 지뢰가 없기를, 기도라도 해야 하지 않겠나).

알 만한 가치가 있는 것의 하릴없음[13]

애기가 나온 김에 유표(142~208년) 이야기를 조금 더 해보자. 〈삼국지〉의 인물들 가운데 유표는 유독 문약하고 우유부단한 인물로 그려진다. 영웅호걸, 간웅과 장사가 줄지어 등장하는 무대에서 크게 보아 문관으로 분류되는 유표의 존재감은 미약하기 그지없다.

하지만 유표가 자력으로 형주를 장악한 것을 보면 그가 무능했다고 단정하기도 힘들다. 유비와 마찬가지로 황족이었던 유표는

---

13) "흔적에 의해 '체험'에는 새로운 차원이 부여된다. 체험은 더 이상 '모험'을 기다리고 기다릴 필요가 없다. 체험하는 자는 모험이 이끄는 흔적을 따라가면 된다. … (중략)… 흔적을 쫓는 자의 경험은 어떠한 노동 활동의 결과라고 할지라도 그것과는 거의 무관하거나 완전히 분리되어 있다. 경험은 어떠한 결과도 초래하지 않으며 체계도 없다. 경험은 우연의 산물이며 본질적으로 미완결성을 띠고 있다. 이것이 하릴없는[無爲] 자가 자진해서 받아들이는 의무의 특징이다. 알 만한 가치가 있는 것(강조는 필자)의 수집은 기본적으로 완결 불가능하며, 그러한 것의 이용 가능성은 우연의 여하에 따라 다르기 때문에 완결 불가능성의 원형은 연구(Studium)이다."
- 〈아케이드 프로젝트 2〉, 발터 벤야민 지음, 조형준 옮김, 새물결

조정에서 임명된 관리로, 즉 형주목(형주자사)으로 임지에 부임했다. 당시 나라가 전란의 상황이었기에 임명장과 임지는 크게 의미가 없었다. 유표의 전임자 형주자사 왕예가 손견에 의해 죽임을 당했다는 사실만으로도 무법천지에서는 조정의 임명장이 휴지조각과 다름없었음을 보여준다. 간단히 상황을 정리하면 무정부 상태인 형주에 정부 파견 관리가 혈혈단신 입성한 것이니, 서부영화로 치면 보안관이 나 홀로 총을 빼어든 채 악당들이 득시글한 마을로 걸어 들어가는 모습이다. 당시 형주 일대엔 수십여 개의 독자적인 군사 무리가 발호하고 있었다. 도적들이 두려워 명색이 정부에서 파견된 관리가 형주에 부임할 때 주도(州都), 즉 치소(治所)를 피하여 외곽으로 입성하였고 게다가 단기필마였다는 형편은 유표가 바람 앞의 등불 신세였음을 단적으로 보여준다. 그러나 유표는 유력 호족들로부터 조력을 얻는 데 성공하여 일거에 형주를 장악하는, 말하자면 쾌거를 거둔다.

형주는 유표에게 천하를 가져다줄 교두보가 될 수 있었다. 당시 천하를 두고 군웅이 쟁패를 벌이는 상황에서 자원이 풍부하고 전략적으로나 지리적으로 이점을 지닌 형주를 획득한 것은 엄청난 판돈을 수중에 넣은 셈이었다. 제갈량 등 수하들이 유비에게 형주를 취하라고 거듭 간한 이유이기도 하다. 그러나 정작 형주를 손에 쥔 유표는 쟁패에 가세하지 않았다. 대신 죽는 날까지 전란의 소용돌이에서 형주를 지켜내는 데만 골몰하였다. 유비·조조·원소·손권 등 각지의 영웅들과 한판 붙는 대신 그들과 일정한 거리를 유지하며 형주를 보위하는 데 주력한 것이다.

원소와 조조가 맞붙은 서기 200년의 관도(官渡)대전은 유표의 보신주의를 보여주는 대표적인 사건이었다. 유표는 조조·원소와 함께 전력 면에서 당시 천하의 '빅3'에 해당하였으므로 양 진영은 각각 유표를 자기편으로 끌어들이기 위해 진력하였다. 그때 유표가 어느 쪽엔가 힘을 싣기로 결심하고 실제로 행동하였다면 〈삼국지〉는 전혀 다르게 작성되었을 것이다. 역사에서 보듯 유표는 원소에게 출병을 약속하였으나 실제로 병력을 움직이지는 않았다.

이처럼 영웅이 될 기회가 주어졌는데도 마다한 유표에 대해 후세의 평은 대체로 부정적이다. 하지만 꼭 그렇게 부정적으로만 볼 일일까. 정부에서 임명된 관리로 나름대로 자신의 소임을 끝까지 다했다는 측면에서 높이 평가받을 만한 구석이 없는 것은 아니다. 힘깨나 쓰는 사람이면 누구나 영웅을 자처하며 천하를 도모하는 세상에서 자신에게 맡겨진 땅과 백성을 돌보는 데만 조용히 힘을 쏟은 행위가 그렇게 혹평을 받을 만한 것이었는지 반문하는 이들이 있다. 적어도 유표가 통치한 20년 동안 형주는 전화(戰禍)가 미치지 않은 풍요롭고 안전한 땅이었다. 유표 사후에 형주는 장판파 전투를 비롯하여 영웅들의 패권 다툼장으로 돌변하였고 이에 따라 곧바로 민생이 파탄나게 된다. 많은 백성들이 굶어 죽거나 무참하게 살해당하였고 수십만 명의 난민이 발생하였다.

역으로 유표의 '안전'이 이렇게 허망한 것이니, 길게 보면 20년의 평화기가 덧없다 할지 모르겠다. 하지만 아무리 전화(戰火)가 전국을 뒤덮었다 하여도 그 가운데 비록 잠시일망정 평화가 깃들었고 잠시 찾아온 부질없는 평화의 의미가 그럼에도 최소한 가볍지는 않아 보인다. 물론 직접 패자(覇者)의 길을 걸어 한시바삐 전란을 잠재우고 평화를 앞당겨 정착시키는 선택이 있긴 하다. 당대의 소위 허다한 영웅들이 내건 명분이 그러하였다. 짐작컨대 유표에게 남들 같은 명분이 없지는 않았으나 막상 패자가 될 자신(自信), 혹은 의지가 없었기에 그는 패자가 등장하기까지 자신에게 주어진 영토와 백성을 보전하는 길을 택하였다. 사실 유비·조조·손권처럼 남의 것을 모두 내 것으로 만들려는 사람보다, 유표처럼 남의 것에 욕심 내지 않고 자기 것을 소중히 여기는 사람이 이 세상에 더 필요한 법이다. 난세에는 어쩔 수 없이 그 필요성이 퇴색한다. 역사에 이름을 남긴 건, 그런 까닭에, 한탕주의의 갑옷을 두르고 도 아니면 모 식으로 투기에 몰입한 소위 영웅들이었다. 상생과 평화와 안전을 추구하는 상식인은 좀처럼 역사책에 성명을 올리지 못한다. 남기더라도 유표처럼 좀팽이로 기록될 확률이 높다.

우리의 왼편 나라에서 오른편 나라로 옮아가면 어떤 이야기가 전해질까. 일본은 사무라이의 나라이다. 벚꽃의 이미지에서 드러나듯 무(武)와 무인(武人)정신에 대한 숭상이 대단한 것으로 알려져 있다. 사무라이가 성공하면 다이묘(大名)가 된다. '크다'는 의

미의 다이(だい, 大)와 '지방 영주의 이름을 딴 영지의 명칭'이란 뜻의 묘(みょう, 名)가 합해진 다이묘는 지방 유력자를 뜻하며 쉽게 봉건영주쯤으로 받아들이면 된다. 10세기 말에 등장하여 메이지유신(明治維新)이 일어난 1867년까지 존속한 일본의 실질적인 지방 권력자였다. 한창 번성할 때 다이묘는 자신의 영지 내에서 자신에게 복종하는 독립 군대를 거느리며 사법권과 징세권을 행사하였다. 신하와 성을 가진 작은 왕이었던 셈이다.

넓은 의미에서는 다이묘 또한 사무라이이겠지만 거의 대부분의 사무라이가 다이묘가 되지 못하였다. 사무라이는 원래 모신다는 뜻의 '侍'에서 비롯하였다. 다이묘 등 말하자면 귀인(貴人)을 지근에서 모시는 경호원이었다. 점차 경호무사가 늘어나면서 사무라이란 명칭은 일반적인 의미의 무사를 뜻하게 되었다.

16~17세기 일본에서는 다이묘들이 서로 전쟁을 벌여 강한 다이묘가 인근의 약한 다이묘의 영토를 빼앗는 일이 빈번하게 일어났다. 도쿠가와 이에야스(德川家康)가 쇼군(將軍)이 되어 천하를 평정하기까지 다이묘와 사무라이는 약육강식의 험난한 세상에서 위태로운 삶을 이어 가야 했다. 그때 다이묘나 사무라이가 처한 현실이 중국의 〈삼국지〉 시대와 크게 다르지 않았을 것이다. 도쿠가와가 천하의 주인이 되기까지 겪은 간난고초도 유비에 비해 덜하지 않았다.

〈삼국지〉에 유비만 있는 게 아니라 유표도 있듯이, 그렇다면 당시 일본에 도쿠가와 이에야스 말고 일본판 유표가 있지 않았을까. 두 사람의 다이묘로부터 동시에 출병을 요청받은, 사무라이라고 하기엔 좀 크고 다이묘라 하기엔 좀 부족한 어떤 무사가 있다고 치자. 한 번의 출병이 자신과 식솔, 그리고 따르는 무사 집단의 안위, 나아가 생과 사를 판가름하게 될 상황에서 우리가 영화에서 보듯 그가 어떠한 주저도 없이 결연하게 언필칭 할복하는 심정으로 씩씩하게 전장으로 발걸음을 내딛었을까. 병사들은 집결시켜 두었지만 어느 편을 도우러 가야 할지 쉽게 결정하지 못하여 마지막까지 뜰 안을 서성이지 않았을까. 어쩌면 그때 벚꽃이 흐드러져 있어 그 아래서 결정하고 번복하고 결정하고 번복하고를 반복하지 않았을까. 끝내 차를 한 잔 시켜 벚꽃나무 아래 앉아 마시다가 찻잔에 떨어진 꽃잎을 보며 길흉을 헤아려 보고 출전을 미루고 또 미루다가 가능하면 전투가 끝날 무렵 승자의 편으로 달려갈 궁리에 몰두하지 않았을까.

의리에 초개같이 목숨을 던지는, 대외적으로 널리 알려진 유형의 사무라이보다 이렇게 생존 방책을 찾느라 부심한 사무라이가, 사무라이의 나라 일본에 더 많지 않았을까 하는 게 나의 상상이다. 나는 오히려 그런 '찌질한' 사무라이야말로 진정한 인간이었을 것이라고 생각한다. 호랑이는 죽어서 가죽을 남기고 사람은 죽어서 이름을 남기지만, 남의 목숨을 판돈으로 내어놓으며 제 이름을 후세에 떨친 인물에게서는 아무런 감동을 받지 못한다. 반대로 영웅과는 거리가 먼, 그저 세속적이라고밖에 할 수 있는 〈쉰들러 리스트〉의 주인공 같은 인물에게서 감동을 받곤 한다.

우리와 다를 바 없이 속물적이기 그지없는 쉰들러는 영웅이 아니었지만 많은 사람의 목숨을 구하였다. 인명의 가치를 가벼이 하지 않은 쉰들러나 유표, 그리고 만개한 벚꽃 아래서 부하들의 생명을 살릴 길을 고민한 어떤 사무라이가 소위 영웅보다 더 감동적이다. 사실 그래서 그들이 역설적으로 더 영웅적일 수 있다.

영화 〈타이타닉〉의 주인공 레오나르도 디카프리오와 케이트 윈슬렛이 다시 호흡을 맞춘 영화 〈레볼루셔너리 로드(Revolutionary Road)〉는 〈삼국지〉의 특이 인물 유표에서 표출된 것과 같은, 완결 불가능하지만 동시에 회피 불가능한 삶의 미래완료를 약간 일상적인 관점에서 풀어헤친다. 기욤 아폴리네르의 시 〈미라보 다리〉를 빌려 설명하면, 〈레볼루셔너리 로드〉는 "어찌 삶이란 이다지도 지루하더냐/ 희망이란 또 왜 격렬하더냐"란 시구를 영상화하였다고 하여도 과도하지 않다. 극중 에이프릴 역의 케이트 윈슬렛이 아폴리네르에 화답이라도 하는 듯 다음과 같은 대사를 날리는 대목에 이르면 이 영화가 아폴리네르 헌정 영화라 해도 손색이 없겠단 생각이 든다.

"나는 전혀 다른 미래를 꿈꾸었어. 난 꿈꾸기를 멈출 수가 없어. 떠날 수도 없고, 머물 수도 없어(I saw whole other future. I can't stop seeing it, I can't leave, I can't stay.)."

지루한 일상을 견디며, 그 지루한 일상 속에서, 불가능한 것을 알지만 격렬한 희망을 꿈꾸기를 포기할 수 없는 것. 여기서 핵심은 지루함을 견디는 것이다. 사실 희망은 중요하지 않다. 또한 희망의 격렬함이 인생의 지루함을 입증하는 지표는 아니다. 격렬함과 지루함은 별개 차원으로 따로 논다. 그저 지루함을 견뎌내는 힘을 잃지 않는 것만이 미래완료를 현재 시점에서 시제로 성립시킨다. 오직 그런 태도에 희망의 고갱이가 옹이 박히지 않을까. 영화 속에서 뉴욕 근교의 레볼루셔너리 로드를 떠나 파리로 가고자 하는 에이프릴이 "굳이 파리일 필요는 없었어(It didn't have to be Paris.)."라고 말하듯 희망은 그 자체로 아무런 의미를 갖지 못한다. 말하자면 알 만한 가치가 없는 것이었다. 알 만한 가치가 있는 유일한 것은, 격렬한 희망이든 지루한 희망이든 그 희망에 대해 전방위로 가해지는 간악한 음해를(다시 말하지만 희망이란 알 만한 가치가 있는 실체가 아니라 가려진 존재의 하릴없는 그림자에 불과하다. 그럼에도) 의연하게 외면하는 태도이다.

만일 우연이 이 세상을 지배하고 있다면 이 세상에 대처하는 원칙이랄까 방법이랄까 그런 건 어차피 미완결성의 연장일 수밖에 없다. 더욱이 현대 자본주의는 우연을 필연적인 것으로 체계화하며 미완결성을 결코 넘어설 수 없는 어떤 궁극의 것으로 대체하고 신격화한다. 프랜시스 후쿠야마 논법으로 '완결된 완결 불가능성'은 애초에 우리에게 영웅적인 가능성을 전면 차단한다. 알 만한 가치가 있는 것에 아무도 신경 쓰지 않으며 단지 우연 앞에서 오롯이 하릴없는 자만이 알 만한 가치가 있는 것에 헛되이 매진할 따름이다. 사무라이 검에 피를 묻히는 기개 대신 꽃잎을 쌓아 가는 용렬(庸劣)함으로 우리는 삶이 지평선 밖으로 내쫓기는 수모를 모면할 수 있다. 어차피 50살쯤 되면 용렬(勇烈)함이란 흐릿한 흔적이며 그 흔적은 쫓을 만한 의의를 지니지 않는다. 장년 이후에 남겨진 유일한 영웅성은 알 만한 가치가 있는 것의 하릴없음을 인식하는 것이다. 칼 마르크스가 "영웅적인 태만에 대한 근면의 승리"를 말했을 때 그는 동시에 인식이 없는 행위의 천민성을 지적한다. 굳이 반복할 필요가 있을까만, 또한 꼭 영웅일 필요는 없지 않은가, 우리 나이에. 50살 남자가 차라리 조금 비겁하여도 괜찮지 않을까. 동시에 행위가 배제된 천민적 인식의 위험에서 탈출하는 것 또한 우리 나이의 덕목이다.

시인이 말하듯 어차피 "세월은 가고 나는 남는다." 결코 완료되지 않은 채이겠지만 그래도 남아야 하는 데서 완결 불가능한 희망, 알 만한 가치가 있는 그 희망의 근거를 모색할 줄 아는 게 나이를 잘 먹는 비결이 아닐까. 짐승이 물가에 도착할 시각을 훨씬 넘겨, 그래도 도착한 지친 사냥꾼처럼 말이다.

밤이 와도 종이 울려도
세월은 가고 나는 남는다.[14]

---

14) 기욤 아폴리네르의 시 〈미라보 다리〉 일부

식이난타 vs. 식이불타 또는 위타불식?

지금으로부터 그리 오래되지 않은 과거 어느 날 한 선배가 점심 자리에서 나에게 나이를 묻더니, "참 좋은 나이"라고 말했다. 판단력과 일머리를 갖췄는데 아직 건강이 뒷받침해 주는 시기로, 지나고 보니 40대 후반 ~ 50대 중반이 자신의 인생에서 가장 좋은 시기였다는 술회이다. 삶에서는 방금 떠나 보낸 시기가 항상 더 아쉬운 탓에 그 선배의 선배는 인생의 전성기를 더 늦춰 잡을 수 있겠지만, 저간의 형편을 고려하였을 때 그 선배의 추정이 상당 부분 합리적이긴 하다. 운동선수가 아니라면 평균적으로 그 정도 연배에 각자 인생의 전성기에 도달하는 게 사실이다.

여기에는 전제가 있다. 전성기가 있는 사람에게만 해당하는 이야기라는 것이다. 이 말인즉 죽을 때까지 전성기를 체험하지 못하는 사람이 많은 게 현실이란 뜻이다. 단순히 '좋았던 시절'이란 게 존재할 수 있겠지만 전성기와는 조금 구분되지 않을까. 사람들은 거의 예외 없이 섹스를 하고, 또한 섹스는 대체로 좋은 것이지만 그렇다고 모두가 오르가즘을 느끼지는 않는다는 사실을 떠올리면 전성기의 유무가 이해되지 않을까 싶다.

다작으로 유명한 피터 드러커가 평생 저술한 자신의 책들 가운데 가장 마음에 드는 책을 고르라고 하자 "다음번 책"이라고 대답한 일화는 여기저기서 제법 인용된다. 드러커와 마찬가지로 우리는 우리의 전성기가 최대한 뒤로 미루어지기를 바란다. 가능한 한 오랫동안 상승세가 지속되고 만일 정점에 도달하였다면, 즉 더 올라갈 수 없다면, 바라건대 또 오랫동안 그 선(線)이 수평으로 이어지거나 완만하게 내려가기를 희구한다. 과도한 욕심이라는 걸 잘 알지만 말이다.

과도한 욕심을 부려도 애교로 봐주면 안 될까. 채워지지 않을 욕심이란 걸 잘 알면서 부리는 욕심이기 때문이다. 여기서 핵심 논지는 욕심의 유무가 아니다. 오히려 욕심의 지향점을 파악하는 게 더 중요하다. 피터 드러커에서 '일생의 책'이 항상 다음번이라는 얘기는 그가 현재에 항상 충실하다는 의미이다. 과거로부터 쌓아 온 현재에 무언가를 더 추가하니 미래에는 현재보다 더 쌓여 있을 가능성이 높을 수밖에 없다. 그러니 더 나은 미래를 기약할 수 있다. 반면 전성기가 가능한 한 뒤쪽에 오기를 바란다는 말은 현재에 대한 충실을 진술한 것이 아니라 그저 현재에 대한 불만족을 내포한다. 물론 현재에 불평하면서 현재에 충실할 수도 있지만 대체로 우리는 불평만으로 끝낸다. 그렇다면 드러커와는 반대로 현재는 미래로 축적되지 않을 수밖에 없다. 재론하면, 물론 전성기를 상정할 수 있는 사람이나 입에 담을 이야기겠다.

　나의 전성기에 관해 자평하자면, 지났을 수도 있고 아직 오직 않았을 수도 있지만 직장생활에 국한하였을 때 많은 사람들처럼 나에게도 전성기가 없을 것 같다. 한 회사를 벌써 20년 넘겨 다녀 회사를 손바닥 들여다보듯 하지만 많은 직장인들이 그러하듯 회사생활은 갈수록 미궁이다. 아니 오래 다닐수록 자신이 남겨놓은 흔적까지 가세하여 미궁이 더 심화하는 게 정답이다. 미궁의 원인은 대부분 직무보다는 함께 일하는 사람들이다. 더 효율적으로 일하기 위해 사람들은 조직을 만들어냈지만 조직이란 이름 아래 사람들은 비효율을 확대 재생산한다. 앞으로 펼쳐질 인생의 다른 시간과 장소는 모르겠고 지금 출구를 찾느라 분주한 이 미궁 안에서는 전성기라는 게 가능하지 않을 것 같다. 다시 얘기하지만 '좋은 날들'과 전성기는 다르다. 만일 그래도 직장이라는 곳에 전성기라는 게 존재한다면 대다수 회사원들에게 그 전성기는, 회사라는 조직의 속성상 각자의 입사 시점으로 소급하지 않을까.

　직장 등의 조직생활은 흔히 엔트로피의 법칙으로도 불리는 열역학 제2법칙과 흡사하다. 열의 출입이 차단된 고립계에서는 엔트로피(무질서도)가 감소하는 변화가 일어나지 않으며 항상 엔트로피가 증가하는 방향의(또는 일정한) 변화만 발생한다. 거꾸로 얘기하면 '고립계'에서 총 엔트로피가 항상 증가하거나 일정하다는 말은 엔트로피가 절대로 감소하지 않는다는 뜻이다. 열역학 제2법칙의 수식은 간단히 '$\Delta S \geq 0$'으로 표현된다. 'ΔS'는 엔트로피의 변화를 의미한다. 여기서 주목할 점은 에너지가 형태를 바꿀 때마다 엔트로피는 증가하는 반면 에너지가 보유한 능력인 포텐셜(potential)이 줄어든다는 사실이다. 엔트로피 총량의 증가는 에너지 가치(potential)의 소실과 동전의 앞뒷면처럼 연결되어 있다.

직장을 하나의 고립계로 간주할 수 있기에 우리 개개인은 고립계(회사)에서 열을 내고 있는 하나의 에너지로 기능한다. 세월이 흐르며 우리는 늙어 가고 더불어 업무 범위와 인적 관계의 네트워크가 확대되면서 엔트로피가 증가한다. 반면 우리의 늙어 감이 웅변하듯 우리의 가치인 포텐셜은 지속적으로 줄어든다. 20년 넘긴 직장생활의 결과는 엔트로피의 증가와 포텐셜의 감소로 쉽게 요약될 수 있다. 때로 엔트로피의 인문학적 표현인 미궁으로부터 탈출을 꾀하고 싶지만 그러기엔 남은 에너지가 부족해 보인다.

뭐 마음먹기에 따라선 거미줄처럼 일순간에 걷어낼 수 있는 별로 대단한 게 없는 미궁이긴 하다. 미궁 속에서 우리는 길을 찾느라 분투하지만 미궁이 2차원 설계라는 점을 감안하면 우리가 하나의 차원을 더하는 순간, 즉 3차원이 되어 버리면 미궁은 즉시 무력해진다. 차원 추가가 쉬운 일일까마는, 마음먹기에 따라선 그다지 어려운 일이 아니지 않은가.

대학생 시절엔 당연히 미궁을 예상하지 못하였다. 그때는 한 직장을 20년 넘겨 다니면 대단한 인물이 되어 있지 않을까 기대하였다. 사실 한 가지 일을 20년 넘게 하면 대단한 인물이 되어야 하는 게 정상이다. 그렇다면 우리 사회 도처에 대단한 인물이 넘쳐나야 하는데 알다시피 현실은 그렇지 않다. 자본주의 이전 시대에는 한 가지 일에 20년 이상 천착함으로써 장인이 되고 주변에서 존경 또는 최소한 인정받는 인물이 되었다. 현대 자본주의 사회에서는 40년을 한 직장에서 일해도 그런 일은 일어나지 않는다. 왜 그럴까.

우선 직무와 관련하여 근본적으로 심화 과정이 존재하지 않는다는 점을 들 수 있다. 현대 자본주의 사회에서 기능하는 조직들 가운데 개인에게 대체 불가능한 독창적 업무를 제공하는 곳은 드물다. 보편적으로 포드주의 DNA를 보유한 현대 조직에서 우리는 부품으로 존재할 뿐이다. 꼭 포드주의 때문이라고 말하기도 말하지 않기도 애매하지만, 자본주의가 고도화하고 금융자본주의가 등장하면서 기업가나 자본가 또한 이론상으로나 실제로나 언제든지 대체될 수 있는 취약한 존재로 전락하였다. 따라서 우리는 조직 내에서 능숙한 인물은 쉽게 될 수 있지만 탁월한 인물이 되기는 어렵다. 사랑할 때 흔히 하는 "너 없이 못 살겠어."라는 거짓말이 자본주의적 관계에서는 원천 무효가 된다.

탁월해지기 어려운 또 다른 이유는 계급적 이해의 작동에서 찾을 수 있다. 복잡해 보이는 외양 너머에서 어떤 형태로든 우리는 단순한 계급적 이해를 발견할 수 있다. 물론 바닥까지 들여다보고야 말겠다는 정직한 성찰을 거쳐야 한다. 설령 드물게 독창적 업무가 부여되었다 하더라도 현대 기업의 인적 자원 관리는 전체로서 기업 또는 조직의 효율 극대화를 추구하는 까닭에, 역으로 어느 정도 이상으로 개인 능력이 계발되는 사태는 공식적으로 표명된 인적 자원 계발에 관한 강력한 의지와 정반대로, 조직 심층에 자리한 보호본능에 의하여 구조적으로 미연에 방지된다. 탁월한 특정 개인이 조직을 좌지우지하는 어떤 상황도 조직이나 기업은 우려한다. 물론 리더십 이론에서는 개인 차원에서 대체 불가능한 사람이 되라고 적극 권면하고 경영학에서도 조직 차원에서 그런 인력을 양성하라고 말한다. 그러나 현장의 소위 모범적 조직에서는 대체 불가능한 인적 자원의 존재를 거북해 하며 이를 최소 수준으로 제한하고 핵심 역량에서는 항상 대체 가능성을 확보하려고 한다. 조직 입장에서는 당연히 조직 구성원보다는 조직의 대체 불가능성이 훨씬 더 중요한 이유다.

법적으로 독립된 하나의 인격체인 회사는 우선은 동종 업계의 다른 모든 회사를 경쟁 상대로 간주하면서 동시에 종업원도 잠정적 경쟁 상대로 상정할 수 있다. 자본주의의 기본 전제 중의 하나인 상품화에서 노동도 예외가 아닌데, 이 때문에 노동자는 신분제 사회에서와 달리 인센티브와 시장거래 가능성만 주어지면 언제든지 회사를 옮길 수 있다. 땅과 노동자가 하나로 묶여 있던 봉건제 사회에서는 대충 한 덩어리(lump sum)로 묶인 채 거래가 성립하였지만 가능한 한 거래 단위를 미소화(微小化)하려는 현대 자본주의 사회에서, 거래 범위의 확장이란 자본의 욕심은 오히려 인적 자원 관리에서는 질곡으로 작용한다. 즉, 물적 자원은 (시장이 정상으로 작동하고 거래 가격에 합리적인 태도를 취하는 한) 이론상 자본이 원할 때 사서 원할 때 팔 수 있지만 인적 자원은 살 때나 팔 때나 마음대로 되지 않는다. 거래 편의를 높이는 방향으로 인적 자원을 관리하려면 물적 자원의 수준에 최대한 근접하는 방향으로 인적 자원의 수준을 떨어뜨려야 하는데, 그래서는 경쟁 회사에 비해 우위에 설 수 없다. 경쟁우위를 서자니 인적 자원의 대체 불가능성을 높여야 하고, 그때는 거래의 편의가 훼손된다. 이 같은 딜레마로 인하여 기업은 종업원에 대해서도 모종의 유사 경쟁관계에 돌입하는 것이다. 간단히 말해 종업원은 통제할 수 있을 때까지는 자사(自社)의 자원이지만 통제를 벗어나면 언제든지 경쟁사의 인적 자원으로 돌변할 수 있기 때문이다.

더불어 항상 최대 수익률을 추구하도록 운명지어진 자본(회사)은 노동성과(勞動成果) 대비 노동비용을 낮추려고 부심한다. 노동생산성을 높인다는 말이 뜻하는 내용이다. 대체 불가능한 노동력에 대해서는 노동비용 산정에 관한 협상력이 떨어지기 때문에 자본은 이러한 노동에 대해 이중적인 태도를 취하게 될 수밖에 없다.

노동자 입장에서도 회사에 대해 이중적인 태도를 취할 수밖에 없다. 장기적인 생존을 위해서는, 가치를 창출하고 그것도 희소한 가치를 창출하며 남들이 쉽게 모방할 수 없을뿐더러 조직 내에서 대체 불가능한 인력이 되어야 하는데 알다시피 용이하지 않다. 쉰 살가량 되어 퇴직 시점이 다가오게 되어서도 마찬가지거나, 아니 오히려 대체 가능성이 더 높아진다.

내가 몸을 담은 직종에서도 사정이 비슷하다. 소위 전문직인 언론인은 경력이 쌓일수록 더 전문성이 쌓이는 게 자연스러운 일인데, 한국 언론계의 특수성인지 아니면 한국 사회 전반의 영향인지 언론계에서도 대체 불가능한 기자를 찾기가 쉽지 않다. 마셜 매클루언이 〈미디어의 이해〉라는 책에서 전문가에 관하여 내린 재미있는 정의가 떠오르는데 다음과 같다.

"거대한 오류를 향해 가고 있으면서도 세세한 잘못은 거의 저지르지 않는 사람."

매클루언의 정의를 살짝 빌리면 언론의 관점에서 대체 불가능한 언론인이란, 진실의 방향에 대한 탐구를 멈추지 않으며 사실의 발굴에 있어 세세한 잘못을 거의 저지르지 않는 사람이 아닐까. 그저 늙은 기자들만 많은 언론계 현실에서 언론인에 대한 가당치 않게 높은 기대 같긴 하다. 언론계 내부뿐 아니라 외부에서도 내가 매클루언을 인용하여 정의한 대체 불가능한 언론인에 대해 시큰둥한 반응이 예상되는 건 한국 언론의 업보이겠다. 기자나 언론인 대신 특정 신문사나 방송사의 직원만 볼 수 있는 게 우리 언론계의 현실이다. 50살 안팎의 기자를 이른바 중견 언론인이라고 부르는데, 이때 중견 언론인이란 말은 단지 언론사에 입사한 지 오래된 사람이란 뜻이다.

언론사 직원으로서 대체 불가능한 인력은, 더구나 불행히도 50 살쯤 먹으면 더 이상 진실과 양심을 운위하는 영역에서는 찾아지지 않는다. 이때쯤 되면 소위 '영업력'이 언론인으로서 중요한 역량이 된다. 회사로부터 그런 압박을 받지만 스스로도 그런 역할을 자발적으로 수용하는 편이고, 사내 후배들의 선배에 대한 기대에도 은연중에 그 기능이 포함된다.

그리하여 언론사 직원으로서 역할과 언론인으로서 역할이 사뭇 상충을 빚을 때 흔히 등장하는 말이 식이난타(食而亂打)이다. '먹고도 조지다(비판하다).'라는 뜻의 언론사 용어로, 사회적 공기(公器)란 기능에 걸맞게 쓸 기사는 모두 쓰면서도 영업력을 발휘할 수 있다는 양수겸장이다. 예컨대 삼성에게서 광고를 받고도 얼마든지 삼성을 비판하는 기사를 쓸 수 있다는 '호기'이다. 기자 개인으로는 촌지나 향응을 받고도 그 취재원을 능히 조질 수 있다는 '의연'함이다. 일각에서는 식이난타를 기자로서 또 중견 언론인으로서 성공하기 위한 필수 덕목으로 꼽는다. 언론계에는 식이난타형 기자가 최고의 기자라는 소문이 있다.

식이난타에 못 미치는 기자는 여러 유형이 있는데, 늙은 기자들 가운데 대표적인 게 식이불타(食而不打)이니, '먹고 조지지 않는다.'는 뜻이다. 먹었으니 상도의상으로는 먹은 값을 하는 게, 즉 조지지 않는 게 정상이나, 명색이 언론인인데 조지지도 못하니 뼈다귀 하나 얻어먹고 도둑에게 꼬리 치는 개의 몰골이다. 한데 언론계에서 이보다 더 하질로 치는 유형이 불식불타(不食不打)

이다. '먹지도 못하고 조지지도 못한다.'는 뜻이다. 기개를 높이 사는 유형은 위타불식(爲打不食)으로, '조지기 위해 아예 먹지도 않는다.'는 서릿발 같은 기상을 자랑하는 언론인이다. 이런 유형은 드물기도 드물고, 회사가 현실과 타협하고 있는 판이니 개인적으로나 심정적으로나 끊임없이 갈등을 겪기 마련이다. 위식난타(爲食亂打), 즉 먹기 위해 패는 최악의 유형도 있다. 언론인 중에서 더러 발견되지만 대체로 언론인보다는 언론사에 해당하는 유형으로 대다수 한국 언론사에서 언론의 핵심 기능으로 채택하고 있다.

이쯤 되면 대체 불가능한 언론인이란 무엇인지, 가능하기나 한 건지, 또 언론인에게 전성기란 무엇인지, 나같이 경계에 위치한 기자(일간지 기자는 매일 기사를 써야 하는데 나는 지금까지 제법 짧지 않은 기간 현업에서 빠져 연구자 등 기자 외의 삶을, 명목에 가까운 기자질과 병행하였다. 그래서 나에게 직무상으로나 신분상으로 계속 유지된 기자직이 합당한지 의문이 생기는 그런 기자)뿐 아니라 '전업' 언론인과 일반인도 언론의 사회적 기능과 관련하여 다양한 상념에 젖어들기 십상이다. 미궁은 점점 더 복잡한 형태로 발전하고 동시에 엔트로피가 높아지고 포텐셜은 급격히 감소하는 교착에 직면한 게 퇴직에 다가가는 늙은 기자의 처지이다. 다른 직종이라고 사정이 많이 다를 것 같지는 않다. 퇴직 시점이 조금 차이가 있거나 퇴직 시점의 퇴직 후 준비 정도에 차이가 있거나 하겠지만 엔트로피의 증가와 포텐셜의 감소라는 현재의 기본 구조는 동일할 것이다.

결국 벌떡 일어나 이 미궁 밖으로 뚜벅뚜벅 걸어 나가는 해법이 예상되는데(혹은 여왕개미와 교미 후 수개미들이 일거에 개미집에서 소탕되듯 미궁에서 버티다 떨려나는 시나리오가 예상되는데 이 시나리오가 더 설득력 있다), 미궁 밖에서 우리는 무엇을 만나게 될까.

하는 수 없이 60살보다는 한참을 더 길게 살아야 한다면 지금의 미궁 밖에서 새로운 전성기를 모색하는 게 합리적이긴 하다. 고립계에서 탈출하였으니 다시 높은 포텐셜에서 시작할 수 있지 않을까. 어차피 새로운 고립계에서 엔트로피는 다시 높아질 테고 100살 가까이 살아야 한다면 몇 번 정도의 리셋(re-set)은 불가피한 것이 아닌가. 전성기의 부재를 논하기엔 조금 성급할 수도 있겠다는 생각이 조심스럽게 든다.

"하지만 여러분, 희망한다는 것, 그것은 결코 금지되어 있지 않습니다."

이 문장은 프랑스의 저명한 사회학자 피에르 부르디외가 '사회학을 찬미하다'라는 제목으로 한 프랑스 국립과학연구원의 금메달 수상 연설의 결어이다. 무엇이 찬미의 대상이 될지 모르겠지만 금지를 무기력하게 수용하기엔 아직 여전히 젊지 않은가. 잊었는지 모르겠지만 젊다는 건 희망에 대한 무모함이다.

첨언 | 이 글을 쓸 즈음에 나는, 외도를 많이 하긴 하였지만, 현직 기자였다. 이 글을 퇴고하는 시점에 나는, 전직 기자가 되었다. 직장을 신문사에서 세상으로 바꾼 것이다. 어쨌든

나에게 기자로서 전성기는 허용되지 않았다. 50살 이후에 전직 기자 혹은 크게 보아 언론인 연구자로서 나에게 전성기가 올지는 여전히 불확실하지만, 전성기가 금지되어 있다고 단언할 수도 없다는 점에서 개인적으로 50살 후가 50살 전보다 더 흥미진진하기를 기대한다.

'쇼생크 탈출'과 '어린 왕자'의
길들이기

어느 한가한 휴일 오후나 유난히 잠이 오지 않는 어떤 밤, 소파에서 리모컨을 친구하여 채널을 바꾸다가 여러 번 본 영화인데도 다른 채널의 새로운 영화들을 마다하고 이미 본 그 영화가 나오고 있는 채널에서 리모컨을 내려놓을 때가 있다. 그런 영화는 뭐랄까, 딱히 한마디로 설명하기 힘든 소구력을 갖고 있다. 나에게 〈쇼생크 탈출〉이 그런 영화에 속한다. 크게 재미있는 영화가 아닌데도 뻔히 아는 줄거리를 다시 밟아 간다. 이런 류 영화의 장점은 전체 상영 시간의 어느 지점에서 끼어들어도 아무런 불편이 없다는 것이다. 앞으로 전개될 내용을 안다는 말은 지난 것도 알고 있다는 뜻이다.

전혀 감옥에서 주고받을 것 같지 않은 팀 로빈스나 모건 프리먼의 세련된, 때로 진지한 대사가 자연스럽게 느껴지는 이유는 내가 영어권 국민이 아니라는 사실 때문만은 아니지 않을까. 그런 종류의 대사 중에 감옥에 길들여진다는 것의 의미에 대한 모건 프리먼(극중 레드)의 촌평이 있다.

"감옥(의 벽)이란 게 재미있는 게, 처음에는 미워하다가 점차 익숙해지고, 나중에는 의지하기 시작해. 그게 감옥에 길들여진다(institutionalized)는 것의 의미야."

길들여지는 게 꼭 감옥에서만 일어나는 일은 아니다. 사회화, 세속화, 성숙, 경륜, 어른스러움 등 다양한 표현으로 나타나는 길들여지기는 곧 삶이다. 곧 살펴볼 〈어린 왕자〉에서처럼 하나의 비유이건 혹은 실제이건 길들여지는 게 프리먼 대사의 뉘앙스와 달리 무조건 부정적이지만은 않을 수 있다. 현대 자본주의 사회에선 인간이나 물건이나, 상품이 아니면 이 세상에 존재할 자격을 획득하지 못하듯, 우리가 만일 말이라고 가정한다면 (거의) 예외 없이 우리는 야생마로 살아갈 수 없기 때문이다. 앞서 살펴본 다른 영화 〈레볼루셔너리 로드〉에서 케이트 윈슬렛이 연기한 에이프릴처럼, 길들여져 있지만 야생마를 희구하는 성격은 현실 세계에서 희귀하다. 야생마가 인간과 함께 살 수 없듯이 어쩔 수 없이 길들여져 있지만 기질상 길들여지지 않으려고 하는 인간은 세상과 불화(不和)하기 마련이다. 세상과 조화롭게까지는 아니어도 불화하지 않으며 살려면 타협은 필수불가결하다. 타협하지 않으면 〈레볼루셔너리 로드〉의 에이프릴이 그러하듯, 활로가 없다.

게다가 우리 나이에서 드물게 목격되는 비타협 노선이 뉴욕에서 파리를 꿈꾸는 에이프릴의 무모하고 무결한 아름다움과 동일할 수는 없다.

'길들여지기'에 관해서라면 결코 빠뜨릴 수 없는 텍스트가 있다. 짐작하겠지만 생텍쥐페리의 〈어린 왕자〉이다. 〈어린 왕자〉의 구절 하나하나에 감응하던 우리 어린 날로 잠시 돌아가 보자.

"아니, 난 친구를 찾고 있어. '길들여진다(tamed)'는 것이 무슨 말이지?"

"요즘엔 많이 잊혀져 있는 일이지만 말야, 그건 '사이좋게 된다'(It means to establish ties ; '관계를 맺는다'는 번역도 많다. 물론 불어가 아닌 영어판 번역이기에 심각한 논쟁거리는 아니겠다)는 말이야."

… (중략) …

"…네가 친구를 원한다면, 나를 길들여야 해."

"하지만 어떻게 길들이는데?"

하고 어린 왕자가 물었습니다.

여우가 대답했습니다.

"인내가 중요해. 맨 처음에는 나에게서 조금 떨어져서, 이렇게 풀밭에 앉는 거야. 나는 너를 흘끔흘끔 곁눈질로 쳐다보지. 너는 아무 말도 하지 마. 말이란 오해의 원인이 되기가 쉽거든. 하루하루 날짜가 지나감에 따라, 너는 점점 더 내 쪽으로 가까이 와서 앉게 되는 거야. … (중략) … 언제나 같은 시각에 오는 게 더 좋겠어. 네가 언제나 오후 4시에 와 준다면, 나는 3시부터 마음이 설레기 시작할 거야. 그리고 시간이 지남에 따라 나는 점점 더 기뻐지겠지. 그리하여 4시가 되면, 너무나 흥분해서 안절부절못하게 되고, 나는 행복을 온몸으로 느끼게 될 거야."[15]

한국어 번역은 '길들여지다'로 같지만 〈쇼생크 탈출〉과 〈어린 왕자〉의 영어 표현은 'institutionalized'와 'tamed'로 뜻이 다르다. 한국어 '길들여지기'의 뉘앙스에 부합하는 쪽은 〈어린 왕자〉이다. 〈쇼생크 탈출〉의 'institutionalized'는 말 그대로 교도소·병원 등 기관·수용시설(institution)에 오랫동안 갇혀 있어 그 기관에 의존하지 않고 살아갈 수 없는 지경이 되었음을 뜻한다. 쉽게 중독이란 말을 떠올릴 수 있다. 또한 〈쇼생크 탈출〉의 길들여지기는, 미셸 푸코를 떠올리게 하는 제도나 권력에 의한 개인의 복종과 무력화의 구조를 취한다. 〈어린 왕자〉의 길들여지기는 대등한 권력을 지닌 개인과 개인이 유대를 형성(to establish ties)한다. 그러므로 〈어린 왕자〉에서는 서로 친구를 만들어내지만 〈쇼생크 탈출〉에서는 일방적으로 능숙한 수감자를 만들어낸다. 그러므로 〈어린 왕자〉에서는 설레고 기쁘고 행복하게 되는 반면 〈쇼생크 탈출〉에서는 익숙해지고 의지하게 되지만 그 출발점은 미움인 것이다.

나이 50의 우리는 행복의 길들여지기보다는 미움의 길들여

---

15) 〈어린 왕자〉, 생텍쥐페리 지음, 강인순 옮김, 지경사

지기에 더 길들여져 있는 게 아닐까. 비근한 예로 우리 대부분은 가정의 '행복의 길들여지기'보다 회사의 '미움의 길들여지기'에 더 친숙하다. 가족과 따뜻한 대화를 나누는 저녁밥을 마다하고 미움을 감춘 채 억지 팀워크를 자랑하는 폭탄주에 의존한다. 'institutionalized'는 현대 자본주의 조직의 본성이기 때문에 온갖 개선 시도에도 불구하고 'tamed'를 구현할 수 없다. 'institutionalized'한 조직 안에서는 고립무원의 영화 주인공 앤디(팀 로빈스)처럼 정말로 길들여지지(institutionalized) 않기 위해 투쟁하는 수밖에 없다. 그러나 더 곤혹스러운 것은 나이 50의 우리가, 전부는 아니겠지만 아마도 대다수가 'tamed'가 근간이 되어야 할 가정을 'institutionalized'로 바꾸어 나가는 현실이 아닐까. 사실 우리는 가정을 지키고 직장을 바꾸어야 하는데(바꿀 수 없다면 혹은 우리 스스로를 지켜야 하는데) 반대로 직장을 지키고 가정을 바꾸고 있지 않은가.

'institutionalized'의 길들여지기가 왜곡된 익숙함이라면 'tamed'의 길들여지기는 자연스러운 익숙함이다. 'institutionalized'한 방식으로 길들여진 사람은 〈쇼생크 탈출〉에서 보듯 출감해서 사회에 적응하지 못한다. 'tamed'한 방식으로 길들여진 사람이라면 익숙함에서 이탈하더라도 오히려 삶을 강화할 힘을 얻을 것이라고 가정할 수 있다.

생선 '도루묵'은 어원에 붙어 다니는 일화로 유명하다. 주지하듯이 '묵'에 '도루'라는 말을 첨가한 주인공은 조선 14대 임금 선조(宣祖)이다. 임진왜란 중에 피란을 가게 된 선조는 피란지에서 초라한 수라상을 받을 수밖에 없었다. 아무리 임금이지만 난리통에 대궐을 떠나 쫓겨 다니는 신세이니 궁중에서 받던 밥상은커녕 끼니를 간신히 때웠을 터이다. 이때 한 어부가 진상한 '묵'이라는 물고기를 먹고 선조는 그 맛에 감동하게 된다. 그래서 이름을 묻고, 그 이름이 '묵'이라고 하자 맛에 어울리지 않는다는 생각이 들어 즉석에서 '은어(銀魚)'라는 멋진 이름을 내려주었다. 전쟁이 끝나고 환궁한 선조는 어느 날 피란지에서 먹었던 '은어'가 생각나 다시 먹어보았더니 그때의 그 맛이 나지 않았다. 선조는 "도로(다시) 묵이라 불러라."라고 하여 이 생선은 '도루묵'('도로 묵'이 나중에 '도루묵'으로 바뀐다.)이라는 새롭게 승격된 이름을 얻게 된다. 짧은 기간에 '묵'에서 '은어'를 거쳐 '도루묵'이 된 것이다(일각에서는 선조 어원설이 근거가 없다고 주장하기도 하나 이 이야기가 워낙 널리 퍼져 있어 뒤집기는 힘들어 보인다).

감옥과 입맛은 다르다. 입맛은 간사하기 그지없어 아무리 오랫동안 노출되고 길들여졌어도 극과 극에 순식간에 적응하지만, 'institutionalized'한 감옥은 사람을 통째로 바꿔버린다. 출감한 프리먼이 매장에서 점원으로 일할 때 "화장실에 가도 되느냐?"고 매니저에게 묻는 장면을 나뿐 아니라 많은 사람들이 기억할 것이다. 우리도 그렇게 바뀌어 있지 않다고 장담할 사람이 몇 명이나 될까.

마침내 길들여지기를 모면할 수 없다면 우리는 파괴적이고 기형적인 'institutionalized'한 길들여지기의 사악한 음모를 최대한 막아내며, 'tamed'한 따뜻하고 인간 본연의 길들여지기의 영역을 보호하고 확대하려고 노력할 일이다. 그예 도로 묵이 되어서는 곤란하지 않은가.

은어와 수사자가 사는 법, 죽는 법

묵은 도루묵이 되었지만 셈법에 따라서는 밑진 게 없다. 오히려 이득이라고 판단된다. 물론 묵과 도루묵은 다르며, '도로 묵'과 도루묵 또한 다르기에 이득이라는 판단이 성급하다는 반론이 가능하다. 가치중립적인 묵과, 묵 입장에서는 가슴 아픈 희화화의 상흔일 수 있는 '도루'가 붙은 도루묵은 판이하다는 설명이다. 받아들이기에 따라서 '도로 묵'은 묵일 수 있겠지만(한데 의미를 넓혀보면 받아들이기가 쉬운 일이 아니긴 하다.) '도루묵'은 '도로 묵'이 되기에는 너무 먼 길을 떠나왔다. 가만히 있으면 중간이라도 갈 텐데, 건드리는 바람에 상처만 입어 중간 밑으로 가고 말았다. 일리가 있다.

발상을 조금 바꾸어 전성기란 잣대를 들이대면 얘기가 또 달라지지 않을까. 묵은 도루묵이 되었지만 '은어'로 불린 가슴 벅찬 전성기가 존재하지 않았나. 아예 묵으로 불리며 흔적 없이 사라지기보다는 한때 은어가 되어 본 게 나쁠 것도 없지 않은가. 이처럼 전성기가 존재한 것과 존재하지 않는 것 사이엔 넘을 수 없는 벽이 있다고 생각하는 이들이 있다. 한 번 장관 한 사람은 1개월을 했어도 퇴임 후 평생 장관님으로 불리는 우리 사회의 모습이 그 적절한 예가 될까.

도루묵이 은어가 된 사건은 비교우위의 관점에서도 풀어볼 수 있다. 궁중의 선조와 피란길의 선조를 각각 다른 나라로 가정하여 두 나라 사이에 무역을 발생시키는 그런 전형적인 구조가 아니라, 그냥 궁중의 선조와 피란길의 선조 각각에게 도루묵과 은어란 생선의 의미를 구별해 볼 수 있다. 이때는 비교우위보다는 효용의 관점에서 설명력이 더 커 보인다. 산해진미에 노출되어 있는 선조에게 도루묵은 효용이 거의 다 충족된 단계에 더하여진 한 단위의 한계효용에 불과하다. 왜냐하면 환궁한 선조는 다금바리든 흑돔이든 원하는 생선을 언제든지 원하는 만큼 먹을 수 있기 때문에, 맛의 절대 순위표에서 하위권에 속하는 도루묵이 선조의 변덕에 힘입어 밥상에 한 번 우연찮게 올랐다 한들 경쟁에서 이길 수 없었다. 반면 산해진미는커녕 끼니마저 불확실한 상황에서 피란길 임금의 초라한 밥상을 빛내고 있는 은어는 난중 수라상의 진객으로 당당히 대우받을 수 있었다. 통상 기본 음식 외에 12가지 찬품이 올려지는, 12첩 반상을 원칙으로 한 수라상의 다른 경쟁자들이 원천적으로 출전 기회를 봉쇄당한 덕분이다. 한정식집에서 한 상 크게 때려먹고 난 참에 누군가 개떡을 준다면 성의를 봐서 억지로 먹는다 하여도 그 맛이 크게 감동적이지 않을 법하다. 밭일이라든지 하여간 한두 끼니 거르며 힘들여 노동하고 난 뒤에 허기질 대로 허기진 상태에서 같은 개떡을 누군가 준다면 이때 그 맛이 꿀맛인 것은 자명한 이치이다.

여기까지는 선조 등 먹는 사람 입장에서 도루묵에 대해 생각해 보았는데, 도루묵 입장에서는 절대우위와 비교우위가 어떻게 작동할까. 만일 내가 생선이라면, 그래서 누군가에게 먹혀야 하는 팔자라면 이왕이면 그 누가 맛있게 먹어 주었으면 좋겠다. 설령 궁중에서 도루묵이 아니라 은어라 불린다 한들 1년에 한 번이나 수라상에 오를까 말까고 그나마 임금님의 젓가락이 닿는 둥 마는 둥 한다면, 차라리 궁중 밖에서 묵이 아니라 도루묵이라 불리며 휘건(揮巾) 따위는 걸치지 않은 배고픈 백성의 그저 고단한 한 끼에 의젓하게 끼고 싶다. 죽은 생선이 아니라 산 물고기로, 작으나마 비늘을 뽐내며 시원하게 헤엄치는 이야기라면 두말할 나위 없이 큰물이 더 좋겠지만 만약 밥상에 올라 누군가에게 먹혀야 하는 신세라면 완전히 다른 이야기이다.

얼마 전에 나는 언론계 어느 선배의 소식을 전해 들었다. 50대 후반에 퇴직한 후 그는 보일러 일을 배웠다고 한다. 평생 먹물로 살았지만 보일러 기능사 자격증을 딴 뒤에는 적지 않은 나이에 기름때를 묻혀 가며 노년을 보일러공으로 살고 있다. 요즘 그 선배 주변에선 그를 "김씨!"라고 부른다. 재직 시절 언론인으로서 기상이 남달랐던 그가 "김씨!"라는 호칭에 공손하게 대답하며 달려가는 풍경을 떠올리면, 애잔하지는 않다. 오히려 편안하게 미소가 지어진다. 동물의 왕국에서 한때 들판을 호령하던 사자가 지금은 늙어 혈혈단신(孑孑單身)으로 비참하게 떠도는 모습을 떠올릴 때의 안타까운 심정과는 분명 다르다.

사자는 그 생태가 사람들에게 꽤 많이 알려진 동물이다. 백수의 왕이어서 다큐멘터리 제작자나 동물학자들로부터 주목을 많이 받았고 일반인의 호응도 컸다. 광활한 사바나에서 단체 생활을 하기에 촬영해 놓으면 제법 볼거리가 된다. 산악 지역에서 고립해 사는 호랑이에 비해 촬영 품이 적게 들고 화면이 더 풍성하다(촬영 품이 적게 들 것이란 판단은 나의 막연한 추정이다). 애니메이션 〈라이온 킹〉에서 일부 엿보이듯 사자 사회의 정치학 또한 흥미를 유발한다.

사자 무리의 지배자는 수컷이지만 운영은 암컷들이 맡는다. 혈통이 암컷을 중심으로 이어지니 모계사회이다. 암컷 사자들은 새끼를 키우고 사냥을 하며 무리의 살림을 책임진다. 수컷은 영역을 지키고 무리 내 암컷이 발정나면 교미를 한다. 그 밖의 시간엔 잠을 자거나 영역을 경계하는 듯한 외양을 풍기며 간혹 어슬렁거린다. 사냥에는 별로 가담하지 않지만 암컷들에 의해 포획된 사냥감으로 무리의 만찬이 열릴 때 제일 좋은 부위를 먹는다. 사실 사냥 실력도 수컷이라고 암컷보다 뛰어날 게 없다. 목덜미를 휘감은 검은 갈기는 한 자락 바람에 멋지게 휘날려 마초성을 여지없이 과시하지만, 막상 사냥에서는 먹잇감에게 포식자의 존재를 노출시키는 성가신 장식일 뿐이다. 그럼에도 적잖은 수컷들이 제 힘으로 사냥해 먹고 살아야 한다. 애니메이션 〈라이온 킹〉에 약간 변형된 형태로 나오듯이 새끼 중에도 암컷이 아닌 수컷은 성장한 뒤 무리에서 쫓겨난다. 엄마나 이모들이 잡아다가 먹여주지 않으니 자력으로 사냥하지 않을 도리가 없다. 아프리카 초원의 방랑자로 떠돌다가 어느 무리의 '라이온 킹'을 쓰러뜨려 자신이 그 무리의 '라이온 킹'이 될 때까지는 스스로 사냥하며 끼니를 해결한다.

떠돌이 수사자에서 왕좌에 오른 '라이온 킹'이 제일 먼저 하는 일은 전 왕이 남긴 자식들을 모두 물어 죽이는 것이다. 사극에서 많이 등장하는 "후환을 아예 싹부터 없애버린다."는 대사와는 전혀 상관없는 행동이다. 단지 새끼를 키우는 암컷들이 새로이 교미를 하려 들지 않기 때문이다. 새 왕이 자기 씨를 퍼뜨리려면 부득이 전 왕의 자식들을 모조리 죽여야 한다. 새끼를 잃은 연후에는 암컷들이 순순히 교미에 응하게 된다. 이 같은 행태 때문에 암사자들을 비난할 이유는 없다. 암사자는 햄릿의 어머니 게르트루드와 다르다. 모성과 인간사는 다르며, 인간사와 달리 모성에서는 선택의 가능성이 근본적으로 차단된다.

유전자의 지시란 게 워낙 강력하기 때문에 전 왕의 새끼를 살려둘 만큼 자애로운 '라이온 킹'은 없다. '라이온 킹'의 재위라는 게 길어야 몇 년이고 짧으면 몇 개월 만에도 왕좌에서 밀려나기에 서둘러 제 씨를 뿌리는 데 혈안이 된다. 떠돌이 수컷에서 왕좌에 오른 이 수사자는 등극의 기쁨도 잠시 자신의 왕위를 노리는, 과거의 자신과 똑같은 수많은 떠돌이 수사자들을 격퇴하여야 한다. 그러다가 결국 그중 하나 혹은 둘의 수사자에게 일격을 당해 왕좌를 빼앗기고 왕국을 떠나야 하는 게 '라이온 킹'의 운명이다. 이제 전 왕이 된 '라이온 킹'은 떠돌이로 홀로 사냥하며 외롭게 살아가다가 혼자 죽는다. 부귀영화도 덧없이, 홀로 왔다가 홀로 떠난다.

다시 가정하여 내가 수사자라고 한다면, 은어이기를 거부한 것과 달리 이번에는 '라이온 킹'의 길을 받아들이고 싶다. 그렇다고 뭐 대단한 '라이온 킹'이 되겠다는 포부를 품은 건 아니다. 우리는 각자 다른 방식으로 '라이온 킹'의 길을 요구받고 있고, 그 길은 결국 내려와야 함을 알지만 그럼에도 어쩔 수 없이 제 힘으로 쟁취하며 걸어야 하는 길이다. '라이온 킹'의 길을 걷는다는 얘기가 꼭 '라이온 킹'이 되어야 한다는 명령문으로 독해되어서는 곤란하다. 주어진 길을 걷지만 모든 싸움에 패해 왕좌에 오르지 못하고 내내 혼자 삶을 짊어지는 떠돌이로 남기도 한다. 비유적으로 말하면 인간사에서는 '라이온 킹'이 되지 못한 채 '라이온 킹'의 길을 걸은 사례가 태반이다. 그럼에도 '라이온 킹'의 길을 걸어야 하는 이유는 다시 비유를 동원하면 수사자로 태어났기 때문이다. 되고 안 되고가 중요한 게 아니라 되고자 함이, 분투함이 중요하다. 우리에겐 의미와 무관하게 묵묵히 정언명법(定言命法)

으로 무턱대고 수행하여야만 할 일이 있다. 만일 우리가 수사자라면 '라이온 킹'의 길을 걷는 게 그러하다. 은어처럼 누군가 붙여주는 휘황찬란한 이름이 아니라 성패와 무관하게 피할 수 없는 길을 피하지 않는 대범함의 추구가 삶의 본령이며, 그 깨달음에 도달하는 즈음이 나이 50살쯤이 아닐까.

안토니오 네그리는 자신의 책 〈야만적 별종〉에서 "존재는 자신의 현재적 밀도가 좀 더 높은 수준으로 성장함에 따라 미래를 향한 더욱 큰 긴장이 된다. … (중략) … 어떤 다른 것과의 관계 속에서가 아니라 자기 자신과의 관계 속에서만."이라고 말했다. 네그리의 말마따나 성장은 단지 성취가 아니라 긴장의 수용력이 확대되는 것이다. 설령 자신이 도루묵일지라도 '라이온 킹'의 길을 걷고자 한다면 그 순간 이미 그는 '라이온 킹'이 된다.

자유를 꿈꾸었지만 자유롭게
살지 못한 세대의 남은 반생

  2012년 제18대 대통령 선거가 끝나고 한동안 '50대' 담론이 봇물을 이루었다. 극단적으로는 과거 한동안 유행한 '20대 개새끼론'에 이어 '50대 개새끼론'까지 등장하였다. 민주당 지지자들은 10년 전 노무현을 당선시킨 40대가, 50대가 되어서는 박근혜를 당선시키는 데 혁혁하게 기여한 '변절'에 분노하였다. 출구조사의 50대 투표율이 89%로 나타나 '50대 10명 중 9명이 투표했다'는 신문 기사 제목이 뽑히기도 하였다. 중앙선거관리위원회가 추후 집계한 50대의 투표율은 82%로 출구조사 때보다는 크게 내려갔다. 그러나 여전히 연령대별로 가장 높은 투표율을 기록하였다.

  연령대별 투표율은 50대 82.0%, 60세 이상 80.9%, 40대 75.6%, 19세 74.0%, 30대 70.0%, 20대 68.5% 순으로, 대체로 연령이 낮을수록 투표율이 낮은 기존 경향을 다시 한 번 확인시켜 주었다. 18대 대선 이후 출구조사의 50대 투표율 89.9%가 크게 화제가 되었

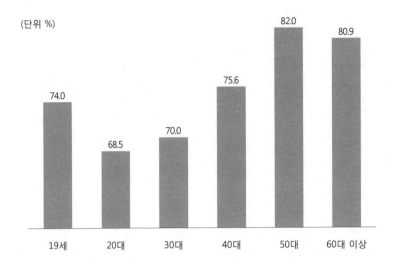

(단위 %)

19세	20대	30대	40대	50대	60대 이상
74.0	68.5	70.0	75.6	82.0	80.9

제18대 대통령선거 연령대별 투표율(자료: 중앙선관위)

지만, 이 수치 자체가 잘못된 데다 상승폭을 기준으로 하면 50대 보다는 오히려 20대가 더 주목 거리였다.

20대의 투표율은 절대수치로는 연령대 중 가장 낮았지만 '20대 개새끼'론이 제기된 17대 대선과 비교하면 큰 폭으로 개선되었다. 20대 전반의 투표율은 51.1%에서 71.1%, 20대 후반은 42.9%에서 65.7%로 20%p 이상 올라갔다. 반면 50대는 76.6%에서 82.0%, 60 세 이상은 76.3%에서 80.9%로 5%p 안팎으로 상승하는 데 그쳤다.

어쨌든 가장 높은 투표율을 기록한 50대는 박근혜를 대통령으로 만드는 데 상당 부분 기여하였다. '하우스 푸어'와 노후 대책을 걱정하는 50대가 10년 더 나이가 들면서 투표 성향이 바뀌었다는 게 일반적인 분석이었다. 다음 표에서 보듯 이 분석은 절반

5세 간격 연령별 득표율 비교 (자료 : 민중의 소리)

구분	2012년		2002년		격차(2012~2002)	
	문재인	박근혜	노무현	이회창	야당후보	여당후보
20대 초	64.6	35.4	60.2	33.6	4.5	1.7
20대 후	68.0	32.0	62.6	30.9	5.4	1.2
30대 초	67.3	32.7	61.3	31.7	6.0	1.0
30대 후	65.5	34.5	56.9	37.4	8.6	-3.0
40대 초	66.6	33.4	48.9	46.5	17.7	-13.1
40대 후	45.9	54.1	45.1	52.2	0.8	1.9
50대 초	45.8	54.2	40.8	55.7	5.0	-2.5
50대 후	29.0	71.0	38.2	57.7	-10.3	12.3
60대	29.2	70.8	38.2	60.4	19.0	10.4
70세 이상	25.8	74.2	42.9	54.9	-17.1	19.3

은 맞다.

　세부적으로 연령을 10년 단위가 아니라 5년 단위로 나누어 박근혜·문재인의 득표율을 살펴보면 50대 내에서도 50대 후반과 50대 전반 간에 성향 차이가 뚜렷하였다. 즉, 10년 전 40대 전반이었다가 18대 대선에서 50대 전반으로 바뀐 유권자의 여야 지지율은 변화가 목격되기는 하였지만 주목할 만한 차이는 아니었다. 변화는 10년 전 40대 후반이었다가 지난 대선에서 50대 후반이 된 유권자층에서 극적으로 나타났다. 표에서 보듯 52.2%인 이회창 지지율이 71%의 박근혜 지지율로 큰 폭으로 올랐고, 45.1%인 노무현 지지율이 29%의 문재인 지지율로 추락하였다. 18대 대선에서 50대 후반의 정치 성향 변화는 놀라울 정도다.

오히려 50대 전반의 투표 성향(박근혜 54.2%, 문재인 45.8%)은 40대 후반(박근혜 54.1%, 문재인 45.9%)과 거의 비슷한 양상을 보였다. 평균적으로 50살 남자는 젊은 세대와 늙은 세대 사이에서 거의 중간쯤의 정치 성향을 보였다. 정치적으로도 이른바 '긴 세대'의 특성을 드러냈다는 얘기다.

문제는 조만간 '긴 세대'에서 벗어나 본격적으로 50대 이후의 노·장년의 터널로 들어간다는 데 있다. 정치적 보수화는 피할 수 없는지 모른다. 보수화는 노령화에 따른 불가피한 현상일 수 있다. 새뮤얼 헌팅턴은 〈문명의 충돌〉에서 인구 중 15~24세 연령 집단이 높을수록 혁명과 개혁의 파고가 높아진다고 지적하였다. 프로테스탄트 종교개혁 같은 사건이 역사에 등장한 두드러진 청년 운동의 사례라는 게 헌팅턴의 설명이다. 헌팅턴의 논리에 따르면 급격한 노령화 트랙에 접어든 한국 사회는 1987년의 기념비적 민주화운동과 유사한 극적인 사건을 다시 겪을 가능성이 없는 셈이다. '좌클릭'의 동력은 떨어지고 노령인구의 증가로 '우클릭' 경향은 세어지고 있는 셈이다.

정치적 보수화와 함께 전반적인 길들여짐의 모습도 나타난다. 2013년 7월 이코노미스트는 경기 불황에도 선진국의 범죄율이 떨어지고 있다고 보도하였다. 1995년에 비해 일부 국가의 살인율은 70% 가까이 줄었다. 노인 인구의 증가, 전반적인 치안 강화, 젊은 세대의 생활 태도 변화 등을 주요 원인으로 이코노미스트는 분석하였다.

이코노미스트에 따르면 선진국의 범죄율은 지난 10년 동안 꾸준히 하락하였다. 미국은 1991년, 영국은 1995년에 재산 및 인명 관련 범죄가 줄어들기 시작하였다. 살인율은 2000년대 중반을 정점으로 하락세로 돌아섰다. 프랑스의 재산 관련 범죄는 2001년과 비교하여 절반 이상 감소하였다.

이 배경에는 우선 베이비 붐 세대가 나이 들면서 1950~80년대 범죄를 주도하던 16~24세 인구가 확연히 줄었다는 점을 들 수 있다고 이코노미스트는 지적하였다. 경찰의 치안 역량 강화와 젊은 세대의 라이프스타일 변화도 원인으로 꼽힌다. 이코노미스트는 요즘 젊은 세대가 예전에 비해 술을 덜 마시고 행동이 반듯한 편이라고 전하였다. 유럽연합(EU)의 25~34세의 28%는 아직 부모와 한 집에서 산다는 통계가 있다. 유럽 젊은 세대의 변화 모습은 얼핏 한국 사회와 크게 다르지 않아 보인다.

정치적 보수화는 민주당 지지자에겐 재앙에 가까운 현상이겠으나, 한국처럼 사실상 진보·보수란 이념 간에 특별한 내용 차이가 없는 정치 지형에선 큰 의미가 없을 수도 있다. 기득권 내 파당들 가운데 어느 세력이 정권을 잡기 더 유리해졌느냐 정도의 의미가 아닐까. 이른바 정치공학은 정치꾼들이 신경 쓸 일이다. 정치적으로 더 큰 문제는 18대 대선과 같은 유형으로 지지 성향이 고착되면 사회 여러 부문의 양극화와 맞물려 정치에서도 세대 간 대립이 극명해진다는 것이다. 18대 대선의 세대별 박근혜 지지율을 보면 20대 전반 ~ 40대 전반까지는 앞 숫자가 '3'으로 시작하는 반면, 50대 후반부터는 앞 숫자가 '7'로 시작한다. 정치적으로 남북, 동서에 이어 3·7 분열이 뿌리 내릴지 모른다는 불안감을 떨치기 힘들다.

50살 남자는 앞으로 적지 않은 날을 살아야 할 터인데, 머지않아 정치 현장에서 매번 젊은 세대의 열망을 가로막는 '꼴통'으로 싸잡아 간주될 전망이다. 50살 이상은 다 죽어야 사회가 바뀔 거란 푸념 성격의 극단적 정치 발언도 예상된다. 그들에게 우리는 그저 '죽어야 할 세대'의 일원일 테고, 무슨 의미를 갖는지 모르겠으나 그래도 우리는 그중 가장 젊다.

정치의 세대 간 양극화는 그렇다 치고 생활 또한 녹록지 않아 보인다. 솔직히 말해 우리 세대의 삶은 나아질 가능성이 별로 크지 않다. 사오정(45세면 정리해고 대상), 오륙도(56세까지 회사에 있으면 도둑놈. 또는 50~60대에 회사를 계속 다니면 도둑놈), 육이오(62세까지 일하면 오적) 등의 조어에서 보듯 50살 남자는 곧 공식적인 첫 번째 직장(두 번째 직장이든 세 번째 직장이든 마찬가지다. 중요한 건 노동시장에서 정상적으로 거래되는 상품으로 간주되느냐에 있다.)을 떠나야 한다. 평균 정년 연령이 대략 53세이니 50살 남자가 된다는 건 퇴직에 대비하여야 한다는 의미이다.

그러나 다시 '정상적인' 노동시장으로 돌아갈 수 있는 이는 극소수이다. 이태백(20대 태반이 백수)이라는 말이 상징하듯 이미 젊은 세대와 일자리를 두고 경합하는 상황에서 정년 이후에 일반적인 정규직 일자리를 모색하기는 간단치 않은 일이다. 그러다 보니 부득이하게 자영업에 뛰어들게 되고 집에서는 자녀를 부양하면서도 동시에 밖에서는 자녀 세대의 알바에게 최저임금 이상을 주지 않으려고 기를 쓰는 이율배반을 연출한다.

알다시피 자영업에 뛰어든 장년의 4명 중 3명은 망한다. 대다수가 퇴직금을 날리고, 그나마 한 채 지닌 집을 보전하지 못한다는 얘기다. 돌봐야 할 부모와 자식이 있는데, 자신이 무능력자로 전락하면서 삶은 꼬일 대로 꼬인다. 당장 50살 남자에게 해당하는 이야기가 아닐 수 있지만 그렇다고 남의 이야기는 더더군다나 아니다.

정치적으로나 경제적으로 한계선상에 위치한 것 말고도 50살 남자는 사회·문화적으로 이쪽저쪽 모두에 속하지 못하는 주변인이다. 예컨대 정보기술(IT) 역량 측면에서 아주 컴맹이 아니지만 그렇다고 컴퓨터에 문제가 생겼을 때 자력으로 해결할 능력은 없다. 카톡을 쓰긴 쓰지만 그 작은 자판으로 오래 대화하기보다는 전화를 거는 쪽이 훨씬 편하다. 정치·경제·사회·문화의 유례없는 급변을 겪어내며 50살 남자가 되는 데 따른 본질적 고충이다.

나만 하여도 처음 기자 생활을 시작할 때 '꼬마 원고지'라는 것에다 볼펜으로 기사를 적어서 팩스로 보냈다. 내가 입사하기 전에는 팩스를 쓰지 않았고 기사를 작성한 다음에 회사로 전화를 걸었다. 송화기에다 읽으면 안에서 받아 적는 구조였다. 나의 선배들에게 사건사고로 갑작스럽게 지방에 내려가게 되었을 때 급선무는 취재에 착수하기에 앞서 어디에서 전화를 걸 수 있는지를 파악하는 것이었다. 전화를 확보하지 못하면 취재를 끝내고 기사를 "부를 수" 없었기 때문이다. 전달 방식에는 나와 내 선배들 간에 차이가 있지만 오히려 입사 무렵 나는 지금 기자들보다는 선배 기자들에 더 가까웠다. 우선 기사를 원고지에다 작성하였고, 무엇보다 보낸 기사를 가지고 문선공들이 한 자 한 자 글자를 찾아 문장을 완성하는 납활자 시대였기 때문이다. 나는 아날로그 신문 제작 방식의 끝 세대였다.

문선공이 채자하는 시대는 슬그머니 사라지고 곧 개인별로 노트북 PC가 지급되었고 이후 나는 디지털 기자로 변모하였다. 전화선으로 기사(정보)를 보내느냐 광케이블로 보내느냐 하는 용량 차이가 있을 뿐 기본적인 구조는 문선공의 퇴장과 함께 환골탈태한 것이다. 지나고 생각하니 그때 신문사에 버려지던 납활자를 기념품으로 몇 개 모아둘 것을 그랬다.

잠비아가 아니라 한국의 50살 남자라면 나뿐만 아니라 모두 이런 급변을 겪어냈고 적응하였다. 젊어서는 아마 스트레스 받는 줄 모르고 마음 저 구석에 골병드는 줄 모르고 대한남아답게 이겨냈다고 믿었을 터이다. 그러나 50살쯤 되면 그 스트레스와 골병이 밖으로 드러난다. 화장실 세면대의 배수관이 묵은 때로 막혀 결국 물이 안 내려가듯이 말이다.

50살 남자의 고뇌는 40~50대 남자의 자살률이 높다는 데서 단적으로 드러난다. 통계청에 따르면 인구 10만 명당 자살자는 50대(50~59세)가 2001년 37.9명에서 2011년 61.5명으로 늘었다. 40대

(40~49세)는 27.5명에서 47.7명으로 증가했다. 같은 기간 전체 평균 (20.2명→43.3명)보다 40~50대 모두 높은 수준을 유지하였다. 10년 사이 사회 전반의 삶이 더 고통스러웠고, 40~50대의 삶은 더욱 더 고통스러워졌다는 얘기다. 50대의 정치적 보수화와 동일한 문맥에 위치하는 현상일까.

늙어 가는 고통은 주관적인 평가지표인 행복도에서도 확인된다. 세계 각국의 행복 점수 통계를 보면 통상 나이 들면서 행복도가 하락하다가 40대 중반에 저점을 찍고 다시 상승하는 U자 커브가 일반적이다. 한국은 예외적인 우하향 그래프를 보여 50살 근처에서 행복 점수의 반전이 일어나지 않는다. 늙을수록 불행해지다가 더 늙으면 다시 행복해지는 게 세계인의 보편적인 심상인데, 한국에서는 늙을수록 불행해지다가 더 늙으면 더 불행해지는 구조이다.

잠깐 시선을 다른 데로 돌려보자. 누구에게나 기억되는 특별한 날이 있는데, 나에겐 2013년 3월 14일 화이트데이가 그렇다. 이날 내 마음을 사로잡은 건 힉스입자이다. 남성이 여성에게 사랑을 고백하는 날이라 한들 49세 유부남에게 무용지물일 텐데, 이날 유럽물리입자연구소(CERN)가 2012년 7월 대형강입자충돌기(LHC)에서 검출한 소립자가 힉스입자가 확실하다고 발표하면서 내 마음은 그 어느 화이트데이보다 훨씬 더 흥분되었다. 정확하게는 대형강입자충돌기에서 힉스입자 자체를 찾은 게 아니라 힉스입자의 흔적을 찾았다. 우주의 근원을 설명하는 힉스입자는 동시에 나의 근원을 설명한다.

그동안의 연구 성과에 근거하여 인간이 아는 세상을 가장 최소 단위로 쪼개면 모두 17개 소립자로 구성된다. 그중 질량을 부여하는 기능을 수행하는 것으로 추정된, 마지막까지 발견되지 않은 입자가 힉스입자이다. 신비스런 성격 때문에 '신의 입자'로 불리는 힉스입자가 우리의 무게를 결정한다. 천체물리학자들은 우주를 힉스장(場)이란 것이 가득 채우고 있으며 우리 같은 삼라만상이 힉스장에서 상호 반응하면서, 즉 '힉스 메커니즘'이 작동하면서 질량을 체현한다고 말한다. 간단하게 말해 이때 질량을 부여하는 과정에서 튀어나오는 게 힉스입자이다. 다소 어려운 이 구조는 종종 간단하게 수영장이란 비유를 통하여 설명된다. 즉, 우주가 수영장이라면 수영장 안을 채운 물이 힉스장이고 물과 상호작용하면서 우리는 부력을 얻기도 하고 가라앉기도 한다. 우리 자체에 무게가 있는 게 아니라 힉스장이 있기에 무게가 생기는 것이다. 수영장에 물이 차 있지 않다면 우리가 떠 있지 못하는 것과 같은 이치이다. 또 다른 비유로는 마른 흙길보다 진창길에서 걷는 게 더 힘이 든다는 사실을 들 수 있다. 여기다 힉스장을 대입하면 진창길에서 더 무게가 나가고 힉스입자도 더 나오는 것이다. 참으로 심오한 우주이다.

유관한 과학 뉴스로, 우주가 지금까지 알려진 것보다 8,000만 년 더 늙었다는 보도는 힉스입자 발견만큼은 아니지만 그래도 나

에게 큰 관심을 불러일으켰다. 태어난 지 137억 년 된 것과 태어
난 지 138억 년 된 것 사이에 어떤 심각한 문제가 존재하지는 않
겠고, 또 우주가 일부러 나이를 속인 것이 아니어서 추문(醜聞) 거
리가 되지 않겠으나, 우주가 1억 년 더 나이를 먹었다는 사실이
아마도 나의 50살과의 억지 관련성 때문이겠지만 자꾸 상기되었
다.

사실 우리 삶과 힉스장은 아무런 관련이 없다. 그러나 굳이 갖
다 붙이자면 50살 남자에게 힉스장이 모종의 인식을 제공할 수
있다. 나이가 들면 기초대사량이 떨어진다. 음식 섭취량은 그대
로이거나 늘어나는 데 비해 기초대사량이 감소하면서 중년에 살
이 찌게 된다. 더 많이 움직여 활동대사량을 늘림으로써 전체 대
사량은 균형을 맞출 수 있지만, 몸이 아니라 삶의 무게라면 완전
히 다른 얘기가 된다. 삶의 무게는 대사량과 무관하게 사는 동안
계속 가중된다. 힉스 모델을 동원하면 나이가 들면서 삶의 무게
는 더 무거워지고 그 과정에 우리는 더 많은 힉스입자를 뿜어낸
다. 우주가 나이를 먹으며 점점 팽창하듯이 인간사에서 삶은 나
이에 비례하여 무게를 더한다.

어쩌면 삶의 무게에 짓눌리지 않고 새처럼 가볍게 사는 그런
삶을 젊은 날 꿈꾸었는지 모르겠다. 만일 삶에 무게라는 게 있고
사는 동안 더 가중될지 모른다는 사실을 예상하였다 치더라도 최
소한 그 무게에 짓눌리지는 않을 자신이 있었을지도 모르겠다.
하지만 50살 남자가 된다는 건 삶의 힉스장이 생각보다 훨씬 더

밀도가 높으며 갈수록 더 많이 튕겨 나오는 삶의 힉스입자에 자주 버거워진다는 사실을 인정함이다.

인생이란 게 기대와 달리 비상하는 새보다는 침몰하지 않기 위해 끊임없이 유영하는 상어를 닮았다. 부레가 없는 상어는 쉬지 않고 헤엄쳐 결정적 추락을 막는다.

자유로운 세상을 꿈꾸었지만, 삶은 부자유를 기정사실로 받아들이며 쉼 없이 분투할 것을 요구하였다. 우리는 하늘의 새인 줄 알았지만 사실 물속 상어였다. 새에서 상어로 변한 것이 아니라 원래 상어였던 것이다. 그래서 불행한가. 어쩌면 불행해졌을 수도 있다. 하지만 관점을 살짝 바꾸면, 꿈꾼 자유와는 다른 모습이지만 불가능한 열망으로부터 자유로워진 것 또한 일종의 자유가 아닐까. 우주에서 사는 동안 힉스장을 모면할 수 없듯이 어차피 우린 물 밖으로 떠날 수 없는 상어처럼 끊임없이 유영하며 삶의 무게를 감당할 수밖에 없었다.

앞으로 어깨가 더 구부정해지고 시력이 더 떨어질 것이며, 눈 밑에서 시작해 턱 밑, 뱃살까지 삶의 무게 때문이겠지만 처짐은 기를 써본들 저지할 수 없을 것이다. 여전히 해야 할 일은 산적한데 하고 싶었던 일은 어느새 떠나보내 무엇을 하고 싶었는지 기억조차 가물가물한다.

쭉 살펴보았듯 50살 남자가 된다는 건 정치적으로나 경제적으로나 또 사회적으로 철저하게 주변인으로 내몰린다는 뜻이다. 기억할 점은 그럼에도 적어도 내가 나를 내몰지는 않았다는 사실이다. 그 점을 잊지 않는다면 어떠한 순간에도 나는 나에게 중심이다. 가능성의 중심. 아무리 지겨워도 헤엄질은 상어에게 가능성의 기반이다. 헤엄질을 멈추는 순간 상어는 가라앉고 다시 떠오르지 못하게 된다. 계속 헤엄치는 것. 그것은 분명 때로 그만두고 싶은 고단함이겠지만, 그 고단함이야말로 내가 나임을 인식케 하는, 맷돌의 어처구니 같은 것이다. 내가 나이든, 상어이든, 다른 무엇이든, 남은 반백 년을 어처구니없이 살아서야 될 일인가.

Tomorrow is another day

　책을 마무리하는 시점에서 수미상관으로 다시 〈논어〉를 살펴보자. 〈논어〉를 펼치면 곧바로 나오는 게 학이편(學而篇)으로 그 유명한 구절을 읽을 수 있다.

學而時習之不亦說乎
有朋自遠方來不亦樂乎
人不知而不慍不亦君子乎

　배우고 또 배우고, 뜻 맞는 이들과 유대를 맺고, 인정투쟁에서 승리하지 못해도 화내지 아니하면, 가히 성공한 인생이라 부를 만하다. 내가 느끼기에 이 세 가지 의제는 인생에서 순차적으로 제기된다. '학습(學習)'이 먼저고, '유붕(有朋)'이 다음이고, 마지막으로 '불온(不慍)'이다. 순차적이라고는 하지만 하나를 끝내고 다음 단계로 넘어가는 게 아니라, 하나를 시작한 연후에 익숙해지면 다음 것을 병행하고, 또 그 다음 것까지 함께하는 예를 들자면 곤봉 돌리기 비슷한 것이다. 갈수록 난도가 높아지니 힘들어질 수밖에 없다. 나는 여기서 특히 마지막이 '불온(不慍)', 즉 화내지 않음인 것에 주목하게 된다.

아직 많은 나이를 먹지 않았지만 지금까지 경험에 의하면 나이를 먹는다는 것은 성숙의 과정이 아닌 듯하다. 과거에는 그런 기대가 존재했고 사람들은 그 기대에 부응하려 노력하였다. 원래 신라 3대 왕이 될 수 있었던 석탈해가 늙어서 4대 왕으로 뒤늦게 왕위에 오른 까닭이, 신화를 액면 그대로 받아들일 수는 없겠지만 하여간 신화에 근거하면 연장자에 대한 양보였다. 나이 먹음에 이같이 각별하게 대접한 사례를 내 지식 범위 내에서는 더 이상 찾을 수 없다. '나이=지혜'라는 논리다. 요즘은 연장(年長)을 대접하는 것이 전혀 예전 같지 않을뿐더러 역으로 대접받을 만한 연장자 또한 드물다.

'人不知而不慍'은 "사람들이 나를 알아주지 않아도 화를 내지 않음"을 뜻하니 주로 소위 연장 그룹이 새겨들을 얘기다. 한국처럼 나이에 민감한 사회에서 특히 나이 많은 사람들은 나이 어린 사람들의 무례에 쉽게 분개한다. 공자처럼 대단한 사람이 '人不知而不慍'을 적시한 이유를 생각해 보자. 무시당하고 참는 일이 그만큼 힘들다는 뜻이다. 공자가 그러하거늘 우리 같은 범인이야 말할 필요조차 없다.

하지만 혹시 그런 상황에 처하여도 참는 게 정답이다. 나잇살 좀 먹었거든 더더욱 참아야 한다. 뒤에 '不亦君子乎'가 이어지는데, 군자 소리를 듣기 위해서 참는 게 아니다. 나잇값을 하기 위해서 참아야 하는 것도 아니다.

조금 다른 사례일 수 있지만 크게 보아 같은 범주에 속한다고 볼 수 있는 '라면상무'가 되지 않기 위해 참아야 하는 건 어느 정도 이유가 되긴 하겠다. 더 본질적으로는 사람들이 나를 알아주고 알아주지 않고가 무의미한 일이기 때문이다. 군자 소리를 듣기 위해 화를 참는 공자의 태도는, 받아들이기에 따라서는 인정에 대한 갈구를 담고 있다. 나잇값에 대해서도 같은 논리가 적용될 수 있다. 이러한 태도는 화를 내지 않는 게 아니라 나는 화를 참는 것이다.

요체는 인생의 반환점에서 응당 앞으로 더 많이 배우고 뜻 맞는 이들과 더 많이 교류하려고 각오하겠지만 그러면서 추구할 것이 세상의 인정이 아니라 자신의 만족이라는 점이다. 공자의 요청에 부응하여 군자가 되기보다는 우리는 각자의 방식으로 자신의 중심에서 현인이 되어야 한다. 공자도 50살을 '지천명(知天命)'이라 하였고, 플라톤 또한 이 나이를 철인(哲人)의 길에 접어들 수 있는 시점이라고 하였으니, 다행히 물리적인 요건은 다 충족하지 않았나. 다르게 생각하면 그 번잡스런 시기를 무난히 지나 왔으니 참으로 큰일을 치른 게 아닌가. 이제 천명은 몰라도 또 철인이 아니어도 스스로 무엇이 될 수 없는지, 뭘 할 수 없는지를 알게 되었으니 조금은 홀가분해지지 않았나. 오르지 못할 나무를 열망하면 어떻게 되는지, 억지로 오르려 하다가 어떻게 상처를 입는지 알게 되었으니 불필요한 고민과 불면의 밤으로부터 자유로워질 수 있지 않은가. 무엇이 될 수 없는지를 안다는 것은 무엇이 될 수 있는지에 관하여서 윤곽을 파악할 수 있게 되었다는 뜻이다. 될 수 있는 무엇에 다가가는 과정에 '학이시습(學而時習)'과 '유붕(有朋)'은 긴요하지만 그저 총칭으로서의 타인이 나를 알아주는 것은 무가치하다. 인정은 물론 중요하지만 나 자신과 의미 있는 소수의 주변인으로부터 인정을 받는 것으로 족하다. 그것을 넘어선 세상의 인정은 덤으로 따라오거나 팔자에 속한 일이다. 우격다짐으로 세상의 인정을 추수하였다가 화를 입은 사례는 널렸다.

사람들이 나를 알아주지 않는 것(人不知)에 대하여서는 공자보다는 맹자의 해법이 더 요긴해 보인다.

人知之라도 亦囂囂하고,
人不知라도 亦囂囂니라.
… (중략) …
故士窮不失義하며 達不離道하니라.[16]

남이 나를 알아주더라도 자득하여 즐거워하고,

---

16) 〈맹자〉, 유재호 옮김, 을유문화사

남이 나를 알아주지 않더라도 또한 자득하여 즐거워해야 한
다.
그러므로 선비는 곤궁해도 의를 잃지 않으며,
영달해도 도를 떠나지 않는다.

남이 나를 알아주더라도, 남이 나를 알아주지 않더라도, 자득
하여 즐거워하는 항심(恒心)의 태도가 물론 쉽지는 않다. 장경아
라는 배우는 2012년 말 트위터에서 "성을 팔아 배역을 얻는 배우"
를 언급하였다. 장경아는 "네가 말하는 그 성공이라는 게 돈이
되는 일과 생각에 쫓기며 살다가 으리으리한 무덤 속에서 쉬는
것이라면 난 빠지겠다."고 트윗을 날렸다. 성으로 배역을 얻는
배우를 특정할 수는 없지만 장경아의 언급이 없어도 우리는 그런
배우들이 실재한다는 사실을 알고 있다. 소설가 공지영의 힐난에
'노출' 연예인 클라라가 적절하게 받아쳤듯이, 배우 등 연예인은
사람들이 자신을 알아주지 않는 것(人不知)을 죽기보다 싫어한다.
그러하기에 공자 왈 맹자 왈은 씨알도 안 먹힐 것이다. 몸을 던져
배역을 따는 행위를 옹호함이 아니라 '손쉽게' 잘못된 방법에 기
댈 만큼 그들의 '인지(人知)' 욕구가 강렬하단 얘기다.

그들은 그들의 세상에서 이전투구를 벌이도록 내버려두자. 문
제는 우리다. 배역이 걸린 것도 아닌데 우리는 왜 그리 '인지'에
목을 매는가. 인정받는 삶이 중요하지만 다행히 우리 대다수는
연예인이 아니니, "남이 나를 알아주더라도 자득하여 즐거워하

고, 남이 나를 알아주지 않더라도 또한 자득하여 즐거워하기"에 조금은 더 유리하지 않은가.

'인지' 여부와 무관하게, 자신의 밖에서 일어나는 세간의 '인지' 메커니즘과 무관하게 이제는 자신에게서 인정받는 삶에 더 치중할 나이가 되지 않았을까. 본문에서 거론하였듯 우리가 나잇값을 하는 방법에는 링컨이 말한 책임지는 얼굴뿐 아니라 인정의 방향에 관한 결단이 있다. 안에서 오는 인정과 밖에서 오는 인정 중 무엇에 더 집중할 것인지에 관한 결단. 배우 장경아가 힐난한 이들은 밖으로부터의 인정에 편집적으로 매달리는 사람들이라고 볼 수 있다.

영국의 낭만주의 작가 오스카 와일드의 소설 〈도리언 그레이의 초상〉에서는 링컨이 말하는 '얼굴'과 인정의 방향이 문학적으로 결합된다. 이 소설의 대충의 줄거리는 다음과 같다.

도리언 그레이는 길 가던 사람들이 뒤돌아볼 만큼 고운 얼굴을 가진 청년이다. 쾌락주의 인생관을 가진 그는 온갖 악에 젖어 찰나적 열락에 탐닉한다. 도리언의 고민은 쾌락을 추구하는 와중에 점점 그의 청춘이 시들어 간다는 것. 그는 마법에 의지해 이 고민을 해결하였다.

도리언은 자신의 초상화를 그려놓게 하고는 실제의 자신은 캔버스 위로 옮겨지고, 그 캔버스 위에 그려진 젊은 자신을 실제의 자신으로 옮겨지도록 한 것이다. 그러고는 18년 동안 세상의 온갖 향락에 빠져들었다. 마법 때문에 그는 계속해서 젊었지만 어느 사이엔가 관능과 자극이 귀찮아지고 쾌락이 시들해졌다. 그러던 어느 날 도리언이 자신의 초상화를 보았을 때 그림 속의 자신은 그림 밖의 자신과 달리 어느 사이엔가 폭삭 늙어 있었다. 그 그림을 참을 수 없었던 도리언은 초상화 속 자신의 가슴을 칼로 찔렀다. 결말은, 죽은 이는 그림 밖의 실제 도리언이었고 아름답고 젊은 도리언은 보기 흉한 늙은이의 시체로 변하여 있었다. 반면 죽은 도리언 옆의 초상화는 젊은 도리언을 그대로 담고 있었다.

우리의 논의와 연결지어 이 소설을 자의적으로 수용하면, 인정의 방향이 밖으로부터일 때 우리 얼굴에 나타난 책임은, 지연시킬 수는 있지만 모면할 수는 없다는 것이 아닐까. 행복한 일상을 저금하였다가 추억의 연금으로 노년을 편안하게 맞기는 도리언류의 삶에서는 아예 가능하지 않다. 꼭 그런 안온한 말년을 꿈꾸지 않더라도 소설 주인공 도리언이나 배우 장경아로부터 지적받은 인물 같은 삶은, 현 시점에서 지탱하는 것 자체가 늘 버겁다.

길지 않았지만 지난 세월을 회고하자니 우리에게 주어진 인생이란 것이 계획하고 기획할 수 있지 않았다. 특정한 경향성과 한계가 주어진 가운데 어떤 삶의 행로를 걷게 될지는 사실상 전적으로 우연에 맡겨져 있었던 게 아닐까 하는 생각이다. "인생에서 가장 중요한 결정들 가운데 일부는 연습할 기회도 없이 찾아온다."는 〈넛지〉라는 제목의 책에 나오는 진술은 참인 듯싶다. 〈넛지〉에는 "인생의 수많은 선택은 공의 종착지를 모른 채 퍼팅 연습을 하는 것과도 같다."는 표현도 나오는데 돌아보면 우리의 삶이 그러하였다.

가능성의 중심에서 중심을 잃기

"어지럽게 들려오는 쇠금속 소리. 짜증 섞인 미싱사들의 언성. 무엇이 현재의 실재(實在)인지를 분간 못하면서, 그 속에서 나도 부지런히 그들과 같이 해나갔다.

무의미하게. 내가 아는 방법 그대로. 지금 내가 하고 있는 일 이외에는 무아지경이다. 아니 내가 하고 있는 일 자체도 순서대로, 지금 이 순간에 해야 할 행동만이 질서정연하게 자동적으로 행하여지고 있는 것이다.

실제의 나는 일의 방관자나 다름없다. 내 육신이 일을 하고, 누가 시키는 것이 아니라, 이때까지의 육감과 이 소란스런 분위기가 몇 인치, 몇 푼을 가리키는 것이다. 다 굿고 나라시가 되고, 다 되면 또 재단기계를 잡고 그은 금대로 자르는 것이다. 누가 잘랐을까? 이렇게 생각이 갈 때에는 역시 내가 잘랐다. 왜 이렇게 의욕이 없는 일을 하고 있는지 나 자신도 모르겠다. 그러나 어렴풋이 생각이 확실해질 때는 퇴근시간이 다 될 때이다.

세면을 하고 외출복으로 바꿔입고, 인사를 하고 집으로 오면 밥상이 기다리고 있다. 밥을 먹고 몇 마디 지껄이다가 드러누으면 그걸로 하루가 끝나는 거다."

-1967년 3월 전태일의 일기에서[17]

우리의 절반도 살지 못한 나이의 전태일이 자신의 고단한 삶에 관해 적은 일기이다. 이상하지 않은가. 다양한 일터에서 일하는 훌쩍 중년이 된 우리의 삶이 1967년 청계천 의류공장 20살 전태일의 삶과 닮아 있다는 사실이 말이다. "실제로 나는 일의 방관자나 다름없이" 일하는 모습이 그때나 지금이나 다를 바 없다는 게 흥미롭기도 하고 서글프기도 하지 않은가. "왜 이렇게 의욕이 없는 일을 하고 있는지 나 자신도 모르겠다."고 하는 대목에서는 더 할 말이 없다. 다른 점이 있긴 하다. 그나마 "집으로 오면 밥상이 기다리고 있다. 밥을 먹고 몇 마디 지껄이다"는 지금 50살 남자의 삶에서 자주 목격되지 않는다. 바깥 밥에 길들여진 우리 신체는 인공조미료에 완전히 절어 나중에 죽었을 때 매장하면 쉬이 썩지 않을지 모른다. 집밥이 그립지 않은 건 아니지만 막상 집밥이 우리를 그리워하지 않는 게 난점이다. 가족과 몇 마디 지껄이며 하루를 끝내고 싶지만 우리 나이가 되면 애초에 말을 섞을 식구를 발견하기 힘들고 설령 힘들게 조우하였다 하여도 입 안에 모래라도 뿌린 듯 대화는 대체로 겉돌기 마련이다.

---

17) 〈전태일 평전〉, 조정래 지음, 돌베개

분투하며 살았다. 그런데 지금 우리에게 주어진 삶이, 전태일이 그렇게 벗어나고자 애를 썼던 청계천 피복공장의 삶보다 더 허름하다는 현실 앞에서 우리의 반백 년은 어떻게 보상받아야 하는 것일까.

결론적으로 나는 지난 반백 년을 어떻게 보상받을지 고민하지 않을 생각이다. 대신 다가올 얼추 반백 년을 어떻게 낭비하지 않을지를 숙고하는 게 낫지 않겠는가.

다시 공자를 인용하면 "배우고 생각지 않으면 어리석어지고, 생각만 하고 배우지 않으면 위태로워진다(學而不思則罔 思而不學則殆)."고 하였다. 우리가 딱 그 모양이다. 지난 반백 년을 배우고 생각지 않으며 살았기에 어리석은 지경에 처하였다가 이제는 배우지 않으며 생각에만 잠겨 있기에 남은 반백 년을 위태롭게 만들고 있다. 학생으로 치면 우리는 중간고사(100살까지 살지는 확실치 않고 그 언저리까지 갈 것은 확실시되는 어쨌든 '호모 헌드레드(homo-hundred)' 시대의 중간고사)를 치르고 있는데, 그런데 우리는 시험공부도 않고 그동안 배운 것만으로 치를 셈이다. 어리석어지지 않고 위태로워지지 않으려면 배움과 생각을 함께 하여야 한다. 둘 중 하나를 소홀히 하면 위태로워지거나 어리석어진다. 논의의 편의를 위해 과감하게 풀어쓰면 그동안은 남을 위한 공부(또는 급진적으로 해석하면 남을 이기기 위한 공부), 즉 위인지학(爲人之學)에 힘썼다면 앞으로는 자신을 위한 공부, 즉 위기지학(爲己之學)에도 신경 써야 한다는 뜻이다.

전태일이 분신할 때 남긴 말은 널리 알려져 있다. "내 죽음을 헛되이 하지 말라."나 "근로기준법을 지켜라.", 더 절절한 "노동자는 기계가 아니다."는 응당 전태일이 젊디젊은 전 생애를 걸고 온몸으로 부르짖은 유언 이상의 외침이다. 하지만 전태일이 죽어가며 침상에서 어머니 고(故) 김소선에게 마지막으로 남긴 말은 뜻밖에 "배가 고프다."였다. 이때 전태일의 마지막 말을 근거로 내가 '그럼에도 불구하고' 위인지학에 대학 위기지학의 승리를 서둘러 선언하려 한다고 예단하지는 마시길. 남은 50년에 대해, 제안이라기엔 외람되고 하여간 에두르지 않고 단지 결의를 다지자면, 자명(自明)함을 받아들이자! 인간 삶에 대한 수직적 이해 없이 수평적 확장을 꾀하다간 표류하고, 수직적 이해에만 몰입하여 수평적 확장을 게을리하다간 고립된다는 자명함. 배우면서 생각하고 생각하면서 배우며, 위인(爲人)과 위기(爲己)를 병행해야 한다는 자명함.

50살을 맞이함은, 반환점 이후의 역주(力走)를 기획함인데 이때 역주할 자신(自身)을 논하는 것은 자신의 인생에 관해 논하는 것일 수밖에 없다. 인생 그 자체를, 일본의 지식인 가라타니 고진의 책 제목을 빌리자면 '가능성의 중심'에서 읽어나가야 한다는 의미이다. 그러나 아이로니컬하게 중심의 추적은 그러할진대 중심의 탈피로부터 가능성을 발굴할 수 있다. 중심에서 벗어나야 중심이 보인다. 또한 중심을 잃어야 중심을 찾는다. 동심원적 확장은, 익숙하지만 무기력하게 쇠잔하는 길을 서서히 안내할 따름이다. 두려워하지 말고 인생이란 연못에 돌멩이를 힘차게, 그 가능성의 중심에 서서 던져야 한다.

50살을 맞으며 다행이라고 생각하는 점은 비록 턱없이 멀리 있지만 이제는 흐릿하게 홀컵이 보이며, 앞으로 다가올 어떤 중요한 결정들에 대해서는 물론 많이 부족하지만 예기치 않게 연습을 마쳤을 수 있겠다는 깨달음이 있다는 것이다. 소설 〈바람과 함께 사라지다〉의 맨 마지막에서 스칼렛은 "After all, tomorrow is another day."라고 말한다. 널리 회자되는 명대사의 우리말 번역은 "내일은 내일의 태양이 떠오른다."이다. 인생의 반환점을 돈 우리 앞날에 예비된 결말은 '도리언 그레이' 유형이라기보다는 아마 '스칼렛 오하라' 유형이어야 하지 않을까. 가능성의 중심을 잃지 않으려면 말이다. 가끔 방황하였고 때로 실수를 저질렀지만 대체로 우린 열심히 살았으니까. 그래서 장차 우리 인생에 어떤 결말이 등장할지 모르겠지만 지금은 스칼렛처럼 "Tomorrow is another day."라고 스스로에게 말을 건네볼 자격 정도는 갖춘 게 아니겠는가.

"아!" 쥐가 말했다. "세상이 날마다 좁아지는구나. 처음에는 하도 넓어서 겁이 났는데, 자꾸 달리다 보니 드디어 좌우로 멀리에서 벽이 보여 행복했었다. 그러나 이 긴 벽돌이 어찌나 빨리 마주 달려오는지 나는 어느새 마지막 방에 와 있고, 저기 저 구석에는 덫이 있어, 내가 그리로 달려 들어가고 있

다.""너는 달리는 방향만 바꾸면 돼."하며 고양이가 쥐를 잡아먹었다.[18]

"Tomorrow"가 어쩌면 카프카가 묘사한 고양이 같은 것일지도 모르겠지만 개인적인 바람은 그 고양이가 귀여운 녀석이었으면 좋겠다. 만일 내가 쥐가 될 운명이라면…. 그 운명을 논하기에 앞서 당장 눈앞의 현실은 50살이 된다는 것이다. 50살 남자. 천명도 모른 채 맞이하지만 그 '지천명'은 어떤 "another day"임이 분명하다.

---

18) 〈작은 우화〉, 프란츠 카프카 지음, 전영애 옮김, 민음사